Insurance for
Five Years

保险这五年

| 杜 亮 ◎ 著 |

中国金融出版社

责任编辑：亓　霞　张清民
责任校对：李俊英
责任印制：裴　刚

图书在版编目（CIP）数据

保险这五年（Baoxian Zhewunian）/杜亮著. —北京：中国金融出版社，2018.1

ISBN 978-7-5049-9241-3

Ⅰ.①保…　Ⅱ.①杜…　Ⅲ.①保险业—经济发展—概况—中国—2013—2017　Ⅳ.①F842

中国版本图书馆CIP数据核字（2017）第244396号

出版
发行　　**中国金融出版社**

社址　北京市丰台区益泽路2号
市场开发部　　（010）63266347，63805472，63439533（传真）
网上书店　http://www.chinafph.com
　　　　　　　（010）63286832，63365686（传真）
读者服务部　　（010）66070833，62568380
邮编　100071
经销　新华书店
印刷　北京市松源印刷有限公司
尺寸　169毫米×239毫米
印张　19.5
字数　280千
版次　2018年1月第1版
印次　2018年1月第1次印刷
定价　50.00元
ISBN 978-7-5049-9241-3
如出现印装错误本社负责调换　联系电话（010）63263947

序一

PREFACE

从 2013 年以来，中国保险市场欣欣向荣，丰富多彩。无论是行业定位的提升、业务规模的扩张、业务结构的变化，还是政府对保险业的关注度、保险监管政策的调整，其幅度和力度都是空前的。这些变化和调整是通过很多事情和事件，特别是很多大的事情和事件体现出来的。这些事情和事件，有的令人震惊，有的使人深思，有的给人启迪，有的需要铭记。因为其中很多事情和事件也许对中国保险业今后的发展产生重要影响，所以应该有多种记载方式。杜亮作为资深媒体人和《中国保险报》副总编辑，将他在近五年中发表的评论以《保险这五年》为书名结集出版，就是对这五年的保险业风云变幻的一种别具一格的和有意义的记载方式，令人非常高兴。

杜亮这本 20 多万字的著作，涉及了五年中保险业发生的重大问题，展现了中国保险业在这五年中波澜壮阔的宏大场面和绚丽色彩，从各个侧面解读了这个场面里的闪光浪花和重要节点，多方位地评价了那些宏观的政策和微观的经营以及消费者的呼声。当我拜读完这本书的时候，使我对这五年中的保险业经历的风风雨雨有了一个清晰的回忆和认识：从人大代表和政协委员每年的两会议案和提案到保险监管部门的政策调整，从保险业地位质的提升到保险在扶贫、脱贫中发挥的独到作用，从保险业在国内的高歌猛进到走出国门开疆拓土，从金融改革的深化到保险公司的差异化经营，从对"新国十条"的解读到监管政策和规则的剖析，从青岛中石化管道爆燃事故到昆明火车站暴恐袭击事件，从"互联网＋"到险资举牌，从雷军、董明珠的对赌到马云的预言，从泛鑫保代的骗局到浙商财险为保证保险支付巨额赔款等，一幕幕保险业场景，都再次呈现在我的面前。

读者将会在这本评论集里，感受到著者敏锐的目光、宽广的视野和深厚的理论素养。对保险行业五年中发生的重要事情和事件，作者配合新闻报道，作出的这些观点鲜明的褒贬有度的评论，充分展示了精辟的分析和独到的阐释。这些评论文字，有一些是随着新闻事件的推进和变化而不断跟进的，通过前后多篇从不同视角的评论，把事实逐步介绍得更加全面，把道理讲得更加充分，也把读者的认识不断引向深入。这些文字，虽然适应报纸的特点，篇幅都不长，但每篇都是既有理论和实证的依据，又有经济和金融业的广阔背景，还有保险业的深度；既有鲜活典型的事例，又有娴熟于胸的翔实数据。对很多问题，作者从实际出发，引经据典，纵横驰骋，款款道来，哪怕是抨击，也都令人感到亲切和受益。例如，对于保险的本质，"保险姓保""监管姓监"问题的多角度阐述，对险资举牌的反思与提醒，对信息化大数据时代保险业的奇点和拐点的预测、预判，都会给读者留下深刻印象。很多命题和观点对我们有重要的启发作用，值得长久玩味和探讨。

我也做过几天记者，但大部分生涯是做保险研究和教学。我深知，了解和认识保险这个行业和作为社会管理的工具并不容易，让政府熟悉保险及其多方面的功用也不容易，让千千万万的民众认识保险、热爱保险，视保险为生活必需更不容易。《中国保险报》担负着向政府和老百姓介绍保险、推广保险和促进保险业发展进步的历史重任，报纸上的评论是报纸的重要组成部分，是办好一份报纸的重要元素。就某种意义上说，评论就是报纸的点睛之笔。我们的新闻报道犹如画"龙"，有恰到好处的点睛之妙笔，"龙"就能飞腾起来了。有了好的评论，就有了凝练的观点和鲜明的导向，报纸的精气神就提起来了。所以，任何一份报纸都非常重视评论，选择最优秀的记者和编辑来撰写评论。但是要写好评论也很不容易，比我们做研究、写论文还要难，因为做研究写论文可以慢慢思考、归纳和推敲，写评论却要求快、准、精。没有博学的理论知识，没有长期的专业积淀，没有犀利的文字功底，是写不好评论的。读者会从本书这数十篇短小精悍的评论文字中，集中领略到杜亮作为资深编辑的生花妙笔，也从一个角度领略《中国保险报》作为众多行业报纸中佼佼者的办报风格。这些评论中有的文字可能限于环境和条件，也限于篇幅，只是提出了问题，没有深入讨论，把思考留给了读者。当然，我们不能苛求短短一两千字的评论能解决所有问题。

本书几十篇评论加上后面附录的由杜亮策划和参与的"十论现代保险服务业系列访谈"，凸显了《中国保险报》代表保险行业发出的重要声音和正确观点，正如作者所说的那样，"十论"的刊发，为"新国十条"的出台制造了声势，引发行业更加深入的思考。事实上，保险业的发展状态和通过《中国保险报》从各个不同层面所做的报道、访谈以及这些有血有肉、有思想的评论，加在一起才构成了完整的作为平面媒体的报纸舆论，反映了行业的声音，勾画出行业的形象，显示出行业的力量，推动着行业的进步。

作为老朋友，我衷心祝贺杜亮的《保险这五年》出版，也期盼杜亮更多的评论作品问世，更希望我们的《中国保险报》办得越来越引人入胜，独树一帜。

首都经济贸易大学教授　庹国柱
2017 年 9 月 18 日于北京

序二
PREFACE

纵观历史，在金融业的发展过程中，财经媒体人无疑均扮演了重要角色，发挥着独特的作用。这种角色，既是旁观者，能够坚守独立和专业，用更加客观和全面的视角观察历史，用冷静和清醒的眼光发现可能存在的问题；这种角色，又是当事人，能够以"入世"的情怀，用更加尖锐和独到的视角分析深层次的原因，以"匹夫有责"的情怀，建言献策，哪怕是忠言逆耳。

保险这五年，行业发生了巨大的变化，其中，既有机遇，更有挑战；既有有目共睹的成就，也有值得反思的地方。《保险这五年》一书，是杜亮先生以一个旁观者和当事人的双重身份，用财经媒体人的独特视角和专业眼光，对保险业既有针砭时弊的警世之言，也有苦口婆心的逆耳忠言，更有审时度势的大胆建言。

营销员问题，一直是行业 "视而不见"的问题。在《决定行业未来的力量》中，杜亮先生建议：行业应当把发展重点重新聚焦个人代理渠道，转向保障型产品。他认为这本是保险业发展的正道，不以人的意志为转移。同时，提出了"营销员是保险业的脸面"的观点，指出正确的保险保障理念的传播需要高素质营销员，满足中等收入社会居民多样化的金融需求更需要高素质营销员，高素质营销员决定行业未来。扩大高素质营销员在整个营销队伍中的占比，关乎行业形象的重塑，也深刻影响行业未来发展。

车险问题，一直是行业"难言之隐"的现实。在《汽车市场的"保险苦力"》中，杜亮先生质疑：为什么同属于汽车服务链上的4S店和保险，在现实地位上，却是天壤之别，一个似乎是与生俱来的"贵族"，另一个却是人人都可以说上一嘴的"苦力"。一方面，他仗义执言：反垄断的板子打向保险公司行业自律，不能说不对，但是打向汽车厂商和4S店联盟，才是真正打到了七寸上；另一方面，他又苦口婆心地警醒行业：明知是亏本的买卖，为什么还要硬着头皮干？

诚信问题，一直是行业"众所周知"的难题。在《保险业，何为立身之本》中，杜亮先生以同仁堂的古训"炮制虽繁必不敢省人工，品味虽贵必不敢减物力"切入，指出最大诚信应被视为企业经营的基本原则，立身之本，对保险业尤其如此。他解释道：为什么说"尤其"？因为保险销售的是一张保单，一纸承诺。买卖双方不是"一手交钱，一手交货"的关系，卖家卖的是保险人对被保险人未来的承诺，买家买的是被保险人对保险人守诺的相信。因此，企业只有把诚信化为一种说到做到的精神、一种自然而然的准则，才可以立于不败之地。

理论问题，一直是行业"应接不暇"的领域。"十论现代保险服务业系列访谈"是杜亮以一个行业媒体人的责任感，做的一件"分外之事"。在他的精心策划和参与下，来自高等院校、政府部门以及保险公司的10位专家学者和官员就现代保险服务业的内涵、保险业在国家治理体系中的合理定位、当前我国保险业面临的主要问题和面向未来的重大挑战等保险理论界的重大问题，从不同角度展开了详尽而有建设性的讨论，不仅为"新国十条"的出台制造了声势，更引发行业更深入的思考，为保险业的科学发展奠定了理论基础。

都说：旁观者清。但首先是要有人愿意扮演旁观者的角色；其次，更重要的是旁观者能够"清"。这种"清"，不仅是眼光，更是责任与情怀。

中国人民财产保险股份有限公司监事长　王　和

2017 年 9 月 19 日于北京

目　录
CONTENTS

1

2013 年

"如果你想把老鼠尾巴砍掉的话，不要慢慢地一截截砍，一下砍掉就行了。长痛不如短痛。"

——《李克强闯关》

李克强闯关

"如果你想把老鼠尾巴砍掉的话，不要慢慢地一截截砍，一下砍掉就行了。长痛不如短痛。"这是1988年美国货币学派大师弗里德曼访华时，给予当时的四川省主要党政领导的一句忠告。弗里德曼那次访华对于中央高层决策到底产生了多大影响，如今已很难求证。但可以确信的是，在那一年，发生了自改革开放以来最大的一次商品价格管制放松"运动"，在与零售物价指数关联的300多种商品中，提价面达95%以上，即著名的"价格闯关"。"价格闯关"的初衷就是打破价格"双轨制"，让市场这只看不见的手来决定大部分商品的价格。

2013年7月19日，中国人民银行"全面放开金融机构贷款利率管制"的决定，石破天惊，颇有些当年"价格闯关"的气势。这一"经国务院批准"的重要改革举措，充分显示了新一届政府坚定推进市场化改革的决心与力度；也是继国务院办公厅7月5日发布《关于金融支持经济结构调整和转型升级的指导意见》（国办发〔2013〕67号），提出"稳步推进利率市场化改革，最大限度发挥市场在资金配置中的基础性作用"后，决策层迅速打出的第一手硬牌。

中国的市场化改革走到今天，除食盐、水、电、油、气等极少数品种外，普通商品已经完全实现了市场定价。但是在资金市场的价格——利率上，仍然存在诸多政府管制，由此导致的价格扭曲、资源错配，在近10年来的中国经济高速发展过程中表现得越来越突出，"实业空心化"的现象越发明显，构成了中国经济转型升级的主要障碍。

与 20 世纪 80 年代商品市场相似的是，当前资金市场的最大体制弊端也是价格"双轨制"。由于贷款利率受到管制，不能直接反映资金需求的真实价格，导致了影子银行泛滥，也形成了"正规金融"和"民间借贷"两个市场、两个价格。一些机构、企业利用自身的体制优势、规模优势甚至关系优势从金融机构获取低成本资金，然后高价转贷给中小企业、个人套取利差。一方面加剧了各类市场主体的投机心理，另一方面也成为腐败的温床。

"正规"信贷资金流入"地下"市场直接侵害了广大储户的利益。由于存款利率的管制，老百姓的存款收益被锁定，本应属于储户的市场溢价部分被各类"资金掮客"瓜分。按照目前正规金融贷款一年期贷款基准利率 6%、民间借贷利率水平月息 3 分（年利率 36%）计算，理论上两个市场的套利空间高达 6 倍。考虑到一些国有企业可以拿到基准利率之下的折扣贷款，实际的套利空间更大。

贷款利率的放开，将加速推动资金市场"双轨制"并轨。按照利率市场化改革路线图"先外币、后本币，先贷款、后存款，先农村、后城市，先批发、后零售"，下一步应该放开的是存款利率管制。这是利率市场化改革的收官之战。一旦存款利率管制放开，当前银行主要依赖利率管制下赚取"存贷利差"收入的经营模式将受到根本冲击，银行将被迫在市场力量推动下向差异化经营，成为真正自负盈亏的市场主体转变。这一步，看起来不再遥远。

值得注意的是，利率市场化的这次闯关，发生在 6 月货币市场"钱荒"、金融机构惊魂甫定之后。从中央银行对待"钱荒"的一系列举动看，本届政府正有意识地摒弃"一放就乱，一乱就收，一收就死，一死就放"的直接调控怪圈，代之以清晰地推进结构性改革、市场化改革的思路。不过，1988 年的那次"价格闯关"的短期结果并不太妙：物价飞涨，老百姓实际生活水平下降；价格双轨制下，"官倒"更加泛滥，老百姓不满情绪进一步加深。以致中央不得不很快重重踩下"刹车"。

此次全面放开贷款利率管制，会不会又打开一个"潘多拉魔盒"？目前看来，这种可能性不大。首先，从根本上讲，1988 年"价格闯关"的背景是在商品市场的总供应量远远低于总需求量上进行的，市场尚未对价格放开备好充足的粮草，由此导致经济失控。而目前的资金市场，按照中央银行的说法，流动性总体是充裕的，钱并不少，问题主要出在结构性错配，所以放开管制，应该不会带来利率飙升的极端情况。由于实体经济不振，利率走低的可能性反而更大。其次，这次改革虽然给人以出手重、快的感觉，但并非市场自由放任主义者所主张的"一下子砍断整个老鼠尾巴"。往回看，利率市场化已经具备了十多年渐进式改革的基础；向前看，存款利率市场化的关键一步还有待谨慎筹谋，至少需要在存款保险和金融机构破产制度建立之后。以目前态势看，这也是给银行等金融机构留下时日不多的"改革窗口期"。

(2013 年 7 月 22 日《中国保险报》)

金融三兄弟

　　某镇有一金姓大户，生养哥儿仨，都做着与钱有关的生意。老大经营钱庄，前门收钱后门放款，因为利息都是官府定的，坐着就把钱挣了。老二是镇上一家大市场的高级打工仔，在这个市场里，大家买卖一种叫作有价证券的东西，老二跑前跑后帮着双方撮合，挣点服务费。时间长了，摸清了路数，也自己杀进去狠狠玩上几票，赚取诱人的价差。对老大、老二来讲，无论钱庄、市场都有固定场所，是可以等客上门的坐商，只要买家、卖家来交易，他们就有钱赚，旱涝保收。老三是行商，做起生意来要比两位大哥辛苦得多。他经营的商品叫风险保障，有道是"不怕一万，就怕万一"。老三的赚钱模式就是先挨家挨户收取"风险准备金"，万一谁家出现风险损失，他就按照约定拿出一笔钱来赔偿。如果赔偿的钱少于收的钱，他就可能赚；如果赔偿的钱比收的钱多，他就可能亏。可见，这本身就是一个有风险的生意。风险还不是最令老三头疼的，因为镇上民风保守，大多数人抱定舍命不舍财的信念，不愿意为了"万一"把钱装进老三的腰包："万一没有发生万一呢？这钱不就白扔了吗？"所以近些年来，老三风里来雨里去，却没少遭人白眼，甚至在有些地方还被当成骗子。

　　这个故事说的就是当前银行、证券、保险三大行业的现状。论财大气粗，谁也比不过银行，截至 2013 年 6 月底，银行业总资产高达 141 万亿元，而证券、保险都还是个位数呢。论挣钱容易，银行 60% ～ 70% 的收入靠的是固定息差，更是笑傲江湖。要不怎么银行家自己都说呢，"我们挣钱多得自己都不好意思了。"金融三兄弟，老大非银行莫属。不过论及证券与保险的地位，多少有些不公平。证券业资产 1.87 万亿元，保险业资产 7.88 万亿元，何以证券总是排在保险前面呢？大概是因为证券业背靠的是资本市场，联系着千千万万股民的神经，社会影响力更大吧。2013 年上半年，券商经纪业务收入占比高达 43%，依然是靠天吃饭。这两年，股市不振，交易低迷，但按照"股市守恒定理"，不管是股民、券商，叫一叫，总会有饭吃的。而保险业的苦衷，又有多少人能看得见、听得进？

再说哥儿仨的性格。老大因为是长男，集万千宠爱于一身，捧着祖传的金饭碗，吃喝不愁，所以个性骄矜。等到老二出生的时候，金饭碗已经被老大占了，不好硬夺，老爹就给安排了帮人投融资的活，说起来这是从老大的碗里分肉吃，让人们把融资的习惯从间接改成直接。可是老二所服务的这个资本市场由于制度缺失，多年来是跛足运行，本来是提高资金配置效率、提倡价值投资理念的，却成了"圈钱"和"暴富"的场所。有位德高望重的经济学家曾经来这里考察过一圈，留下了"赌场"两个字。老二在这个场所里浸染，难免染上挣快钱的赌徒心理，所以个性有点贪婪。等到老三这儿，却是没啥选择余地，只好干起了走街串巷的苦活儿，因为挣钱不易，所以老三个性低调沉稳，从不做冒风险的事。

老大的金饭碗虽然捧了三十多年，但他也明白，头顶上悬着的那把剑迟早要落下来。那把剑就是利率市场化。关于这事，金老爷在他耳朵边已经吹了将近 20 年的风，说得他都有些麻木了。不过，2013 年，老大切切实实感到了大限将至。金老爷毫无征兆地就把贷款利率放开了。按照金老爷现在的行事风格，存款利率放开也将是不久的事情。这不仅意味着老大赚垄断利润的日子将一去不复返，弄不好还会因为筹资成本高企而亏损、破产。

利率市场化对老三其实也有不小的影响，他辛辛苦苦攒下的钱也是要付给客户回报的。这个回报利率被预订在了 2.5%，比老大钱庄的存款利率还低，而且有十多年都没动过了。现在利率市场化风生水起，老三反应之快着实出人意料，原来一直说的是把预定利率调高一点，现在干脆彻底放开了。这显然会增加老三拓展业务、吸引客户的砝码。在老大钱庄存款利率还没放开的情况下，必定会对其产生一定的分流作用。把钱交给老三，既能获得市场化的利息，又能获得未来的保障，何乐而不为呢？

不过，就像圈内人分析的那样，利率市场化对老大、老三是短期利空、长期利好的事。能不能扛过去，就看各自的体格了。

老大多年来养尊处优，挣舒服钱挣惯了，如今突然遭遇市场放开，迷茫落魄一段时期是必定要付出的代价。而老三虽然多年来也受到一定政策保护，但毕竟是经风历雨走过来的，体格自然强健一些。最重要的，老三跑家串户，客户的一举一动、脾气秉性尽在掌握，有着老大、老二所没有的人性洞察能力。而且为了拿到订单，没少做助人为乐的好事，与客户的关系深度也是老大、老二没法比拟的。

有道是"三十年河东，三十年河西"。在这个"以经营人性"为中心的商业大时代，老三拥抱未来的基础看起来更坚实。

(2013 年 8 月 5 日《中国保险报》)

泛鑫骗局的背后

连日来，泛鑫保代高管陈怡卷款 5 亿元"跑路"的案子在金融圈和媒体圈引起了持续的骚动。除了"美女高管"这样的噱头外，其瞒天过海骗取客户理财资金进而套取保险公司高额佣金的"翻云覆雨手"，更是触动保险市场的敏感神经。从 2013 年 8 月 12 日上海市公安局接案，到 8 月 19 日将犯罪嫌疑人陈怡从斐济押解回国，前后仅用一周时间。效率之高，为近年来跨境抓逃案所罕见。不过，截至目前，尚无来自警方关于本案涉嫌犯罪性质、犯罪手法以及涉案金额的进一步说法。作为保险中介市场直接监管者的上海保监局，也只是做了上海泛鑫保险代理有限公司"擅自销售自制的固定收益理财协议"的简单公告。当然，在犯罪嫌疑人已经归案的情况下，相信本案细节昭然于公众的日子不会太远了。

虽然目前官方信息较为缺失，但通过各路媒体的追踪报道，特别是对受害客户和业内人士的近身采访，基本上可以还原出泛鑫违法操作的"戏路"：以高收益自制"理财产品"吸引客户投资，然后将客户资金作为首年保费上交给与之合作的保险公司，套取保险公司比例高达 100% ～ 150% 的佣金，佣金收入除一部分作为理财收益或返佣支付给客户外，其余则盗用"新客户"的名义购买新保单，循环套取保险公司的佣金。在有的媒体的报道中，将之归为"庞氏骗局"。从资金循环使用的角度，确有几分相似。但由于泛鑫的操作手法横跨理财和保险两个市场，与一般意义上单纯围绕投资、续新还旧的"庞氏骗局"又有明显不同。

标准的"庞氏骗局"是以明知不可实现的高收益为诱饵，吸引客户大量、不断地投资，然后用后面吸纳的资金兑付之前所承诺客户的收益。由于操盘者没有比承诺的高收益率更挣钱的投资渠道，只要后面的客户不再相信操盘者兑现预期高收益的承诺，停止资金的注入，资金链就会断裂。

就目前披露的信息来看，泛鑫操盘者所利用的"资金增值管道"，就是"代客"购买保险产品。这看起来有些滑稽：保险产品的功能本质上是保障，即便是投资型保险，其收益率也很难超过一般的理财产品。更为关键的是，理财产品与保险产品的期限是严重不匹配的，用短期理财产品吸纳的资金购买长期的寿险产品，"短贷长投"，这样的资金循环显然是不可持续的。当然，泛鑫的操盘者不会傻到做这种"短贷长投"的买卖，她需要的只是交付首年保费获得的高额佣金收入，然后用这些钱不断产生新保单、新佣金，维系自己的资金链条。至于"被保险的客户"第二年、第三年是否续费，并不在她的算盘之内。据媒体公开报道，泛鑫的新单保费收入从2011年的1.5亿元暴涨到2012年的4.8亿元，不难估测是靠了这些"理财式保单"的贡献。

在这个泛鑫主导的保险"庞氏骗局"中，先后有多家寿险公司和银行牵涉。他们应该承担怎样的责任？有分析认为，保险公司和那些只是梦想着理财收益的"保险客户"一样，也是受害者。从法理上讲，这没有错。但是，泛鑫这种涉嫌严重违法的操作，在曝光之前，业内并非毫不知情，且很可能并非是孤例，相关保险公司难辞失察之责。

从宏观上看，端倪也不难发现。2012年上海市保险代理机构实现的寿险保费收入为12.88亿元，佣金收入7.66亿元，佣金保费比近60%，不仅远远高于全国平均数值的22%，也大大高于2011年36%的数值。佣金比例的大幅度提升，说明新单数量增长或有异常。而泛鑫保代正是发力最猛的"上海保险代理市场龙头企业"。

泛鑫高管"跑路"事件发生后，中国保监会迅速采取行动，对人身险公司和保险中介机构进行风险排查。重点集中在"保费收入短时间内增长迅速、销售过程中向客户承诺高收益、将保险产品混淆为理财产品"等情况。客观地讲，经历了近年来保险监管机构重拳整治保险中介业务弄虚作假、非法套取资金等市场乱象之后，保险代理人的一些违法违规现象已经大大减少。但是，"将理财产品与保险产品混淆""误导消费者"这一行业痼疾依然在较大范围存在。当然，从媒体报道情况看，泛鑫在开展业务过程中不只是销售误导，还跨越了法律雷池，有利用自制理财产品集资诈骗的嫌疑。懂法律的人都知道，这是最高可以判至死刑的重罪。

近两年，保险监管机构大力整治销售误导，同时反复向保险公司灌输以客户为中心及让保险回归保障的行业发展方向，任重道远。短期看，泛鑫高管"跑路"事件还会对保险业的形象造成一定伤害，但让恶行彻底曝光、欺诈者得到应有的惩治，何尝不是对保险公司、中介机构和保险消费者一个教育的良机呢？

（2013 年 8 月 26 日《中国保险报》）

搅局者的命运

　　"互联网金融"2013 年成为热词，阿里巴巴、苏宁等"门口的野蛮人"纷纷在银行业、保险业布局，传统金融业大佬如临大敌。

　　马蔚华在提出"传统金融可能很快被互联网金融取代"的危言之后，黯然退休，把难题留给后人；马明哲临危不惧，精心布局非传统业务。然而，搅起互联网金融冲击波的马云，不久前却挂印而去做他的菜鸟网络了。作为传统金融的搅局者，马云虽然也曾陷入口水战、争议不断，但毕竟做了自己命运的主人。

　　纵观改革开放历史，金融业始终是"一照难求"的特殊行业，从来不缺业外民营资本的追逐，然而又有几个民营企业家可以像马云那样笑到最后？

　　这让我想起的一个人，就是唐万新。作为同年生人，后者几乎被市场遗忘。但十多年前，唐万新在资本市场纵横捭阖之际，马云还是一个无名小卒。

　　当年唐万新在金融界的影响力，并不比今天马云互联网金融首席大佬的光环逊色多少。唐万新的德隆帝国虽然已崩塌十年，个人也因非法操作证券市场价格等罪名一度深陷囹圄，但他创造的产融结合模式、产业整合思维至今仍被业界作为正面遗产传道。

　　在作者印象里，金融业作为国资主导的命脉行业、市场化改革的重要对象，近十年来经常会有欢迎民间资本进入的政策出台。就在不久前，银监会主席尚福林还表态，"允许尝试由民间资本发起设立自担风险的民营银行"。但同时，监管者又对民营资本进入金融业可能带来的风险给予严重关注。害怕民营资本把金融机构当成"提款机"，害怕民营资本比国有资本更为强烈的逐利色彩引发"道德风险"，金融业实际开放的步伐远远落后于政策的宣导。这也是像德隆这样的金融搅局者"一招不慎、满盘皆输"的监管心理原因。

历史是一面镜子。唐万新倒下的一段时期，正是马云崛起的黄金十年。同为金融搅局者，马云、唐万新何以命运不同？

在作者看来，以下几点不可不察：

其一，也是最根本的一点，唐万新进军金融业是在"存量"上做文章，或控股或参股金融机构，没有触动传统金融的业务结构。进一步讲，他主要是利用传统金融业务的资金融通手段支持其产业整合的战略目标，因此，他的一举一动都在监管者的注目之中。而马云是在"增量"上做文章，并不直接触动传统金融业的奶酪，因为用创新的方式做金融，他从来都是走在监管的前面，悄悄蓄积力量，等到引起传统金融业和监管机构的注意，已经是大到不可忽视，必须承认的地步了。

其二，与唐万新、马云的个人风格和追求的目标有关系。唐万新低调、马云高调是业界皆知的事实。应该说，高调保护了马云，而低调却让唐万新陷入被动。从他们两人的企业目标看，都是很大的格局。马云讲，"让天下没有难做的生意"，要帮助千千万万的中小企业成长，所以外界不会单纯地将其视为一个商人，而他在相当长一段时期内也是乐于扮演企业精神领袖的角色。对其理念的高调宣讲，赢得了市场、社会乃至政府的支持，从而在他周围形成了一个深厚的保护层。相比之下，唐万新的产业整合梦想不可谓不大，甚至在当下的价值更为凸显，但对其的理解与认同仅仅局限于少数企业家和学者的层面，缺少公众和政府的认知与保护。

其三，态度决定出路。在支付宝如日中天、监管大棒即将落下的时候，马云多次表态，"随时准备把支付宝献给国家"，这或许不完全是他的真实心理，但从策略上看，以退为进反而为他赢得了继续生存和发展的空间。而唐万新只是在德隆崩盘之后，才意识到与政府配合的重要性，最后将德隆资产托管给华融资产处置，但终于事无补。

其四，两人的命运区隔折射了时代的进步。唐万新活跃的时代，社会氛围对于企业家更多是戴着有色眼镜、以怀疑的目光去审视他们的瑕疵。而在马云崛起的时代，人们对于企业家的谅解度、亲善度越来越高，对于他们创造价值的能力、创造财富的贡献给予了更多的肯定。所以当马云高调喊出"中国缺乏一个对经济成长承担责任的金融机构""如果银行不改变，我们改变银行"这样霸气十足的话语时，赢得的更多是喝彩而不是轻蔑。

根据媒体最新的报道，已经刑满出狱的唐万新在香港注册了一家公司，专做其擅长的投行业务，其本人则痴迷于深海垂钓。遇于时，可为英雄；不遇于时，则为枭雄。这大概是马云、唐万新两人的宿命吧。

(2013 年 9 月 9 日《中国保险报》·中保网)

科斯给保险业的启示

　　新制度经济学的开山宗师科斯 2013 年 9 月 2 日离世，在国内学界引起一番唏嘘怀念之声。科斯没有来过中国，但对中国的变化始终保持密切的关注，并通过他的一些信徒，如张五常、周其仁等施加着对政策的影响。有人总结了科斯给中国的十大忠告，分别就"私企的公平待遇""土地市场的确权""取消计划生育政策"等方面发表简明扼要、一针见血的观点。

　　科斯说，权利界定是市场交易的先决条件。这就是著名的科斯定律。应该说，它对中国的企业改革、政府改革进程产生了一定的影响。科斯之所以总结出这样一个定律，是因为发现了交易成本的存在。在此基础上，2009 年诺贝尔经济学奖得主威廉姆森发展出"交易成本经济学"。相比科斯定律，这门学问在我们的现实生活中应用更为广阔。

　　所谓交易成本是指完成一项交易所需花费的时间、精力和金钱，包括制定谈判策略所需信息的成本，谈判所花的时间，以及防止各方欺骗行为的成本。在实际的市场交换行为中，即便权利界定清楚，由于信息不对称等因素的存在，交易成本仍然无处不在，并带给我们诸多的困扰。比如，我们去商场买东西，经常会因为讨价还价耗费大量的时间甚至因为话不投机影响自己的情绪，这些都是交易成本。在目前诚信缺失的环境下，我们还需要增加商品知识、学会甄别假货，这也是交易成本。如果我们不慎买到假冒伪劣品，还要找商场索赔、找监管机构投诉，这样交易成本就更大了。

　　这只是从买家一方利益来看，其实在以上过程中，卖家交易成本也是攀升的。讨价还价时间长了，会影响到其接待后续的顾客；如果双方话不投机嚷嚷起来，其他顾客就会侧目而过，都会影响其销售额；卖了假货，被消费者投诉，受到监管机关处罚，生意更是没法做，比消费者的成本损失更大。即便是不卖假货的商家，由于造假售假者的存在，也会"躺枪"；或者要花费不菲的费用去打假，增大了其交易成本。

在一个以自由交换为基础的市场经济社会，降低交易成本不仅是消费者的愿望，也关乎生产者、销售者的利益。双方的交易成本都降低了，整个社会的福利就增加了。这就是马云所做的事，"让天下没有难做的生意"。

从交易成本的角度看，保险业的现实情况确实不很乐观。电话骚扰、销售误导、理赔难等行业顽疾带有一定的普遍性，很大程度上影响到保险在消费者心目中的形象；再加上保险产品多样性和合同条约的复杂性，不是一般人能够辨别的，极大限制了消费者购买意愿。这些都使得保险产品交易成本高企，制约了保险业的进一步发展。虽然说从保险密度、深度衡量，中国保险业还有很大的发展空间，但是如果不能大幅度降低交易成本，恐怕这样的目标实现起来还有相当难度。

让保险回归保障，是近两年来监管层反复强调的行业发展取向。如果我们在设计保险产品过程中，都能循此方向，去除理财化倾向，突出保障功能，对交易成本的降低将起到关键性作用。

我们还应看到，蓬勃发展的互联网保险从技术上大大降低了交易成本，所以正在越来越多地被商家和消费者所利用。从保险企业角度，不应仅仅从增加一个销售渠道来认识网销的作用，而应将其视为捕捉、研究、满足消费者需求的一个重要接口，真正从消费者角度去思考如何完善产品与服务，增大产品透明度、可识别度，降低高企的交易成本。唯其如此，保险行业企业才会有更大、更坚实的发展。

(2013 年 10 月 14 日《中国保险报》·中保网)

"补课"与"推优"

但凡孩子已经读到初中、高中的家长都有这样的共识，如果要想让孩子在未来的升学大战中冲出重围，纠正偏科、均衡发展是不二法门。

当下的中国就有点像偏科的孩子：经济一枝独秀，社会、政治有点偏软。单就经济来看，对外开放突飞猛进而对内开放进展迟缓。所以说，这十年，高层提出科学发展观、和谐社会，学界、商界呼吁民企国民待遇，乃至新一届中央领导集体下决心在重启改革议程上有所作为，都带有纠偏的意味。

以此观之，2013 年 9 月 29 日挂牌的上海自贸试验区，正像国务院批复中所称，是为了"打造中国经济升级版"，包含着"中华民族伟大复兴的中国梦"。

已经公布的《中国（上海）自由贸易试验区总体方案》，涵盖深化行政管理体制改革、扩大服务业开放、探索建立"负面清单"管理模式、创新监管服务方式、推进贸易发展方式转变、深化金融领域开放创新以及促进投资贸易的税收政策等内容，层次的丰富程度远远超过了一般的保税区、开发区、开放区，而更像一个新版的经济特区。

冀望归冀望，上海自贸试验区能否很好地履行"补课""纠偏"的重任，尚需时间和实践的考验。甚至，就在自贸区概念热炒的阶段，也有不少冷静的声音对其中一些政策的可操作性提出质疑。

比如，商务部研究院学者马宇认为，金融利率市场化应该是全国一盘棋，如果率先在上海自贸区实施，恐怕全国的存款都会被"搬"到上海去，加剧金融市场的不平衡。再比如，人民币资本项下可兑换，如果仅仅限定在上海自贸区内可自由兑换，这样的政策实际价值不大；而如果不限制上海自贸区内与国内之间的资本流动，那就等于人民币完全可自由兑换了。

此外，在这次自贸试验区方案中，"对外商投资实施准入前国民待遇"以及"服务业扩大开放"是含金量极高的亮点，并且列出了详细的项目清单。其中，允许"符合条件的民营资本与外资金融机构设立中外合资银行"亦是一大突破。但我们反过来又要问，为什么民营资本在国内设立民营银行的呼吁迟迟不能得到切实的履行？为什么外资的国民待遇要优于民资的"国民待遇"？或许是顾及内外一致的原则，国务院关于"服务业扩大开放"的文字表述中，没有出现"对外开放""外资如何如何"的字眼，而是最后强调了"营造有利于各类投资主体平等准入的市场环境"。从积极角度理解，这是将开放的外延延伸到了"对内"的层面。

总体而言，上海自贸试验区的设立，是新时期中国改革开放的一个重要抓手，是中国改革开放进入"第二季"的重要标志。但是，对其能够发挥的功能与作用也不可估计过高，对其运行中可能存在的问题更要充分预估。否则很难避免以前的特区、开发区所常见的"政策套利"行为，而这与改革的价值取向是相违背的。

与当年设立四大经济特区不同，当今中国的经济社会发展条件已经发生了相当广泛深刻的变化，经济社会发展中的"短板""偏科"已有了比较充分的显现。在这个时候，更加需要的是宏观性、全局性、系统性、兼顾经济社会政治均衡发展、兼顾区域均衡发展的改革举措。

所以，一方面，对自贸区，我们要聚精会神"推优""增优"；另一方面，更要放眼全局，以时不我待的精神，把该补的课补上来。

（2013 年 10 月 14 日《中国保险报》·中保网）

新闻侵权案需要"动武"吗

2013 年 10 月引起舆论热议的两件大事都与媒体有关——不是围绕媒体报道的事件，而是媒体本身成为焦点。一件是央视"炮轰星巴克暴利"，另一件是《新快报》记者陈永洲因涉嫌损害商业信誉罪被"跨省拘捕"。这两件事，目前看来，都令媒体公众形象不同程度失分。作为媒体同行，不得不照照镜子，看看到底哪些是自身之弊，哪些是外部问题。

前者属于媒体违背常识。央视对于一个完全自由竞争的市场，采用"成本定价"、与各国比价的方法推导出星巴克"暴利"，进而给其扣上"违反公平贸易原则"的帽子。因其立论基础的荒谬，以致报道一出，即被引为笑谈。

后者则属于记者违背职业道德底线，"收人钱财，发表失实报道"。这些年，类似事件在新闻界并不鲜见，之所以本案件引起高度关注，与《新快报》连续两天在头版以"请放人""再请放人"的特大号标题叫板长沙警方，引发人们对于警方执法程序的质疑有很大关系。因为同样并不鲜见的情形是，基层公检法机关出于"地方保护主义"，动用公器抓捕进行正当批评报道的记者。就本案件而言，长沙警方行动最大的瑕疵在于，没有搞清"发表失实报道"的主体是谁。报案人中联重科如果认为《新快报》"失实报道"侵害了自己的商誉，首先应该起诉报社，连带告记者。它本质上应该是一起民事侵权官司。长沙警方单方面听信报案人对报道"失实""侵权"的指认，轻易将民事案件当作刑事案件，本身是不严肃的行为。至于陈永洲被抓后，迅速承认"收钱发稿、报道失实"，令该事件舆论导向和性质发生惊天逆转，实属歪打正着的意外之获。

根据《刑法》第二百二十一条规定，捏造并散布虚伪事实，损害他人的商业信誉、商品声誉，给他人造成重大损失或者有其他严重情节的，处二年以下有期徒刑或者拘役，并处或者单处罚金。这个罪名的构成要件有两个：一个是"捏造并散布虚伪事实"，另一个是"损害他人商誉"。前者是"主观动机"，后者是"侵害后果"。因为正常的批评报道也会形成损害企业商誉的后果，所以判断该罪是否成立的关键点在于前者。

本案尚在侦查阶段，报道是否失实以及多大程度上损害了企业商誉需要在审判环节通过控辩双方质证最终由法院裁定，但陈永洲承认"收钱发批评报道"让相关媒体和记者先失客观、公正立场，从"专业性失实"演变为"道德性失实"，不战而败。

真实是新闻的生命，公信力是媒体生存之本。这是新闻单位及其从业人员从陈永洲案中需要引以为戒的。但同时，该案在演化过程中所折射出的程序公正问题确实需要给予高度关注。

当下涉及新闻行业侵权的官司中，往往有两种对立的情况并存：一个是媒体滥用大众传播的地位、误导受众；另一个是媒体正常的舆论监督职能得不到有效的法律支持。我们不能因为陈永洲事件主要反映的是前一类问题，就把后者放在一边。

现实中，因新闻报道引发的经济、社会层面冲突越来越多，但在现有的法律实践中却暴露出一些模糊地带。比如，媒体记者"收钱发稿"是归于"国家工作人员受贿"还是"非国家工作人员受贿"，在法律理论和实践中均无定论；刊发不实报道，媒体又该承担什么样的法律责任，也缺少明晰的规制。名不正，则言不顺。由于媒体相对于一般企业和个人具有"特殊地位"，所以在很多时候，冲突解决的办法要么是受媒体侵权一方忍气吞声，要么就是其利用更大的公权力来压制媒体、先抓再审。这都不是法治社会应有的解决办法。

如果在《新快报》连续刊发针对中联重科的批评报道后，认为自己利益受到"失实报道"侵害的相关企业有法律救济途径向新闻行政主管机关申诉，由主管机关从"专业角度"确认报道是否失实，并决定是否对相关媒体和从业人员实施必要的规制措施；如果还认为新闻主管机关的决定不合理，可以向人民法院起诉讨说法；这个过程中，如果发现有记者收受他人钱财、搞虚假报道的情况，再移交司法部门处理。这样做，是否更合乎逻辑、社会代价也最小呢？

在陈永洲承认"收钱"后，有媒体仍纠结于抓人"程序不公"，作者以为实无必要，毕竟行业自己有短处。案件刚刚启幕，大戏尚在后面。

陈永洲到底受何人之托？收钱的次数和金额到底是多少？哪些具体的报道内容可以被认定为失实？"失实"部分又在多大程度上侵害了被报道方的利益？报社在这其中又承担怎样的责任？这些都需要在进一步的侦查和最后的审判环节中厘清和裁决。陈永洲案倘能在媒体和舆论监督下办成"证据链完整"的铁案，不仅是对可能利用新闻公器作恶者的惩罚，而且，若从此案中梳理出一套处理类似新闻侵权官司的合理法律解决程序，那么，对于正当行使新闻监督职能的媒体和记者也是一种保护。

(2013 年 11 月 5 日《中国保险报》·中保网)

成功的改革须"安民立信"

最近，电视连续剧《大秦帝国》在央视热播，一曲反复吟唱的"赳赳老秦，共赴国难"，令观者如痴如醉。这部片子并非新剧，第一部 2009 年前就播出过，其时坊间对此知之者甚少。此时登堂入室，自有特殊意味。

秦国由弱变强直至一统海内，"商鞅变法"奠定了最坚实的基础。然而，后世给予秦国的评价多以"暴政"论，并以"三世而亡"戏谑之。盖因秦朝开启的 2000 多年专制时代，儒家"仁政"思想是统治者倚借的主要工具。

不过，这并不妨碍商鞅变法被近世公认为中国历史上与王安石变法、戊戌变法并列的三大变法之一。但从结果看，后两者很快以"政息人亡"告终——只有商鞅变法取得了成功，且对后世产生深远影响。

与历史上的许多变法一样，商鞅变法的目标在于富国强兵。

首先，从基本的价值取向上，就是削弱传统贵族势力，给平民以公平的财产权和升迁权。奖励垦荒，"废井田、开阡陌"，改土地公有制为土地私有制，允许自由买卖；废除世卿世禄制度，剥夺旧贵族特权，同时奖励军功，建立二十等军功爵制。引导平民"勇于公战，怯于私斗"。这是秦军战斗力强的根本原因之一。推行县制，后来秦始皇实行的郡县制与之一脉相承，彻底瓦解了贵族的管理权，确立了因袭 2000 多年的官僚制管理的根基。

以上做法，促进了社会流动和公平，从而大大增强了秦国社会的活力。

其次，商鞅变法的另一大特点就是强调法治。轻罪重罚。偷采别人桑叶不满一钱的也要罚处徭役 30 天。执法必严，太子犯法，商鞅竟把太子傅、孝公哥哥公子虔的鼻子割了。这也给他惹来了其后的杀身之祸。

对于法治的尊崇，保证了秦国社会有秩序的运转。既有利益引导，又有纪律保障，这样一个国家的国民组成的军队，自然是无往而不胜。

成功的变法需要审时度势。战国时代，七雄互伐，变乱不息，统一不仅是国家目标，而且是民众所愿。商鞅变法正是契合这个时代特点的乱世之法、战时之法。比如"重农抑商"，重分土地，奖励农桑，而对商人课以重税，其实扼杀了经济活力。但对于农耕社会来说，土地是农民的命根子。农民为土地而战，自然玩命。

商鞅变法造就了秦国超强的实力，特别是武力，使得海内一统从不可能变为可能。毛泽东领导的新民主主义革命之所以成功也是一样的道理。而在秦国统一六国后，本应变乱世之法为治世之法，但秦始皇仍然沿用昔日之"严刑酷法"，"三世而亡"也就不足为怪了。

时隔 2000 多年，商鞅变法对中国当今的改革又有什么借鉴意义？我觉得最重要的四个字就是"安民立信"。

中国 30 多年来的改革，带来了物阜民丰，国力强盛，从结果看，无疑是巨大的成功；但是，快速发展过程中，也积累了一定的不公平因素，影响到社会经济进一步的稳定繁荣。消除不公平因素，持续激发民众的创造力和活力，是为"安民"。安民是导向，建立在法治基础上的立信则是保障。

面对民众对新法的疑虑，商鞅用"徙木立信"的办法"以明不欺"，建立了政府的威望，使得诸项改革法案得以顺利推行。

无论是古之变法还是今之改革，过程都是利益格局的重新调整和分配，其中必然遭遇强大的守旧势力的阻力，唯其法令如山，才能使新政得以顺利推行。而法治精神，正是中国社会要补的重要一课。

（2013 年 11 月 5 日《中国保险报》·中保网）

谁对"夺命七小时"负责

2013年11月22日青岛输油管线泄漏引发爆燃，数十条鲜活的生命顷刻殒散，酿成近年来石油行业最严重的安全生产事故。

虽然，目前事故原因尚未完全查明，但从专家初步的分析可以判断，这本该是一起可以避免的特大人身伤亡事故。

从输油管破裂漏油到抢险过程中发生爆燃，时间长达7个小时。7个小时，如果相关责任方有足够的风险管理意识，完全可以实现对漏油区域群众的安全疏散。

遗憾的是，这一风险管理措施没有发生，从而使得这起环境污染事故上升为特大人身伤亡事故，造成了难以估量的社会危害。

据专业人士分析，原油爆燃需要满足三个条件：第一，原油挥发的可燃气体与空气混合比达到一定浓度，这一比例在5%～15%，高了不行，低了也不行；第二，要有密闭的空间；第三，周围环境要达到一定温度或有引燃的火点。

也就是说，原油如果在正常的输油管道内流动，是不可能发生爆燃的。中石化输油管道泄漏事故现场指挥部的初步分析也指出，事故是因管线漏油进入市政管网导致起火发生。现在需要排查的是，是否作业明火或其他火源最终引致爆燃灾难的发生。

但无论最终调查结果如何，原油泄漏并大量渗入市政管线，已然形成巨大的安全隐患，是不争的事实。事故现场周围的群众当日早上也闻到了浓烈的油气味。这个时候，事故责任方罔顾巨大的安全风险，仍然自顾自地进行管道维修抢险——而这种抢险极有可能引发爆燃的二次事故。其安全意识之麻木令人骇然。

我们不禁要问，一向大力宣扬企业社会责任的央企，此时将社会责任置于何处了？当然，进行社会风险管理不仅是企业的责任，更是政府的责任。在此次安全事故中，我们也看到了政府风险管理意识的缺失。中石化发生原油泄漏事故，直接波及的是社会，对此，政府如果有相应的应对突发公共安全事件的紧急预案，也是可以避免造成重大人身伤亡的二次事故发生的。可惜的是，在这"夺命 7 小时"中，我们也没有看到。

这次"11·22"中石化特大安全生产事故，给那些存在公共安全风险因素的企业再次敲响警钟，也给负有社会管理首责的地方政府敲响了警钟。而只有企业和政府的共同重视、通力配合，才有可能真正做到防患于未然。

值得一提的是，这次事故发生后，保险公司一如既往，迅速在第一时间作出反应，尽最大努力抚慰受难客户，积极发挥着保险的经济补偿功能。但我们也应看到，再多的经济补偿也挽回不了逝去的生命。作为保险的另一大功能，风险管理、防损减损，不仅在这次事故，在既往的多次重大公共安全事故中都极少得到体现。之所以形成这样的尴尬局面，更多在于整个社会风险管理意识的淡薄。

而要充分发挥保险业在社会风险管理方面的作用，需要企业的配合，更需要政府的重视。逝者已矣，唯愿其能促成各方风险管理意识的警醒，促进政府对社会风险管理机制的完善。

（2013 年 11 月 24 日《中国保险报》·中保网）

依法治国　改革之本

——解读《中共中央关于深化改革若干重大问题的决定》

新华社 2013 年 11 月 15 日受权播发《中共中央关于深化改革若干重大问题的决定》（以下简称《决定》），与此前面世的十八届三中全会公报相比，内容详尽扎实，有更多"干货"浮出水面，读之有令人眼前一亮的感觉。诸如"单独子女可生二胎""加快房产税立法""农村宅基地入市""公办学校校长教师交流轮岗""废除劳教制度"等民间、学界期盼呼吁多年的重要改革动议，终于在顶层设计中得以确认。

《决定》出台后，迅速有各路分析人士作出"12 看点""8 大要点""7 大争议点"之类的梳理解读。作者以为，诸多具体的政策性突破固然令人鼓舞，但真正可能对国家治理产生深远影响的还是《决定》的第九部分推进法治中国建设。在这部分中提出，"任何组织和个人都不得有超越宪法法律的特权，一切违反宪法法律的行为都必须得到追究"。"任何""一切""必须"这几个词可谓字字千钧，掷地有声。

如此强调宪法与法律的尊严，为 1978 年以来历次三中全会公报、决定中所仅见。

作者在"吴家场论语"中曾提出：成功的改革须"安民立信"。古往今来，成功的改革，离不开这四个字。安民，是说改革的价值取向，要顺应人民的诉求；立信，是说改革的过程成效，需要法治的保障和稳固。从价值取向看，中国古代影响大的改革，如商鞅变法、王安石变法、戊戌变法等，基本上是以"富国强兵"或"救国图存"为目的；35 年前发端的中国改革，则是以"国富民强"为目标。虽然两者时代大异，手段大异，但都是顺应人民求富求强的心理。

而当下"深化改革"所面临的形势民情，则有很大不同。经过 35 年的改革开放，中国已经摆脱落后贫穷的面貌，中国人民的物质生活得到极大丰富，中国的国力已经不再让域外列强小觑。经济学上有一个著名的定律，叫"帕累托改进"，是说当一项变化在不使任何人处境改变的情况下，使得至少其中一个人或一部分人处境变得更好。这正是中国 35 年的渐进式改革不断取得成功，并在总体上获得民众认可的合理依据。

但渐进式改革也有其天生的弊端，就是重视财富增量的扩大，让大家有更大的蛋糕可以分食；却忽视财富存量的处置，无意间带来蛋糕分配不公的问题。

当下中国，虽然仍有很大增量财富创造的空间，但速度已然在放缓。普通民众能感受到帕累托改进给其带来的好处在减少，对社会不公的抱怨却在增多。不患寡而患不均。所谓"改革深水区"正是指此。此时，民众更关心的问题转向公平正义与社会安定。而无论是公平正义还是社会安定，都需要法治的强有力保障。应该承认，中国现有的法律体系经过几十年不断地改进完善，总体上是合乎民意国情、合乎法律基本原理的。更多的问题体现在执法环节，例如选择性执法、先抓后审等不符合法律精神的弊端，在现实生活中，仍相当程度存在。宪法法律赋予公民、组织的权利是否得到完整体现？公民的人身权、财产权是否得到切实保障？违反宪法法律的行为是否得到公平公正的处理？民众对此也确实还存有这样那样的问号，进而影响到其对国家发展走向的判断。因此，把依法治国作为有关"深化改革"《决定》最重要的价值取向之一，正是顺应民意之举。

深化改革与依法治国并举，既为安民，也为立信。宪法法律是国家威严的体现。执法必当、执法必严，党和政府才有威；党和政府有威，才可取信于民，改革才能顺利推进。

改革也是破旧法、立新法的过程。而依法改革，也应是此次党中央领导的深化改革大计的题中之意。《决定》通过的一些具体改革议程如果要进入实施，简则需要政府部门改规，繁则需要立法机构修法，均会涉及大量严肃细致的工作，既不可怠慢也不可草率。

人民是改革的主体。一场深化改革的攻坚战，既要顺民意，又要尚法治。中国的改革，只有从政策之治转向法律之治，才是国家强盛繁荣、长治久安之道。

(2013 年 11 月 18 日《中国保险报》·中保网)

中石化事故的两大悬念

"11·22"中石化青岛爆燃事故已经过去半个多月了。目前关于这起事故仍有两大悬念：一是事故起因和责任认定；二是中石化会赔多少钱。而对保险业内人士，还关心的一个重要信息就是，谁是中石化事故管道的承保方？保险范围和金额有多大？

根据中石化2012年年报，其"对主要资产和存货都购买了保险"。涉及事故管道的投保情况，目前仍未有任何官方信息披露。《中国保险报》掌握的情况是事故管道保额约为10亿元，具体险种不详，但按照保险行业惯例，至少应包含财产一切险和公众责任险这两个险种。

回溯事故发生后的这十几天，虽然各家驻青保险公司倾尽全力，截至目前赔偿给受损害客户的钱也不过几百万元而已。而中石化作为侵权责任方，未来需要赔偿给受害者的总金额，仅凭经验判断，也会是数亿元以上的天文数字。此外，这个中国石油化工行业的老大还需面对政府的巨额罚款。端的是"老鼠拖油瓶，大头在后面"。

当然，作为中石化管道承保方的保险公司，也会有巨额的保险赔付支出，或可最大限度缓解中石化的赔偿压力。但到底保险赔付可以对冲多少金额，在未估算出总体损失金额以及未看到具体承保条款的情况下，很难判断。

其中有一点非常关键，那就是原油从泄漏到发生爆燃，多大程度上是因为中石化抢险过程中处置不当引起的？根据较为通行的公众责任险条款，针对"意外事故"的保险在"除外责任"中有这么一条，即"被保人及其代表的故意行为或重大过失"。中石化在事故中是否存在"重大过失",其过失程度到底有多大?目前看起来有些扑朔迷离。至少在是否可以通过及时疏散来避免重大人身伤亡的问题上,中石化和地方政府均讳莫如深、相互推诿。中石化方面称在泄漏事故发生后,已报告过地方政府;青岛市政府的新闻发言人表示,只是在爆燃发生后才得知实情。这一切因因果果,或许只有等待国务院事故调查组的最终结论了。

然而,不管结论如何,这次事故最终形成的各种风险隐患已然充分暴露了。我们需要反省的是,为什么这些风险隐患长期以来没有得到充分的重视?这次事故,保险业反应迅速、表现积极,克服重重困难推进查勘理赔工作,开通"绿色通道",给那些受灾保户及时带来了"寒冬中的温暖",也在一定程度上改变了人们对于保险公司"重承保、轻理赔"的固有印象,提高了保险业的形象。但是,对于突发性灾难,经济补偿毕竟只是"亡羊补牢"之举,而很多的损失是用金钱所无法补偿的。

众所周知,保险的两大功能是经济补偿和风险管理。相对经济补偿而言,保险业风险管理的功能在中国发挥得远远不够。"重承保、轻风控"在保险行业也是普遍存在的弊病。而通过有效的风控措施降低灾害,尤其是人为灾害的发生概率,不仅对社会整体有利,也是保险公司避免理赔成本支出的理性之举。

就这次中石化爆燃事故,作者还想强调一点,有关责任方不主动披露自身投保信息,也是一大劣笔。须知,在涉及公众重大利益的保险交易中,保障公众的知情权,保证信息的透明化,本身也是倒逼交易双方加强风险管理、防患于未然的重要一环。

(2013 年 12 月 9 日《中国保险报》·中保网)

切莫混淆保险与慈善

关于保险的本质，圈子里流传着这样一个经典的故事：100 名学徒工来到一家五星级酒店学习厨艺，他们要学满 10 年才能出师。学徒薪水不高，一年只有几百元。而这家五星级酒店的餐具非常名贵，一个盘子要 1000 元。如果哪个学徒不小心打坏了一个盘子，那么他两年就白干了，还可能被开除。因此学徒们都非常小心谨慎，可每年都有人打碎盘子，并因此受到惩罚。

这一年，酒店来了个聪明的财务，看到一些学徒的不幸遭遇，他提出了一个方案：如果每个学徒愿意每年交点钱，把这些钱集中起来，无论谁打碎了盘子，就用这些钱来赔偿盘子。大家听后觉得这个方案很好，都愿意花点小钱买个心安。那么他们需要交多少钱呢？聪明的财务问大家："你们一年之内大约会打碎几个盘子？"大家想了想答道："大约 4 个吧。"（预定死亡率）。那么假定一年内需要赔偿 4 个盘子的话，就需要每个人交 40 元；聪明的财务还建议大家聘请一名经纪人来帮助大家管理这些钱财。按照当时的市场情况，雇用一名经纪人大概一年需要 600 元，为经纪人租个办公室要 400 元（预订费用）。这 1000 元的费用分摊到每个学徒身上是 10 元。总的算下来每个学徒一年只需交 40 元（保障成本）+10 元（费用）=50 元，即便打碎盘子也可以不被开除了。

这个故事非常清楚地表明保险的起源是一种"互助"机制，投保人和保险人具有同一性，利益一致。这就是保险业经常讲的"人人为我，我为人人"的道理。而随着经济社会发展程度的提高，风险来源愈加广泛和复杂化，互助形式的保险就很难满足人们形形色色的海量风险保障需求了。于是，上面故事中提到的那个经纪人，不再满足受雇于那100名学徒工，而是变成面向非特定人群、专门经营各种风险保障需求的商业保险公司。

保险机构千千万万家，基本的经营形式无非这两种，即互助制保险和商业保险。商业保险由于更适应于工业化世界社会化大分工的潮流，因此其发育程度远胜于互助制保险。但当互助制保险演变为商业保险，其性质也发生了根本变化。商业保险公司是股东投资设立的，从其设立的目的来讲，首先是要实现股东利益最大化。当然，其实现路径是通过为投保人提供风险保障服务，并依靠"大数定律"规避超赔的风险，实现盈利。说白了，商业保险就是要从投保人身上赚钱的。这和其他行业的商业公司没什么差异。

由于在商业保险中，股东与投保人分离，利益不完全一致；再加上保险这种产品具有"延迟消费"的特点：投保人缴纳了保费，不像买汽车，当期就可以享受到服务，只有当风险这种小概率事件发生，才能获得经济补偿的服务。特别是在中国这样一个市场经济发育时间不长、很多保险从业人员素质不高、短期行为较严重的国家，"重投保轻理赔""存款变保险""片面强调保险产品理财功能"等扭曲保险本质特点的不良现象大量存在。以上三点造成当前中国的社会意识中普遍存在着"保险是忽悠人的""保险是骗人的"的观念，并构成制约中国保险业健康深入发展的最大障碍。

保险业该如何破解这种疑难？发展互助制保险当然是一条路，但是由于它很难在规模化、专业化上取得突破，注定只能作为商业保险的补充。而面对社会对于商业保险的误解，我们需要追本穷源，正视商业保险的本质，并在对社会的宣讲中给予全面准确地阐释。

作者认为，对于保险界自身而言，有三个方面的错误或模糊的观念需要纠正。第一，"保险是投资，能够帮你赚钱"。保险最基本的功能还是风险保障，能够帮人们应对各种不确定性风险。理财的功能是辅助性的。想通过保险理财博取高收益是不现实的。让保险回归保障，才是当前保险业发展的正道。这也正是保险监管机构近年来所大力倡导的。第二,"不要讳言商业保险追求盈利的本性"。与互助制保险不同,商业保险是要赚钱的。只有赚钱,商业保险才能持续下去,才能提供更好的服务。作者注意到,商业保险公司在宣传中,往往只讲理赔的情况和数字,对于盈利情况基本不涉及。似乎保险业如果盈利了,赚多了就犯了大错。商业保险,首先是商业,只有摆正自己的位置,才能真正得到社会的理解。第三,"保险机构是一个奉献大爱的组织"。将商业保险服务混同于慈善公益行为,更是大谬。固然,对投保人来讲,在遇到突发灾难的时候,能得到保险公司的补偿,助其渡过难关。但这完全是基于双方订立的保险合同的市场交易行为。这与爱心、奉献没有什么直接关系。慈善、公益行为的本质是利他的,是奉献。而商业行为本质是利己的,通过利己的商业行为满足人们的市场需求,进而推动社会的发展进步。即便是互助制保险,也是主观利己、客观利他,与慈善公益是两回事。

(2013 年 12 月 30 日《中国保险报》·中保网)

　　假如我们把文件中各种利好保险业的政策叠加起来看，会发现，其中"政府需求"这个杠杆无疑是最大的一根。

——《新国十条的"经济学意义"》

政府"公司化"的岛国之鉴

2013 年结束的前两天,由国家审计署操刀的《全国政府性债务审计结果》低调公布。数据显示,截至 2013 年 6 月底,地方政府负有偿还责任的债务 10.9 万亿元,负有担保责任的债务 2.67 万亿元,可能承担一定救助责任的债务 4.34 万亿元,合计 17.9 万亿元。报告还称,2012 年底全国政府性债务总负债率为 39.43%,低于国际通常使用的 60% 的负债率控制标准参考值。这样一个结果并未出乎部分外部机构的预料,对于一度热议的中国地方政府偿债"危机论"也是一个有力回应。

但我们也应看到,总体可控不等于没有潜伏风险,也不等于没有局部风险。在投资仍为拉动国内生产总值(GDP)增长主要手段的"中国模式"之下,地方债务增长较快是一个必须正视和解决的顽疾。近两年已经暴露出来的部分地级市房价大跌,甚至出现"鬼城"的现象应当引起当政者的警觉。

并非巧合。就在《全国政府性债务审计结果》公布的 20 天之前,中共中央组织部印发了《关于改进地方党政领导班子和领导干部政绩考核工作的通知》(以下简称《通知》)。《通知》强调,不能仅仅把地区生产总值及增长率作为政绩评价的主要指标,要看全面工作,看经济、政治、文化、社会、生态文明建设和党的建设的实际成效;注意识别和制止"形象工程""政绩工程",对于盲目举债留下一摊子烂账的,要记录在案,视情节轻重,给予组织处理或党纪政纪处分,已经离任的也要追究责任。

凡事都须一分为二来看。我们反对不顾发展条件、盲目举债扩张、严重浪费资源、破坏生态环境以及损害群众利益的"GDP 主义",但不可否认 GDP 仍是衡量地方政府业绩的一个重要导向。GDP 导向这么多年经久不衰,自有其存在的理由。因为只有地方经济发展上去了,才能为老百姓带来真正的实惠。也是在 2014 年,大洋彼岸的美国底特律市政府被裁定破产,留下巨额的社保欠账,引发民众强烈不满。这充分表明,地方经济衰退,社会很难稳定,是地方政府最大的失职。而对于中国这样一个发展中国家,经济增长的重要性更是不言而喻的。关键在于我们如何用更科学、更全面的绩效指标体系兴利除弊。

任何组织的存在,不论是公司、社团还是政府都要面对的一个基本问题,就是组织绩效。绩效好者昌,绩效差者衰。只不过根据组织设立的目标不同,其绩效考核的指向不同罢了。公司以盈利为目标,有一套严密的财务指标体系来衡量其价值;政府以人民群众满意为目标,最主要的体现在于其为促进整体经济发展和提高社会管理水平上做到多少;而社团则要看其在实现某项社会目标上是否做到位,是否有效弥补了政府管理的不足。

在这三类组织中,以逐利为导向的公司无疑是效率最高的。这也是为什么在世界范围内,社团和政府都在不同程度借鉴"公司化"运作的方法,以提升效率。

作者曾于 2013 年 3 月考察新加坡的政府机构。正如外界评价,整个新加坡就是一个竞争力极强的国家"大公司":它在资源匮乏的基础上,实现人均 GDP 排名世界第五、亚洲仅次于日本的成就;它有着全球最具竞争力的营商环境(世界银行集团报告)和亚洲最廉洁和最不官僚国家的美誉(IMD 年鉴)。"高效、廉洁"正是新加坡政府引以为豪的标签。

与现阶段的中国相似,新加坡对政府官员(与经济职能关联度较为直接的)的"绩效考核"以"GDP"为导向,并以招商引资作为一个重要考核指标。但是,细细比对起来,可以发现以下几个明显差异之处:

第一,"GDP 与官员收入挂钩"。中国地方政府 GDP 增长的成效主要是与官员的晋升挂钩,是官员们获取更大权力的标尺;而新加坡的 GDP 导向则与官员收入挂钩。GDP 增长，官员收入随之增长；GDP 萎缩，官员收入随之下降。这种做法可以有效避免官员行为短期化，搞"形象工程""政绩工程"。

第二，"薪酬市场化"。也就是众所周知的"高薪养廉"。政府官员有了维持体面的工资，才不至于以权谋私。当然其目的并不仅仅是为养廉，主要是便于吸纳优秀人才，更好地为实现政府机构发展经济的目标服务。

第三，"成本控制"。新加坡很多政府机构的办公场所都是租来的，主要是出于办公成本考虑。此外，财政部对于政府机构的人员编制和增长幅度有严格的控制。多一个人都不行。

第四，"类公司组织结构"。在新加坡经济发展局和国际企业发展局，都设有理事会，理事会成员除拥有实职的最高管理者外，均聘请社会和企业家名流担任，每月开一次会，虽然不行使决策职能，但集思广益，发挥着重要的咨询议事作用。在国际企业发展局，最高管理者甚至被冠以 CEO 的头衔。此外，经济职能突出的机构"可以举办公司"。国际企业发展局下面有 3 家公司：第一家是提供进出口报关服务的公司；第二家是做空港业务的公司；第三家是提供接待考察培训服务的公司。这些公司每年的结余一部分上交局里，局里根据财政预算来支配；另一部分留在企业，由企业董事会决定如何在员工中分配。该董事会也是由社会知名人士组成，他们对名誉的珍惜保证了这部分钱不会乱花，不会沦为部门"小金库"。当然，这些政府所属公司的业务本身和该机构的特点与目标结合，不会无边界发展，与民争利。

第五，"人员进出自由"。在新加坡，没有像中国那样让大学生趋之若鹜的公务员考试。招人的主要依据是其大学考试成绩，通过面试就可以进入"公务员队伍"。如果想出去，也不存在身份转换的心理障碍。想回来，大门也是敞开的。

第六，"透明度高"。几家有经济职能考核的机构每年都要像公司一样发布年报，汇报一年来的"业绩"，接受社会公众的监督。

政府部门与生俱来的基因决定了它必然不如企业运作高效，但通过以上六个明显差异对公司化特点的借鉴，新加坡这几家机构能实现全世界政府中罕见的高效运作。

需要指出的是，"公司化"运作不等于政府机构就是公司。关键的差别在于政府机构在高效运作的同时必须守住廉洁的底线，维护好一个公正的社会管理者的形象。新加坡的政府机构通过程序公开，保证花钱不像私人公司取决于个人喜好，甚至满足个人私欲。而对于贪污受贿这样的行为，在这个国家有最严密的法律和最无情的惩罚来打消官员的欲念。

固然，政府除了经济职能之外，还有大量社会职能需要实现。但是，无论政府的组织目标如何多元化，评价体系如何复杂，组织效率最终都是可以度量的。在中国，提高地方政府组织效率，绝不只是简单的整顿作风问题，必须有目标清晰、科学合理以及可执行、可追溯的绩效考核体系加以保证。多年来，中国各级政府派出大量干部到新加坡学习，对"新加坡经验"似乎也不陌生。作者以为，当务之急是要突破一鳞半爪式的浅学薄用，充分吸收新加坡政府"公司化"运作的精髓，方能真正实现让老百姓满意的"高效廉洁"。

（2014年1月6日《中国保险报》·中保网）

靠运气做不出好企业

马是中国人比较看好的一个生肖，它的形象往往与能干、坚忍、吉祥、成功联系在一起。所以，马年来临，除了那些新婚小夫妻及早谋划要生下一个"马宝宝"外，商场上的大动作也是暗流涌动。马年春节格外热闹，闹得除夕这天都不消停。先是联想集团宣布 29 亿美元收购摩托罗拉手机业务，紧接着京东商城打出了赴美上市的旗号。让已经马放南山的媒体记者仓促上阵、着实"苦逼"了一把。

2014 年马年春节，最流行的祝福语无疑是"马上有钱""马到成功"，无论是个人还是企业，都希望在马年伊始博得一年的好运气。中国人格外看重运气这两个字，据说有武汉的香客为了大年初一在雍和宫烧上头炷香排了 40 多个小时的队，足见"虔诚"者之众。

做企业不同于个人奋斗，看天行事是对他人的不负责任。成功的领导者往往都有一套成功的逻辑，这里面有没有运气的成分？多多少少都是有的。我们也经常会碰到这样的企业家，他们往往很谦虚地把自己的成功归结为运气好，虽然这远远不是全部。而对于那些失败的企业领导人，人们在分析梳理的时候，除了总结 N 条教训之外，也经常发出"运气不好"的惋惜。

话说十年前，中国有一场至今让企业界隐隐作痛的宏观调控，那次调控击倒了一个名不见经传的钢厂老板戴国芳，起因是其化整为零、违规上马大型钢铁基地。当时他的钢厂产能只有 150 万吨，却喊出了 800 万吨的目标，不幸撞上了宏观调控的枪口。吊诡的是，全世界都知道他的大型钢铁基地因为"违规上马"被叫停，但是他本人锒铛入狱却是因为"偷漏税"，真是一个倒霉透顶的企业家。

还是在钢铁界，另外一个企业家也够倒霉，他就是德龙控股的董事长丁立国。2008年国际金融危机之前，丁立国作出了一个让同行非常吃惊的动作，把德龙控股卖给俄罗斯富豪阿布，作价100多亿元。但这件事情偏偏得不到中国政府的批准，一耽搁就是一年。彼时钢铁业因为金融危机已然滑入谷底，交易也就告吹。

这两个案例直让人感叹商场的云诡波谲。如果这个世界有如果，那么戴国芳有可能在钢铁业爆发的那几年跃入钢铁业一线大佬之列；丁立国则在钢铁业遭遇全行业危机之前抽身而退，舒舒服服地做他的寓公了。对他们的失败或失手，当然可以找到其他正当的理由，比如审批制烦琐，但是两位运气实在太坏，是大多数人的感受。

中国人一方面向来有同情弱者的心理，包括对那些倒霉的企业家；另一方面，又有比较强烈的仇富情结。所以普罗大众对于这些年兴盛的煤老板、房地产老板在报以厌恶感的同时，往往给其贴上"靠运气"的标签。不过，如果我们对比这十年来商业环境的变迁，会发现如今靠运气成功的企业或企业家越来越少了；因为运气差而败的企业或企业家也越来越少了。市场环境的进化使得人们在谈论商业的时候，越来越多地着眼于商业规律本身，而不是无常的运气。特别是对于蓬勃发展的互联网商业，大家无论是作为实践者还是观察者，研习最多的是商业趋势、商业模式和客户需求。

回到马年春节，除夕发生的这两大商业事件，固然震惊业界，但其社会影响力都远远不及腾讯微信推出的"抢红包"活动。上至富商大贾，下至工薪白领，几乎全民参与、关注。根据腾讯自己的统计，除夕夜参与红包活动人数达482万次。有人则估计，通过连日来的"抢红包"活动，微信支付绑定的银行卡账号超过了支付宝，从而为微信的商业化打通了道路。这起成功的营销案例让另一互联网巨头马云很无语。

"抢红包"营销的爆发点无疑是人们新年"求运气"的心理。而其巧妙之处则在于，腾讯只是提供一个平台，让大家心甘情愿地参与，而不是将自己作为主体，去向消费者兜售"账号捆绑"这个企业目标。这正是互联网时代社会化营销的真经所在。

反过来再审视我们保险行业，每逢开年都会重复一个"求运气"的规定动作，那就是"开门红"营销活动。每年 1 月，各家公司都会集中人力、物力，全面动员、全面行动，想尽各种办法创造骄人的销售业绩。似乎如果开门不红，全年运气都会变差。不否认，这里面会有一些创新的举措，创新的产品打动了客户，但实际分析起来，一个个光鲜的数字背后，又有多少是真正为客户创造价值，同时为企业带来价值的销售呢？

业内人士都非常清楚，保险是具有"延迟消费"特点的产品，短期的业绩飙升带来的只是保险公司报表的一时亮丽，却创造不出完美的客户体验，甚至会由于片面追求短期业绩对未来持续经营造成负效应。

腾讯所做的微信"抢红包"活动，并没有刻意强调企业自身要实现"开门红"，但巧妙设计，吸引消费者的主动参与，客观上大大创造了"开门红"的局面。这种社会化营销的思维，应当引起保险行业的深思与警醒：不要让年年需要"开门红"的思维定式遮蔽了自己的双眼、压抑了自己的创造力。

（2014 年 2 月 10 日《中国保险报》·中保网）

"取缔余额宝"当休矣

2013 年 6 月以来，如果说互联网金融领域有什么大事的话，那么没有比余额宝的异军突起更让人兴奋的事情了。从 2013 年 6 月底的 66 亿元基金规模到 2014 年 2 月 14 日突破 4000 亿元，站稳中国第一大货币基金，余额宝只用了 6 个多月时间。余额宝的横空出世让近 3 亿支付宝用户的闲散资金、小额零花钱有了通过投资货币基金获得更大增值的渠道，而绕开银行购买基金烦琐的手续，又能通过移动互联网实时掌握收益情况变化，确实让金融知识相对缺乏的个人投资者享受到了理财的"乐趣"。

有人兴奋，当然也会有人恐惧。从宏观层面看，以余额宝为代表的互联网金融新势力给传统银行业带来的挑战无疑是颠覆性的。而从余额宝本身看，它所带来的"存款搬家"则对银行形成实实在在的冲击。余额宝问世以来，随着它的规模高速膨胀，来自传统势力、传统观念的质疑也逐渐多了起来。而以 2 月 21 日互联网上出现的一篇博文《取缔余额宝》为最。

文章的作者钮文新，新浪认证为"央视证券资讯频道执行总编辑兼首席新闻评论员"，本身也是金融媒体圈的一位资深人士。客观地看，这篇文章的逻辑粗糙，充斥了对余额宝武断性的指责，诸如"寄生虫""吸血鬼""暴力"等字眼。其中最吸引眼球的则是标题中高举起的"取缔"大棒。加上"央视评论员"的身份，被各种公媒体、自媒体过度放大，从而引起一场事关"互联网金融存亡"的轩然大波。

先让我们看看他要求"取缔"的根本理由是什么。钮文新在博文中开宗明义："当老百姓沾沾自喜于手机账户中又多了几块钱利润的时候，我们是不是想过，自己所在的企业融资成本正在面临大幅上涨的风险……余额宝哪里只是冲击银行？它所冲击的是中国全社会的融资成本，冲击的是整个中国的经济安全。"

这个"帽子"扣得端实有点吓人。其逻辑是：老百姓把银行卡里的活期存款转出，放到与余额宝挂钩的货币基金中，获取了远远高于活期存款利率，也大大高于定期存款利率的收益率；而与余额宝挂钩的货币基金90%投资于银行协议存款，其利率必然要高于老百姓投资基金的收益率，否则就会亏损。如此的"存款搬家"，就大大抬升了银行从居民中融资的成本。银行融资成本上升了，为了获取利差收益，对企业的贷款利率也要相应上升，从而导致全社会融资成本的上升。

这样一个静态的推论回避了一个重要的事实：那就是货币基金的收益率主要基于的是货币市场的供求关系。一个基于市场供求关系的收益率水平怎么能够简单地说它是"动了企业贷款者的奶酪"呢？况且，与余额宝挂钩的天弘增利宝基金只是众多货币基金中的一个，而且目前其6%的收益率也并不是最高的。正像2014年2月23日微信公众号《央行观察》发表的一篇文章说，"余额宝们只是资金价格的一个跟随者"而已。如果说余额宝"暴利"，是"吸血鬼"，那么整个货币基金恐怕都不能逃脱这个罪名。余额宝之所以成为传统势力的攻击目标，或许因为它是互联网化的，发展太快了，太大了。

我们再来看看余额宝的本质。余额宝本身并不是一个投资工具，真正的投资工具是与其挂钩的货币基金。换句话说，投资者收益的高低和余额宝本身没有任何关系，完全取决于货币基金管理者的运作能力。就本质而言，余额宝只是资金的一个入口，但是由于借助了支付宝这样一个沉淀着巨大资金量的互联网金融工具，使得它成为一个令传统银行业惊惧的"吸金器"。而老百姓愿意把银行卡里的闲钱通过余额宝去获取更高收益，这是完全的市场行为，你要通过行政力量去阻拦它，恐怕就是真正的"暴力"了。

如果把《取缔余额宝》作者的逻辑推演一步：老百姓应该做的就是

老老实实地把钱留在银行的活期账户上，接受银行对其进行超低利息的盘剥，"为维持全社会融资成本的低水平"作出贡献。老百姓做"雷锋"，而银行则继续坐食存贷差的暴利。这样的逻辑就有些"只许州官放火"的逻辑了。从这个角度，我们宁愿看到的是，余额宝们引发的"存款搬家"对传统银行业赖以生存的吃利差的盈利模式产生冲击，倒逼其提高运营能力、创新能力和服务水平，真正适应未来利率市场化下的生存环境。

2013 年 7 月 20 日，中央银行全面放开贷款利率管制，迈出了利率市场化的重要一步。而存款利率市场化这另外一只靴子迟早是要落下的。余额宝们引发的"存款搬家"恰逢其时地吹响了存款利率市场化的集结号。对此，我们是乐见其成、合理引导，还是当成洪水猛兽，横加扫涤，结论不言自明。

(2014 年 2 月 23 日《中国保险报》·中保网)

恐怖主义风险如何防范

2014年3月1日，在我国西南边陲的春城昆明，发生了一起血腥残忍的暴力恐怖事件。十余名蒙面歹徒手执利刃，在繁华的昆明火车站，大肆砍杀手无寸铁的无辜群众，造成29人死亡、140多人受伤的恐怖主义惨案。事件发生后，当地警方迅速出动，当场击毙暴徒4人、抓获1人。同时，党中央、国务院迅速作出指示，要求全力救治受伤群众，严惩施暴凶徒。而在微信、微博等公众媒体平台，除了现场群众对恐怖分子施暴场景的片段描述外，更多的是同仇敌忾、声讨和谴责恐怖分子的声浪。

极端组织所制造的恐怖主义事件这些年在中国屡有发生，但大多发生在人烟稀少的边疆地区。而这次恐怖组织选择攻击人流聚集的火车站，对于广大普通民众的安全心理造成了很大的冲击。近些年，随着改革的深化、社会的转型，中国已经进入一个高风险社会，各种各样的群体性事件、个人报复社会事件逐年增多，而昆明暴恐事件表明，恐怖主义正在上升为一个影响社会稳定和繁荣的高危因素。

中国政府对于恐怖主义行为历来保持高压严打的态势，对于以无辜民众为伤害对象的恐怖主义犯罪分子，以暴制暴，绝不姑息，是必须坚持的立场和原则。但是面对恐怖主义风险，仅仅针对恐怖分子和犯罪分子的防范和打击恐怕只是一种应急手段。恐怖主义犯罪具有隐蔽性、突发性的特点，仅仅依靠公安机关的刑侦力量，事前预防的难度相当大。恐怖分子本身是一帮亡命之徒，也不会因为其成员受到严惩就偃旗息鼓，甚至会变本加厉去报复和攻击社会。

　　面对包括恐怖主义因素在内的高风险社会，需要的是社会综合治理手段。首先，对高风险社会，需要政府观念上的正视。伴随着市场经济的改革，中国的社会阶层日益分化，社会转型进入深水区，社会矛盾也进入聚集期。对于这样一个高风险社会，不应轻视更不宜回避，只有通盘认识、堵疏结合才是长效应对之道。比如，对于一些有组织的恐怖事件，不少不负责任的言论简单地将其与某一地区、某一族群联系在一起，人为造成地区歧视、族群歧视，加剧了其分化与对立情绪。这种错误观念的形成就与政府的疏于引导有很大关系。

　　其次，重视中间层组织的力量。中国政府的力量固然还很强大，但是人力毕竟有限，对这样一个幅员辽阔、人口众多的国家，不可能覆盖与处理全部社会风险。而独立、分散的以个体存在的民众也很难有效应对有组织、有谋划的恐怖主义行为。这就需要在政府与民众之间，构筑中间层组织的防护力量。中间层组织不仅包括各种注册的社会组织、非注册的社群及商业组织，也包括大量的基层政权组织。在社会治理中，中间层组织往往能够起到缓冲带的作用。在中国，对于中间层组织、特别是社会组织的发育往往有投鼠忌器的顾虑。面对高风险社会的治理难题，这样一个弱项理应重视和加强。

　　最后，增强和提高全民的风险防范意识和应对能力。昆明暴力恐怖事件发生后，在网上也开始流传着一些面对暴力恐怖事件该如何应对的办法。之前由于中国还不是恐怖主义事件的高发区，所以这样的应对之道很容易被人们所忽略。从现在开始，政府和各种中间层组织加强对民众防恐反恐意识的宣传以及能力的培养，已经显得非常必要了。就此次暴力恐怖事件而言，凶徒们的聚集事先不可能一点迹象也没有，如果周边的民众有一定的防恐意识，并及时报告公安部门，公安干警早出动1分钟，或许就可以避免更多伤亡。此外，面对恐怖分子，群众如果防卫意识和能力强一些，组织起一定的抵抗，而不是盲目奔逃，也会减少伤害发生。

　　此外，说到保险业，本身作为经营风险的中间层组织，理当成为应对高风险社会的一支重要力量。美国在"9·11"之后，通过了《恐怖主义风险保险法案》，对于商业保险公司在恐怖事件中遭受的保险损失给予法定援助。而在中国，尚未进展到这一步。目前，对于恐怖主义引发的人身和财产风险，国内的保险公司大多是不保的。这显然不利于保险公司全面参与社会风险管理，从源头上减少社会风险。对此，保险业应该尽快转变观念，更全面地研究和考虑当今社会的风险因素，勇于担当，替政府分忧，为民众化险。

(2014 年 3 月 3 日《中国保险报》·中保网)

我眼中的"高水平"提案

"两会"开幕已经1周。来自全国各行各业的代表委员身负人民重托汇聚首都北京，在这样一个决定国计民生走向的重要政治舞台上积极履行自己的职责。而通过议案、建议和提案发出自己和其所代表的群体、阶层的声音，进而影响党和政府的决策，是他们参政议政，也是证明其自身价值的一个重要途径。

据统计，2014年参加"两会"的代表委员合计有5200多人。自2013年换届以来，提出的议案、建议和提案高达1万多件。这些议案、建议、提案一般都要交给有关政府部门或相关机构去处理，每年"两会"前全国人大、全国政协也都会公布一个办复率。2014年全国政协提案办复率为99.8%；全国人大议案办复率为100%。

但是，办复了不等于解决了问题。这里面有两种情况：第一种是代表委员提出的问题比较宏大，解决起来需要多部门协调，也需要一定的操作时间；第二种是议案和提案过于细微，过于自我，难以引起他人的关切。

5200多位代表委员的行业不同、身份不同、经历各异，思考问题的出发点和解决问题的思路就会不同。你认为重要的事情，别人可能不当一回事；反之亦然。就像修建巴比伦通天塔，大家语言不通，自然不会形成共同的目标。比如，听说有的委员提出给"某某产业"减税，其他委员就反问："你说的不就是某某行业做大那点事吗？"

所以说，写提案，与写新闻类似，最关键的是"抓人眼球"，能够引起多数人的共鸣。那么，如何抓人眼球呢？

首先，选题的重要性是第一位的。深化改革、社会保障、治理雾霾、打破垄断等这些议题无疑是社会所普遍关心的，也容易引起媒体和公众的关注。全国人大代表、娃哈哈集团董事长宗庆后所提的一些建议就有这样的特点。比如，《关于进一步深化改革选择突破口的建议》提出了将"审批制度改革"和"财税体制改革"作为深化改革突破口，也有具体的办法，十分契合当前党和政府总体工作的思路。

其次，亮点要突出，有明显的操作上的突破口。很多代表委员的议案建议、提案，道理上讲得无懈可击，办法上也是面面俱到，但是太泛太空，很难落到实处。另外确实有亮点，但"太雷人"。全国政协提案委副主任赖明举例说，有委员提出房价哪怕涨到 1000 万元每平方米也是合理的，"这太离谱了，可能从经济学上讲有一定道理，但是政府部门怎么办呢？他不能批评你，只能态度很好地说感谢您对房地产市场的关心。"就这点来看，36 名全国人大代表联名提出《关于废除集资诈骗罪死刑的议案》就具有相当的打动人心的分量。近几年，一些有关集资诈骗的死刑案，如吴英案、曾成杰案都引起过巨大的争议。在其他诈骗罪死刑被废除的情况下，单独保留集资诈骗罪死刑于理不通。废与留，在操作上，是很简单的事。

还有全国政协委员、复星集团董事长郭广昌在《关于以民企为主导加快发展混合所有制经济的提案》中，提出将国有资产以优先股的形式部分留存于改制后的企业中。"这样，既满足了国有资产保值增值的现实要求，同时又保证了民资拥有企业经营的话语权，还可以发挥优先股要求稳定回报的特点。"当前，国企改革进入深水区，引入"优先股"，推进国企改制，无疑是一个比较可行的办法。

最后，尽量站在全局高度，超越门第之见。代表委员来自四面八方，从自身工作角度出发说事是很自然的。"我同意你讲的道理，但却怀疑你的动机。"中国人的防人之心是比较重的，先入为主，判断动机正确往往比判断事情正确有更大的优先级。所以做议案、建议、提案，避嫌是很重要的一个原则。比如，苏宁控股董事长张近东提出的《赋予电子发票同等法律效力　切实维护消费者利益》等三个提案，就被媒体解读为"招招暗指淘宝"，有打击竞争对手之嫌。如果这个提案由税务部门的委员提，可能就没有这份质疑了。

这么看，中国人保集团董事长吴焰《关于促进城乡居民大病保险可持续开展》是个水平比较高的提案。大家知道，这几年，大病医保是保险业拓展的一个重要领域，发展很迅速。但吴焰没有从如何发挥保险业在大病医保中的作用出发，而是抓住"大病医保可持续性"这个具有普遍意义的问题立论和展开。其提出的"完善大病保险的双向调节机制""科学确定统筹层次，有效提高医保基金的效能""合理提高大病保险的筹资标准""注重引入市场机制参与医疗风险管理"四个方面的对策，是全局性和系统性的解决办法，从中可以看到保险业的身影，但又不是刻意凸显保险业如何重要，容易让相关方接受。试想，如果他的题目换成《充分发挥保险业在城乡居民大病保险可持续发展中的作用》，效果会如何？

(2014 年 3 月 10 日《中国保险报》·中保网)

保险业是政府的好帮手

万众瞩目的 2014 年全国两会 3 月 13 日闭幕。来自各行各业、不同岗位的代表委员在履行了参政议政、共商国是的神圣职责后，踏上归途。人虽散，而声不息。5000 多位代表委员所提出的数千个建议、议案和提案，将被分送到各个相关政府部门和机构，成为改进政府公共服务工作、提升社会管理水平的重要决策和施政依据。

党的十八届三中全会《中共中央关于全面深化改革若干重大问题的决定》，首次提出"推进国家治理体系和治理能力现代化"，这无疑是今后一段时期国家建设和治理的一个总思路。其背后的潜台词，实际上是希望国家治理从以往过多强调政府对社会的控制式管理，向综合利用各种社会组织力量的协调性治理方向发展，即国家治理主体的多元化。

我们知道，在体系化的政府和一个个独立的公民之间，存在着大量的中间层组织，这里既包括非营利性的社会组织，更包含以创造财富为目标、为整个社会提供繁荣和活力的商业组织。社会治理，不仅需要调动社会组织的力量，也需要借助商业组织的力量。而保险业作为具备一定社会属性的商业组织，可以通过商业的方法，构成国家治理体系中的一支重要力量。

综观 2014 年两会代表委员提出的议案和提案，焦点更多指向养老、健康、农业、食品安全、环境污染等事关民生的重点领域。而这些领域几乎都是保险业可以扮演重要角色的领域。

老百姓关心的事，就是政府应该做的事；政府应该做的事，很多可以借助保险业的力量去实现。

例如，在农业领域，面对各种自然灾害，政策性农业保险在防灾减灾、经济补偿、帮助农民恢复生产方面可以说发挥了主力军的作用，对政府救灾功能起到了较强的替代性。这在2013年多地发生的台风、洪灾等重大自然灾害中表现得尤其明显。

还有，推行一年多的城乡居民大病保险，拓展了社会保障的范围和深度，有效遏制了低收入群体"因病致贫""因病返贫"的情况。而保险业作为经办大病保险的主要力量，其专业与效率也得到了群众及有关方面的认可。

在养老领域，2013年以来，由保险企业举办的养老社区四处开花，从趋势看，必将在弥补政府养老机构和服务的不足、完善养老服务体系方面发挥重要作用。

这样的例子还可以举出很多。从保监会近两年所大力倡导的、要求保险业发挥重要作用的五大体系来看，其中社会保障、农业保障、灾害救助和社会管理四项都与整个国家的治理体系架构有关。实现保监会倡导的这样一个定位目标，不仅是保险业面临的一项艰巨工程，更是实施多维联动、打造国家治理体系面临的重要课题。

2014年2月民政部、保监会、全国老龄办联合下发的《关于推进养老机构责任保险工作的指导意见》，可以说就是多部门协同治理思路的一个体现，相信会对借助保险业力量完善社会保障和社会管理体系产生积极作用。

当然，我们也必须看到，类似的跨部门协同治理在很多领域仍有待增进。比如，尽管建立多层次养老保障体系已成为各方共识，但是保险业呼吁多年的个人税延型养老保险依然未有大的突破。此外，这次两会，针对近年来多地发生的恶性伤医案件，一些医药界代表委员提出调整医患关系、严惩"医闹"的议案和提案，而实施医疗责任强制保险作为一个有效治理手段，却尚未引起医疗管理部门的普遍重视。即便是保险业已经发挥重要作用的大病保险领域，如何建立一个有效的盈亏调节机制，保证大病保险这项惠民措施的可持续性，也是医疗卫生和社会保障部门需要思考的重要课题。

总之，保险业所具备的特殊的社会属性，使其可以分担部分重要的政府社会管理职能，成为政府治理社会的好帮手，但在整个国家治理体系建设中，保险业不可能单兵突进。争取相关部门的理解、支持，在完善治理体系的宏观布局中，清晰定位自身，从而形成社会治理合力，才能真正凸显保险业政府帮手的作用。

(2014 年 3 月 14 日《中国保险报》·中保网)

站在全球化舞台的中央

——写在第 23 届亚非保险再保险联合会大会开幕之际

从今天起，来自 61 个国家和地区、300 多家保险企业的 600 余位高管，将齐聚北京国家会议中心，就全球保险业共同关心的前沿话题，展开为期 3 天的讨论。

高朋满座，胜友如云。肤色各异者，不仅有来自亚非，也间有不少欧美同行，显示出亚非保险再保险联合会（以下简称"FAIR 大会"与日俱增的影响力，以及中国作为当今最重要新兴市场的吸引力。

这是时隔 28 年后，FAIR 大会再次落地中国。

28 年，人生从牙牙学语到风华正茂。28 年，中国更是发生了沧海桑田般的巨变。

28 年前，中国的改革开放还处在艰难试水阶段，国内市场百业待兴，国际市场更是少有问津者。1985 年，中国的 GDP 总量不到 1 万亿元，排名世界第九。

28 年后，中国的 GDP 已突破 50 万亿元，站稳世界第二。中国企业在世界 500 强中占据 95 个席位，仅次于美国。

28 年间，中国保险业的发展速度也是惊人的。原保费收入从 20 世纪 80 年代初的区区几亿元增长至 2012 年的 1.55 万亿元，跃居世界第四。保险业更是从 1 家保险公司发展到百余家经营主体。在世界 500 强中，中国人保、中国人寿、中国平安、中国太保 4 家内地保险企业榜上有名。

当今，没有任何世界级企业可以无视中国市场的存在。中国，已经处在全球化舞台的中央。而对于处在聚光灯下的中国保险企业，既不可妄自尊大，也不可妄自菲薄。应该看到，中国保险业国际化的总体水平，不仅远远落后于实体企业，在金融系统中也逊于银行业。很多大型企业甚至还没有清晰的国际化战略和目标。

金融业是为实体经济提供服务的，而在跟随服务中国实体企业走出去方面，金融企业尤其是保险企业还需要急起直追。

据商务部统计，2012 年，中国海外投资达 878 亿美元，成为继美国、日本之后的第三大对外投资国，累计对外投资存量高达 5319 亿美元。然而，高额的海外资产拥有的风险保障比例却很低。大家都知道，相对本土发展而言，国际化的风险很高，而有风险的地方，正该是保险业施展作为的巨大空间所在。

当然，在对外开拓过程中，保险企业也要正视自身风险。如果没有坚定的决心、充足的准备、水滴石穿的信念、良好的机遇，是很难获得成功的。2008 年，国际金融危机之前，中国金融业曾经进行过一场激进的国际化行动，但最后多数落败，教训极其深刻。

危机之后，中国金融业的国际化变得小心翼翼。在保险业，近几年令人印象深刻的案例有：2011 年 12 月，在国际化经营上处于国内领先位置的中国再保险集团加入劳合社（Lloyd's），设立中再辛迪加 2088；2012 财年，该机构实现保费收入 4.76 亿元，取得了不俗的成绩；2013 年 7 月，平安集团在 2008 年投资富通失利后，再度出海，斥 2.63 亿英镑巨资购买劳合社大楼。

这两种国际化模式，前者借助劳合社的优良平台出海，后者则属地产投资。与金融企业股权或资产收购相比，这样的做法总体风险是可控的，显示出保险企业在国际化上的理智一面。

国际化不是一件漂亮的外衣，真正的强大源自身心的强大；国际化的形式也是多种多样，新建机构、合资合作、战略联盟等都可以采用，不一定都要采用风险程度更高的并购。

当下，中国已经成为国际保险巨头重兵角逐的战场。对于中国的保险企业而言，理应集中精力应对这场家门口的国际化战争。当然，能否打赢，取决于人才、技术、文化等方面的竞争力是否足够，而通过国际化向发达国家的优秀企业学习不失为一条重要路径。

FAIR 创立已近 50 年，当初这个组织的重要目标是"将亚非等发展中国家的分保业务尽量留在亚非"，其政治意义大于经济意义。世易时移。如今的 FAIR 是新兴市场力量展示实力的重要舞台，是全球保险业交流合作的重要舞台。

站在这样一个舞台中央，眼观六路，洞悉未来，不也是国际化的题中之义吗？

(2014 年 5 月 20 日《中国保险报》·中保网)

不上淘宝卖保险会很惨

前几天，参加《中国保险报》举办的一个保险业信息化管理论坛，大家谈论最多的就是互联网带给这个古老行业的冲击和挑战。而谈到互联网保险，绕不开的就是淘宝，说起它，很多人都掩饰不住既爱又恨的无奈。

其中一位中小保险公司负责人的话给人印象很深，也颇具代表性，"掰着指头数过来，所有的传统渠道都看不到可持续发展的迹象：个险队伍成本越来越高；团险竞争加剧，压缩得也没有什么盈利空间了；银保渠道付出了极大的成本，还存在很多的问题。最近出现的互联网保险让我们感觉也很难受，与淘宝接触，真是一点谈判的余地都没有……"

虽然互联网保险目前的保费收入不过区区几百亿元，但毋庸置疑，它的出现和爆发从销售渠道、业务模式和流程方面给传统保险业的经营体系以极大的震撼。从渠道看，以淘宝为代表的第三方保险销售平台对传统保险业的经营模式触动最大。通过互联网低成本聚集海量用户需求确实打破了传统保险业主要依靠代理人、银保渠道进行面对面展业的习惯方式。

透过现象看本质。淘宝等第三方平台给保险业增加的不仅仅是一个新的销售渠道，最根本的还是思维方式的改变。这一点，越来越多的保险界人士已经认识到了。这就是从"卖方思维"转向"买方思维"，从"商家导向"转到"客户导向"，以及由此带来的一场具有颠覆意义的流程再造。人保财险的王和称之为"范式革命"。

得到很多业内人士认同的是，即便没有互联网保险，保险业的经营理念和方式也到了必须要变革的时候了。传统保险业的弊端集中体现在以保费收入作为最高指挥棒，"重收入、轻理赔""重收入、轻服务""重规模、轻效益""重理财、轻保障"，这也是为什么十多年前就存在的"理赔难""销售误导"到了今天依然是老生常谈，使人们对保险业的负面印象挥之不去。

而新的互联网销售平台出现后，如果保险企业仍延续以往的"卖家思维"，单纯以扩大保费规模为主要诉求，结果可能就是"新瓶装旧酒"，很难进入持续健康的良性发展轨道。

事实上，我们也可以看到，在淘宝上热卖的保险，同样出现了令人忧虑的"销售误导"现象，比如对短期理财型的保险，在销售宣传上仍通过片面强调高收益来吸引消费者。这和银保渠道的固有问题本质上并无差别。只不过，在互联网上，消费者有更主动的选择权而已。某种程度上讲，这比银保渠道的误导还可怕。

客户为王。互联网平台大大拓展的是保险企业的客户接触面，真正用专业的、规范的服务满足客户、黏住客户还要靠保险企业自身。淘宝这样的强势第三方平台也需要反思，卖保险不是一个简单的事，需要一系列专业、严谨的服务才能实现保险业应有的价值；否则，只能放大保险业传统经营方式的一些弱点。

无论是现在还是未来，保险业迫切需要的是告别粗放式、规模化的增长，转向有质量的、以满足客户需求为中心的增长。对于后发型的中小型保险公司而言尤其如此。在移动互联网日益发达的今天，客户潜在的、丰富的保险需求正更多地浮出水面，这其实提供给保险企业通过"微创新"满足消费者的个性化、本地化需求比以往任何时代更广阔的创造空间。因此，没上淘宝卖保险并不是一件"可耻""可悲"的事，借鉴互联网企业的思维方式、立足深挖客户需求才是保险企业面向未来的正确道路。

（2014 年 3 月 24 日《中国保险报》·中保网）

八喜经济学

八喜冰激凌是广受小孩子们喜爱的一种食品。普通的八喜冰激凌一支的售价一般在 5 元左右。不过这只是在超市或路边店的价格，在景区或其他高消费场所，一支能卖到 10 元钱。对于普通的工薪阶层来说，平时给孩子买个八喜并不是多心疼的事，但如果是在景区，孩子吵吵着要吃，那就要费些思量了。

"五一"小长假，两家亲戚凑在一起、6 个大人带着 4 个孩子去附近度假村玩，三四个小时里，孩子们骑四轮自行车，荡秋千、划游船，打打闹闹，算得上其乐融融。就在准备收兵回营的时候，最小的年龄还不到上幼儿园的孩子，提出要买八喜吃。一问商家，这里的八喜售价是 10 元。如果给 4 个孩子都买的话，需要 40 元。这时候，影响家长决策的一个很重要因素是，度假村离家很近，开车只需 5 分钟时间，回到家旁边的超市购买的话，4 人只需要 20 元。于是，其中一位家长决定给别人家 2 个较小的孩子买了 2 支，而让自家 2 个较大的孩子回家再吃。这样就省了 10 元钱。从理性经济人的角度，这算得上是个明智的决策。可就是这么一个"错时享用"的决策捅了娄子。

回家路上，自家的两个孩子一脸愠色，其中较小的一个哭了一路。到了家，大人小孩就论开了理：大人说，你们俩大，就该让着小的；孩子说，都是孩子，这不"公平"！为了安抚那个哭鼻子的孩子，家长就带着他们俩去超市，不仅买了 2 支八喜，捎带还买了不少其他零食。事情到此，还不算完。看着新买回来的零食，2 支八喜还没吃完的孩子就过来要，这

2个吃过亏的就是不给,立时变成两大"对立阵营"。于是,为了安抚先前占了便宜、现在又吃了亏的2个孩子,家长又带着他们去买了一堆零食回来,这才算勉强扯平。最终的结果,家长既想省钱又让孩子都得到满足的目标不仅没有达到,甚至因为额外的2笔"安抚费"而付出了更大的经济代价。而且,在4个孩子中已然形成了不公平的体验。

这是现实生活中,公平与效率不可得兼的一个典型案例。在一个经济社会里,效率很自然的是成人考虑许多问题的出发点。但很多时候,为了公平需要牺牲一时的效率:如果一味追求效率,而不把公平考虑到位,最终的结果也许效率损失更大。

做企业当然是以追求效率为先,公平不该是企业首要考虑的问题,否则不如去办慈善机构。但在保险这个行业,公平与效率的纠结似乎有着更高的发生概率。作者曾经接触过一个人身险理赔纠纷。一位消费者连续缴纳了11年保费,其后一年没按期缴,后消费者又补缴了保费。但在被保险人发生意外后,保险公司以合同复效未超过半年出险为由,拒绝了其索赔请求。从合同角度,保险公司的这一做法没有任何问题,也符合其对效率的追求,但是对于处在信息不对称一方的消费者而言,显然有失公平。结果是该保险公司避免了一时的赔付损失,却失去了人心。

由此延伸到社会对保险业诟病较多的"理赔难"问题。理赔难成因比较复杂,并不全是保险公司的不对,也有大量消费者对保险条款本身理解不到位的问题。但对很多保险产品销售者来说,一味从自身效益最大化出发,重收入、轻理赔,不注重客户感受,是形成消费者对保险业负面认知的一个很重要的内在因素,更进一步影响到人们对保险业的心理接受。如果面对理赔,保险从业者能更多从对消费者是否公平的角度去考虑问题,对保险公司效率的整体提高或许是一个更优的选择。

(2014年5月5日《中国保险报》·中保网)

多些"小而美"的保险公司

　　1865 年，一艘名为"苏丹娜"号的蒸汽客轮在美国密西西比河上航行的时候突然发生爆炸，随后沉没。时近南北战争的尾声，船上载有 2400 名南方联盟释放的北军战俘，可以想见，这是一群多么归心似箭的人。沉船事故最终造成约 1800 人死亡，比后来"泰坦尼克"号沉没造成的死亡人数还多。

　　"泰坦尼克"号海难留下了一个凄绝唯美的爱情故事和一出检验人性美恶的舞台剧，百年来令无数男女老幼唏嘘。相比之下，像"苏丹娜"号这样没有故事的沉船事故就湮没无闻了。不过，"苏丹娜"号留下的一个"物质遗产"，至今仍在风险管理领域中发挥着实际的重要作用。

　　"苏丹娜"号出事的原因是该船的 4 台蒸汽锅炉中有 3 台发生了爆炸。在 19 世纪后半叶的工业化进程中，锅炉爆炸事件屡见不鲜。而如何防范和管理这种风险，并没有得到人们足够的重视。"苏丹娜"号事故后，几位富有责任感的工程师痛定思痛，创建了哈特福德蒸汽锅炉检验和保险公司（HSB）。这家保险公司不仅提供事故后的经济补偿，更重要的是还提供事前的风险管理，以预防事故的发生。该公司为锅炉设定了最低的制造和维护标准，规定只有符合这个标准的锅炉才能得到保险。1911 年，HSB 协助美国机械工程师协会（ASME）制定了首部"锅炉规范"，奠定了其在锅炉行业安全管理上的权威地位。1999 年，这家公司被美国国际集团（AIG）收购，至今仍在为全球锅炉和压力容器行业提供咨询、技术和保险服务。

与保险巨擘 AIG 相比，哈特福德只能算一家专业的小公司。但其对某一行业安全风险管理所作出的贡献，却不容忽视。值得注意的是，在美国这样一个有着上百年历史的成熟市场，尚活跃着 4000 多家保险公司，其中的大多数属于哈特福德这样"小而美"的公司，例如专门服务退伍军人的保险公司、专门服务教师的保险公司等。它们以其专业、精湛的服务为社会的风险管理事业作出了独到的贡献。

与中国较低的保险深度和保险密度相一致，目前中国保险主体数量仅有 100 多家。增加保险产品和服务的供给、增加保险主体的数量仍是中国保险业未来相当长一段时期面临的主要任务。然而分析这 100 多家公司的特点，可以看出，绝大多数属于面向大众市场的"大而全"的公司。像哈特福德这样锁定利基市场的"小而美"的公司几乎没有。以此，整个中国保险市场处于拼资本、拼人力、拼规模、拼价格的同质化竞争状态下，大家苦不堪言，却不由自主。这种粗放竞争方式产生的产品和服务与社会、消费者日益差异化的保险需求之间，无疑存在着较大鸿沟。

当前，社会资本投资保险市场的热度不可谓不低，尤其很多地方政府把拥有一家"地方保险法人主体"当作面子工程来抓，追求资本金越大越好，业务覆盖越全越好。这种指导思想，实际上是让保险业继续沿着粗放经营的误区去发展。作者以为，从提高保险密度和深度的长期任务来说，中国保险市场需要摒弃"大而全"的发展模式，鼓励来自不同专业领域的人士创立更多"小而美"的保险公司，这样才能使得保险服务渗透到社会和消费者所需的细微角落，从而在整体上夯实全社会风险管理的基础。目前我们看到，以众筹模式出现的一些保险互助组织，如"抗癌公社"，就有些"小而美"的意思。

美国药业巨头默克公司创始人乔治·默克二世谈到企业目标，曾说过一句很经典的话："我们要始终不忘药品旨在救人，不在求利，但利润会随之而来。我们记得越清楚，利润就越大。"对于保业业或希望从事保险业的人士来讲，需要深刻揣摩默克此言的意味：我们投资保险业是为了获取保费收入、利用大数法则谋利，或者筹集大量资金，通过投资获利，还是要运用一定的专业技术来防范和降低社会风险，让人们生活得更安全、更幸福？

(2014 年 5 月 19 日《中国保险报》·中保网)

一个"资深球迷"的吐槽

世界杯赛乾坤倒，真假球迷知多少。会看球的看门道，不会看的看热闹。

这个夏季，是足球的盛宴。看足球，侃足球，品足球，占据了各色人等的中心生活。仿佛一夜之间，真球迷、伪球迷、男球迷、女球迷都如雨后春笋一般，冒了出来，在一个舞台上，尽情挥洒喜、怒、哀、乐。

而这一届世界杯，截至目前，弱队不弱，冷门迭爆，其跌宕起伏的盛况，已然超过以往任何一届。十九届世界杯冠军西班牙队 1：5 惨败荷兰队，连输两场，提前打道回府；名不见经传的哥斯达黎加连胜 2 支世界冠军球队，把英格兰队送回老家；就连看似最无悬念的阿根廷 VS 伊朗和德国 VS 加纳，其结果也让绝大多数赌客惊跌了眼镜。

用一句被无数人用滥的话讲，这就是足球的魅力。

不过，在这里，我想讨论的不是足球美学、足球艺术。我想说的、可能也是大多数中国球迷念兹在兹的一个心结，那就是中国足球队何时能够再次晋级世界杯 32 强决赛的圈子。足球作为世界第一运动的魅力，不仅在于其对抗的激烈、战术的精妙、输赢的云诡波谲，更重要的还是其体现的集体力量，代表着民族的荣耀。而本人看球的最重要出发点也在于此。

我平时是不看球赛的，无论是中超、意甲还是西甲，我说不出巴萨和拜仁队员的名字，也看不出足球场上阵型的变化，更无法对教练的排兵布阵评头论足。但是，如果有中国国家队的重大比赛，我还是会打起精神、热血一把。为的就是希望中国队赢，在国际大赛上走得更远。从这点来看，我不是一个"真球迷"。当然，就我了解的有限足球知识和下场踢球的经历而言，也不能算是"伪球迷"。但绝对称得上"资深球迷"。

我从 1983 年开始看球赛，到现在已经 31 年了。记得看的第一场比赛是 1984 年奥运会足球亚大区预选赛中国队对泰国队，雨中激战，泰国名将披耶蓬一记冷射将中国队淘汰出局。那一次小组赛，中国队打得不错，两次战平劲旅韩国队。紧接着，1984 年，在曾雪麟率领下，中国男足首次获得亚洲杯亚军。真心评价，20 世纪 80 年代的中国男足堪称亚洲一流，或者离一流只差那么一点点。而 30 年看下来，尤其是进入 21 世纪后，中国男足的实力可以说每况愈下，已经坠入亚洲"三流"或"准三流"的地步。以前世界大赛亚洲区小组赛可以轻松出线，现在则每每让人揪碎了心。

与中国足球滑落形成鲜明对比的是日本足球的崛起。20 世纪 80 年代，日本男足就是一个亚洲"二流"球队。1988 年汉城奥运会亚洲区预选赛，中国队与日本队争夺东亚区唯一出线名额，2∶0 轻松将其拿下，首次实现"冲出亚洲、走向世界"的梦想。然而，进入 20 世纪 90 年代，日本男足惊人崛起，1992 年就拿到了亚洲杯冠军，自此长期雄踞亚洲之巅。

客观来讲，一个国家足球水平的高低，决定因素比较复杂，与足球运动的普及程度有很大关系，与国民的身体素质甚至心理素质也有重要的关系，而单就某一届国家队的成绩而言，与教练的水平又有很大关系。但以上因素要么是不可变量，像普及度和身体条件，要么是偶然因素，如教练和球员的能力。那么，可变因素是什么呢？业内一般公认，是足球的职业化程度或者足球市场的发育程度。中国足球普及程度再低，能挑出的苗子总会比日本多得多吧；中国人的身体条件再弱，起码身高比日本人占优吧。所以有人分析来分析去，将日本足球的崛起主要归因于 1993 年开始的 J 联赛，是有一定道理的。J 联赛培养出大量的高水平球员，奠定了日本国家队雄厚实力的基础。但话分两头，中国也有中超联赛，搞得也是风生水起，为什么国家队实力不升反降？

我觉得根本问题出在中国足球"官僚化"的管理体制上。计划经济条件下，中国体育运动的管理被称为"举国体制"。自上而下对某项运动进行规划、管控、推动，足球也是如此。引入职业足球之后，"身体"已经市场化了，但"大脑"还是计划的。也就是说，中国足球的最高管理机构——中国足协仍是官僚机构。足协的官员来自自上而下的任命，而不是自下而上的推选。所以我们的足协官员是对上级负责，而不是对市场负责。这样的足球市场能搞好才怪！

2012年，中国足协副主席谢亚龙因受贿罪被判刑，在业内曾引起轰动。当时我有一位朋友，是谢早年在陕西体工队时的队友，他给我讲了一件逸事：当年他们这些青瓜蛋子，年少轻狂，训练之余，做了不少"不规矩"的事。有一次，大家训练完毕，路过一片瓜田。看着诱人的西瓜，一呼而上去搬瓜。只有谢亚龙不为所动，而且大声断喝：你们怎么能这么干呢！这位朋友感慨：如果像谢亚龙这样的人都"进去"了，一定是体制出了问题！

如果我们把足球当成一门生意，它并不是关系国计民生的必需品。足球搞得好与坏，政府本无须承担什么责任。美国也是泱泱大国，足球踢得不怎么样，没人去责问政府。足球这项体育事业，完全可以交给市场去运作，由"市场在资源配置中起决定性作用"。

如果中国足协能从一个官僚机构变成纯民间组织，如果中国的足球市场能从"半市场化"转变成"完全市场化"，我想那时候才是中国足球走出怪圈，真正振兴的开始——不管崛起这条路有多漫长。

（2014年6月23日《中国保险报》·中保网）

为负面清单管理喝彩

——评《国务院关于促进市场公平竞争维护市场正常秩序的若干意见》

2014 年 6 月，《国务院关于促进市场公平竞争维护市场正常秩序的若干意见》（国发〔2014〕20 号，以下简称《意见》）发布。这是党的十八届三中全会以来经济领域最重要的一份国务院文件。《意见》提出了"建设统一开放、竞争有序、诚信守法、监管有力的现代市场体系，加快形成权责明确、公平公正、透明高效、法治保障的市场监管格局，到 2020 年建成体制比较成熟、制度更加定型的市场监管体系"的政府市场监管改革目标。而其中最大的亮点，莫过于针对各类主体的市场准入实施"负面清单管理"：法不禁止的，市场主体即可为；法未授权的，政府部门不能为。

负面清单，在中国还不是一个熟词。它来源于国际贸易，是指一国在外资准入管理方式上，凡是与国民待遇、最惠国待遇不符的管理措施，或其他特殊的管理措施均须以清单方式列明。说通俗一点，就是要让外商"明白投资"。中国以前搞的是审批制、核准制，虽然有个外商投资产业指导目录，但批不批，核不核，尺度完全由政府部门把握，常把老外搞懵掉。负面清单管理模式 2013 年首先在上海自贸区落地，与之配套的实施还有"准入前国民待遇"，即对负面清单之外的领域，按照内外资一致的原则，将外商投资项目由核准制改为备案制。

中国很多事情的进步往往是开放倒逼改革。给了外商国民待遇，政府就不得不再度直面国内民营企业的抱怨：都是内资，为何享受不到与国企一样的国民待遇。这里不妨追溯一下 2005 年的《国务院关于鼓励支持和引导个体私营等非公有制经济发展的若干意见》（国发〔2005〕3 号）以及 2010 年《国务院关于鼓励和引导民间投资健康发展的若干意见》（国发〔2010〕13 号），它们都是国务院颁布的支持民营经济发展的指导性文件。两份文件中提及最多的词，一个是"允许（进入）"，另一个是"鼓励（进入）"，看似开了口子，给了机会，却大多难落实处，以至于民营企业多有"玻璃门""弹簧门"的抱怨。

上海自贸区试水后，党的十八届三中全会《中共中央关于全面深化改革若干重大问题的决定》首次在改革顶层设计中引入"负面清单"概念："实行统一的市场准入制度，在制定负面清单基础上，各类市场主体可依法平等进入清单之外领域"，将负面清单管理模式从外商投资管理"移植"到各类市场主体。2014 年 6 月发布的这份《意见》，我称之为"公平竞争 33 条"，更是明确"国务院以清单方式明确列出禁止和限制投资经营的行业、领域、业务等，清单以外的，各类市场主体皆可依法平等进入。"法不禁止即可为，这就突破了以往两个 36 条"允许""鼓励"、体现政府对市场强烈干预的传统思路，把着眼点更多落在政府自身，落在政府在市场监管中如何扮演好"促进公平竞争"角色上。

经济改革的核心，是处理好政府与市场的关系。这个关系说起来简单，但实践中却长期没摆正。改革开放以来，中国的经济活力在不断增强，市场化程度也在不断提高，政府转变职能也取得了明显的进展。但是，问题依然突出：政府对经济的管理权限过大，对市场的干预过多、过深，存在大量"越位、错位和缺位"的问题。过于强势的政府影响到市场活力的充分发挥，影响到了市场化程度的进一步提高。其中，"准入歧视"就是累受诟病的一条。

毫无疑问，深化经济改革，重点和难点在于管住政府这只手。"法不禁止的，市场主体即可为；法未授权的，政府部门不能为"，"公平竞争 33 条"中的这一规定，从市场经济的普遍原则和法理的角度，清晰地廓清了政府和市场的关系和边界。

边界清，则权利明。权利明，则完善社会主义市场经济体制就有了根本保证。在这个层面上看，"公平竞争 33 条"，将带来政府经济管理方式的一次真正变革，使中国经济向市场化、政府行为向法治化迈出坚实的一步。

恺撒的归恺撒，上帝的归上帝。市场有市场的功能，政府有政府的功能。它们的作用不可相互替代。市场决定资源配置，但是市场主体不能无序竞争，不能损害行业利益，更不能损害消费者利益。政府实施有效的市场监管，以促进公平竞争、维护市场秩序，这也是党的十八届三中全会《决定》所说"更好发挥政府作用"的题中之义。

"公平竞争 33 条"对政府该做什么描述得非常清楚，包括强化市场行为监管、夯实监管信用基础、改进市场监管执法、改革监管执法体制、完善监管执法保障等监管职能，列示了政府的"正面权利清单"。从中反映出政府市场监管改革总体思路是，运用法治思维和法治方式，加强事中事后监管。这与保监会近几年提出的"放开前端、管住后端"的监管改革方向完全契合。接下来，"负面清单管理"由外及内的全面推行，相信将会成为各个行业、各个领域深化监管改革的重要抓手和突破口。

(2014 年 7 月 14 日《中国保险报》·中保网)

汽车市场的"保险苦力"

一场不期而至的车市反垄断风暴，让捷豹、路虎、奔驰、奥迪等大牌车商纷纷低下高贵的头颅，争先恐后下调整车及零配件价格。这不仅是汽车消费者的快慰时刻，也让保险公司长出一口怨气。

曾几何时，在中国的汽车市场，反垄断这把利剑总是不离保险商。近几年来，各地保险行业协会、财险公司屡屡遭到国家发展改革委、工商局的反垄断和反不正当竞争调查和处罚。处罚的理由，主要就是相关保险公司约定车险费率、建立价格同盟，保险业自己则称为"行业自律"。毫不夸张地说，在车险自律问题上，保险界众多人士已经到了谈反垄断色变的程度。自律吧，违法挨罚；不自律吧，恶性价格竞争会愈演愈烈，让行业深陷亏损的泥潭。

在汽车市场价值链上，汽车生产商、4S 店、保险公司是三个主要的参与者。保险公司居于产、销、保价值链末端，因为销售渠道受制于4S 店，不仅要付给销售商不菲的手续费（保费收入的 15% ~ 30%），还要忍受 4S 店原厂配件修车的高价格。双重挤压之下，哪里还有利润可言！

随着车险市场竞争的白热化，2012 年开始，车险业步入盈利下行周期，2013 年继续下滑，在公布车险承保利润的 49 家保险公司中，除人保财险、平安产险、太平洋产险 3 家上市保险公司承保获利外，其余 46 家公司全线亏损。2014 年上半年，车险综合成本率已高达 99.07%，逼近全行业亏损的临界点。明知是亏本的买卖，为什么还要硬着头皮干？关键是，车险保费收入比重一般占财险公司业务的 75% 以上，谁敢轻言放弃？搞车险的人都心知肚明，用车辆出险后的返修率换取 4S 店渠道的保费，这是一个两头受制于人的"魔鬼法则"：交给店家的手续费是一道，忍受原厂配件维修的高价格又是一道。

有业内人士估计，保险公司提供的修理业务占 4S 店修理业务的 30% 以上；4S 店渠道带来的保费收入也占保险公司车险业务收入的近 30%，两者本是唇齿之依，无所谓高低贵贱。但现实地位上，却是天渊之别，一个似乎是与生俱来的"贵族"，另一个却是人人都可以说上一嘴的"苦力"。这种不平等，只要看看 4S 店里总是有几家保险公司驻点，而保险公司的职场里从来不见 4S 店卖车、揽活就一清二楚了。要说保险公司也是给 4S 店带来大量业务的，为什么就要受其盘剥？这个问题我在经济学上想了半天，很难找到解释，只能归于中国特色了。

可怜的汽车保险商们，近几年，本来已经被 4S 店逼压得够苦了，无奈拾起了"行业自律"的救命稻草，却被反垄断部门盯上了，端的是进退两难。据报道，2013 年底给东南某省财险业的一笔罚单，金额在 1 亿元以上，轻轻松松就把该省财险行业的利润抹去了。

从法理上讲，保险公司的车险价格自律无疑涉嫌垄断，但事实上它是"非暴利的垄断"，是"为了行业能够生存下去的垄断"，对消费者也不能说是有害的。保险公司的人也常说，如果不自律，行业继续搞恶性竞争价格战，没有利润支撑，又怎么能服务好消费者？这种辩解是有一定说服力的。

相比而言，汽车生产商与 4S 店串通价格的垄断则明显带有暴利的色彩。

2014 年 4 月 10 日，中国保险行业协会联合中国汽车维修协会发布 18 种国内常见车型"零整比"（即零配件价格之和与整车售价之比）系数。结果令人咋舌！18 个车型中，系数最高达 1273%，最低的也有 272%。零整比平均在 600% ~ 700%，远高于国外 300% 的平均水平。也就是说，消费者要把爱车的所有零件都用 4S 店供应的原厂配件换一遍，所花的价钱可以买 6 ~ 7 辆新车。这一研究发现在汽车及汽车保险市场形成了强大的冲击波，或许也推动了今天国家发展改革委全面转向反车商垄断。

作为有车一族，一点小剐小蹭本来 200 元可以拿下，定损定到 1000 元以上并不是稀奇事。这在很多媒体报道中都是有据可查的。只不过，如果是保险事故，是由保险公司买单。所以，对保险责任范围内的事故维修，消费者并不会太在意费用高低。但是别忘了，在你的爱车的生命周期内，还有大量的保养和非事故维修，这时候你还能不在意价格？大家也知道，在一些非 4S 店修理厂，零配件价格和人工费用要明显低于 4S 店，但一般情况下车主不会选择这种"散户修理厂"，因为总觉得原厂配件可靠、省心。于是，在缺乏有效竞争的情况下，汽车生产商和 4S 店一起锁定了"原厂零配件"的高价格。不是搞汽车的，哪里搞得清里面的水分？只能将信将疑、乖乖就范。有人会问，定损不是保险公司的人给定的吗？他们总不想定得太高吧？这个问题，从大的方面讲，主要是保险公司在汽车生态圈上"依附性"的直接体现。前面讲过，保险公司要用返修率换取保费。也确实有这样的情况：保险公司定损定的标准比较低，4S 店不愿意修，车主只好拿到外面去修，一来不便，二来修理质量惹人闹心。当然，从小的方面讲，保险公司的查勘定损人员与 4S 店的维修人员在长期合作中也可能形成某种基于个人利益的默契。这属于内部管理问题，就不必展开讲了。

对比分析来看，汽车厂商与 4S 店上下游合作所形成的价格垄断属于"纵向垄断"，这种垄断不仅是暴利的，而且是分散和隐蔽的。而汽车保险商基于某个区域的价格自律属于"横向垄断"，这种垄断从目前情况看不存在暴利的情况，但表现是集中和显性的。所以国家发展改革委反垄断的板子首先打击保险公司，是较为便利的选择，因为证据易得。而从反垄断保护消费者利益的出发点看，汽车厂商与 4S 店的"纵向垄断"对消费者的危害更深、更广、更显著。当然，在这场汽车业的反垄断风暴中，保险公司也会是另外一个受益者。

反垄断的板子打向保险行业自律，不能说不对，但是打向汽车厂商和4S 店联盟，才是真正打到了七寸上。

（2014 年 8 月 6 日《中国保险报》·中保网）

"新国十条"的"经济学意义"

《国务院关于加快发展现代保险服务业的若干意见》（国发〔2014〕29号），在保险业的千呼万唤中出台了。这个被业内俗称为"新国十条"的中央政府文件，既有"务虚"的高度，将保险业定位于国家治理体系的重要组成部分；也有"务实"的广度和深度，在商业保险参与社保体系、承接政府社会治理职能以及发展农业保险、巨灾保险、责任保险、科技保险等诸多领域，都有详尽的实施目标。

与上一个被业内称为"国十条"的《国务院关于保险业改革发展的若干意见》（国发〔2006〕23号）相比，"新国十条"确实实了许多。难怪业内人士普遍将其视为保险业自改革开放以来的最大"政策红利"。相信对保险业今后的发展一定会起到很大的"杠杆作用"。不过，各种业内声音汇总起来，可能存在一个很大的认识误区，就是有些人自觉或不自觉地从宏观经济学角度来看待"新国十条"，把它当成是国家对保险业一次"扩大内需"的措施。

假如我们把文件中各种利好保险业的政策叠加起来看，会发现，其中"政府需求"这个杠杆无疑是最大的一根。从这个角度看，它似乎有一些凯恩斯主义的影子：通过实施积极的财政政策，扩大政府需求，来拉动经济增长。凯恩斯主义是一种应对经济波动的短期刺激措施，不可常吃多吃，否则对身体不利。2008年，面对国际金融危机，中国政府推出4万亿元的经济刺激政策，配合十大产业振兴计划和七大战略新兴产业发展计划，虽然迅速摆脱了危机的影响，但却种下了产能严重过剩的苦果。中国经济当下所面临的困难局面很大程度上来源于产能过剩。

基于此，尽管各方不断提出"扩大内需"的经济诉求，本届政府坚持"稳增长、调结构"的政策目标不动摇，更多着眼于局部性的"微刺激"手段；而之所以在慎用具体产业扩张政策的背景下，对保险业发展采取行政干预措施，看重的恰恰是保险业对各行各业的"杠杆作用"，看重的是保险业社会"稳定器"和经济"助推器"的作用。但是，能不能很好地发挥这几个作用，是需要保险业界深思的。

事实上，中国经济目前面临的结构调整矛盾，在保险业内部，同样存在。"粗放式发展""同质化竞争""重规模、轻效益""重理财、轻保障"无不反映出当前保险业发展的结构问题。这种结构问题不会通过政府需求的扩大而得到改变。如果因为"新国十条"对保险业"扩大内需"的效果，掩饰或推迟了保险业内部结构性矛盾的解决，不免会令人产生远忧。

"新国十条"提出，要让"保险成为政府、企业、居民风险管理和财富管理的基本手段"。政府需求可以通过政府这只手本身来推动，对保险业来说，对接起来不会是很大的问题；但是对企业、居民的需求而言，主要得靠市场这只手来推动。国家再重视保险业，买不买保险还是由老百姓和企业自己决定的。即便是文件在某些方面给出财税政策支持，如健康保险税收优惠和个人税延型商业养老保险。但催化剂毕竟只是催化剂。

作为衡量一个国家保险业发达程度的重要标志之一，中国目前的保险深度不仅远不及发达国家，也落后于一些新兴市场经济体，"新国十条"提出到 2020 年，中国的保险深度达到 5%，这恐怕也主要取决于保险业对市场需求满足程度的提高。保险业常常一方面宣讲中国的保险发展空间巨大，另一方面又抱怨老百姓对保险了解不够，甚至有这样那样的误解。这其实才是保险业面临的最大结构性矛盾。

面对"新国十条"，保险业当然需要及时抓住其中一些显见的政策机遇，但除此之外，更须重视的是，认真系统地研究老百姓和企业的潜在需求和有效需求，让商业保险的供给与市场的保障需求更加充分有效地对接，唯其如此，"新国十条"才会发挥其真正的价值，体现其更长远的意义。

(2014 年 8 月 18 日《中国保险报》·中保网)

建议成立大"保监委"

《国务院关于加快发展现代保险服务业的若干意见》第十条"完善现代保险服务业的支持政策"中提出，"建立保险监管协调机制"。并明确其目的是，"促进商业保险与社会保障有效衔接，保险服务与社会治理相互融合，商业机制与政府管理密切配合"，以及在有关部门间"建立信息共享机制"。

这里先不说建立"协调机制"的重要性和定义。站在国家治理体系建设高度出台的"新国十条"本身就是政府各部门协调的成果。正如外界所评价的那样，"新国十条"在有关现代保险服务业发展的若干具体政策措施上都有重要突破，这些具体政策与财政部、卫计委、人社部、科技部、民政部、环保部、农业部等国家部委都有直接的关系。说得直白一点，没有这些部委的理解和支持，"新国十条"不可能有这么多"干货"。而作为意见主要发起者的保监会和国家发展改革委，在文件酝酿和起草过程中，相信是做了大量沟通、协调的幕后工作，才会形成今天这样一份有如此高度、广度和深度的关于加快发展现代保险服务业的文件。

然而，"新国十条"出台后，从各方反应看，我们也很容易感受到冷热不均的现象：这个令整个保险业欢欣鼓舞的文件，在其他部委并非那么"感冒"，我们甚至可以听到"这是国务院送给保险业的一个大礼包"的说法。

加快发展现代保险服务业是党中央、国务院的战略部署，其任务和目标的实现显然不是靠保监会和保险行业一己之力就可以实现的。各项支持措施提出来了，固然是一大突破，但是要落实起来，还需要保监会之外其他部门的通力配合、有效执行。这也是"建立保险监管协调机制"的题中之义。

"新国十条"是一个提纲挈领式的文件，对于建立怎样的保险监管协调机制，并未有具体的阐释，这就给人们一个合理的想象空间。我们注意到，"新国十条"出台后，2014 年 8 月 27 日，国务院常务会议即讨论了关于加快发展商业健康保险的议题，以落实"新国十条"的相关精神。国务院常务会议一般由总理主持，各部委"一把手"参加，这种形式一事一议，可以视为一种非常设化的"协调机制"。这种机制因为有政府最高行政长官的督办，效力是最大的，但是弱点在于，执行层面还需要相关部委的具体经办部门在细节上相互探讨、切磋，因为大家各有各的工作角度，从效率上讲就不一定是最优了。

因此，建立一个常设化、高规格的"协调机制"就显出它的必要性了。

为什么这么讲？第一，在于"新国十条"对于保险业的定位，是"立足于服务国家治理体系和治理能力现代化"，"把现代保险服务业放在经济社会工作整体布局中统筹考虑"。对保险业的这种定位，远远超出了国民经济中一般行业所具有的意义和价值。第二，"新国十条"赋予保险业"创新社会管理的有效机制""转变政府职能的重要抓手"，这样的功能更是其他行业所不具备的独特社会价值。第三，是由保险业双重属性，即经济性和公益性（社会性）所决定的。保监会虽然被国务院赋予监管"全国保险市场"的职能，但事实上不过是商业保险的监管部门，而目前商业保险在发展过程中，已经与社会保险产生了大量交叉融合之处，例如大病保险、养老保险等，其中难免出现一些新问题，保监会只能去协调社保主管部门解决，这确实是很费精力的。并且，商业保险公司在经办大病保险过程中，会掌握大量民众的健康数据，它们也想通过这些数据来开发商业健康险产品，以弥补大病保险的亏损，获取增值收益。问题在于，这些数据本属于公共资源，应为整个社会所利用，对此谁又有权来规范和管理？再比如，互助制保险，作为商业保险的一个有益补充，理应在保监会的管辖范围之内，然而对于一些有着部委背景的"协会"办的互助制保险，保监会就鞭长莫及了。此外，对于带有一定强制性的责任保险，例如环责险、食责险、安责险等，其推动就更依赖于有关部门的力量了。

当然，以上理由中最具根本性的一点，就是商业保险与社会保险协调发展的需要。"把商业保险建成社会保障体系的重要支柱"是"新国十条"最为强调的一点。但怎么才能把"商业保险"建成"重要支柱"，对现有的保险监管机构来讲，是一个难度颇高的挑战。所谓一个巴掌拍不响。同时，我们还注意到一个现象：在商业保险领域，由于保监会的存在，办、管是分离的；但是在社会保险领域，仍然是办、管合一，其行政效率屡遭质疑。这也是"新国十条"提出"积极探索推进具有资质的商业保险机构开展各类养老、医疗保险经办服务"的重要出发点。

从"新国十条"的本意看，其所提出的"现代保险服务业"显然不只是对应"商业保险"，而是将"社会保险"以及"公益性保险"通盘来考虑。商业保险和社会保险毕竟有着不同的性质和功能，而鉴于两者未来交叉和渗透的情况会越来越广、越来越深，作者认为，建立一个横跨这两块领域的大"保险监督管理委员会"，形成固定化、垂直化的工作机制，以推动商业保险和社会保险更好协调发展，是一个值得探讨的重要话题。

(2014 年 9 月 1 日《中国保险报》·中保网)

"马云式成功"就这三条

2014年9月19日晚，阿里巴巴集团在美国纽约证券交易所敲响了上市的钟声。全球第四大市值科技公司、中国第一大市值互联网公司宣告诞生。与此同时，马云以212亿美元的身家登顶中国首富，而马云14年前的天使投资者软银孙正义也有望问鼎福布斯全球首富。

这几天，微信朋友圈被马云那张娃娃脸刷屏，令同期爆出猛料的体育明星、娱乐大腕黯然失色。马云并非一夜成名，美国上市前，他已是业内公认的商界领袖，中国互联网圈三分天下的BAT巨头。在美国的成功上市，则让他因"中国首富"的光环而变得妇孺皆知。翻看朋友圈的文章以及各种群里有关马云的议论，赞羡之余，有人唏嘘遗憾，也有人激情燃起。追溯"马云式成功"的因与果成为坊间热议的话题。

作者没有采访过马云，不过也算多年断续跟踪观察过马云和他的商业。在当下对"马云式成功"的N多种梳理总结中，有三点启示值得创业者和企业家体味：

第一，马云的梦想与坚持。对于任何渴望成功的草根创业者和企业家来说，这是应该具备的最根本素质，没有之一。我们不妨看下这几天在朋友圈里传播最多的两句话：一句是"梦想还是要有的，万一实现了呢？"这话不是马云说的，但的确是受马云感染而出的。1999年，马云创立阿里巴巴时，在公寓里曾向17个追随者布道（总称为"十八罗汉"），那段视频也广为传布。演讲中，马云强调了"国际战略"，提到了如何跟硅谷竞争，那时候中国还没入世，互联网刚刚经历泡沫，到处推销"中国黄页"的马云在很多地方被当成"骗子"。彼时,发出这样的梦想是需要极深远见的,所以马云提出的宏伟目标并不被多数人理解甚至遭到嘲笑。另外马云自己总结的一句话是:"任何团队的核心骨干,都必须学会在没有鼓励,没有认可,没有帮助,没有理解,没有宽容,没有退路,只有压力的情况下,一起和团队取得胜利。成功,只有一个定义,就是对结果负责。"这句话说的是坚持。没有坚持的梦想,只能是幻想。

第二,马云建构的高瞻远瞩的公司使命。这个使命就是"让天下没有难做的生意"。对于一般做企业的人而言,获取利润,为股东创造价值当然是第一目标。这样的目标无可厚非,因为不盈利的企业是无法持续的,遑论其他高大上的目标。但是对于高瞻远瞩的公司而言,获取利润往往不是第一目标。商界圣经《基业长青》一书中对此是这样说的:对于高瞻远瞩的公司而言,利润不是目的。利润就像空气和水,离开它们,企业就无法生存。但是企业如果坚持追求超越利润目标的社会价值,利润会随之而来。在充斥着做"最大"、做"第一"的庸俗使命的中国商界,马云喊出"让天下没有难做的生意",确实令人肃然起敬。具体而言,这个使命是通过阿里巴巴的平台战略一步步实现和深化的。从 B2B 国际贸易平台到 B2C 国内零售平台再到以支付宝为核心的第三方支付平台,阿里巴巴帮助无数的中小企业主实现了"走出去"的梦想,帮助无数的"70 后""80 后""90 后"实现了个人创业的梦想。而在帮助大多数人实现梦想的过程中,马云和阿里巴巴也收获了应有的回报。阿里巴巴从来不生产具体的产品,而是靠不断延伸扩展的"平台战略"服务天下创业者乃至普罗大众,正应了古话说的"夫唯不争,故天下莫能与之争"。

第三,马云对公司治理的创造性改良。也就是他在阿里巴巴搞的"湖畔合伙人"制度。股份公司是现代商业一个伟大的制度创造。它的出现,使得财富生产告别了个人单打独斗的"小作坊"时代,极大地推动了商业文明的发展壮大。但是"同股同权"的股份公司制度一直面临一个基本的矛盾,那就是外部投资者和公司创始人(团队)之间在利益诉求上的落差:前者更追求短期效益和分红,后者追求公司长期价值培育。创始人梦想越大，两者诉求落差就越大。很多优秀的企业正是倒在了这种内外价值观的冲突中。所以，2010 年 7 月，马云决定在公司治理中引入合伙人制度。其最大的创造就是通过公司章程把公司董事会半数以上董事的提名权赋予给内部合伙人，即不论外部投资者在公司占的股份比例有多大，公司重大事项的决策权仍掌握在内部合伙人的手里，这样就确保了阿里巴巴的使命、愿景和价值观能够得到持续健康的发展。这样一个"同股不同权"的治理结构，也让阿里巴巴失去了在香港上市的机会，这才来到美国。当然，需要提醒的是，阿里巴巴的合伙人制度不是放之四海而皆准的普遍真理，它施行的前提是创始人具有绝对权威、智商和情商接近完美，此外，还需要外部投资者的充分理解和支持。如果和马云打交道的不是孙正义，那最后的结果也可能是冰火两重天。

（2014 年 10 月 13 日《中国保险报》·中保网）

中国的保险主体多了吗

　　"新国十条"开启了中国保险业发展新的黄金时代，这已是业内普遍的共识。如何说明一个行业进入"黄金时代"？当然可以有很多角度。但作者以为，外部资本的大量涌入，行业主体的明显增长，应是具有根本性的一条。一个行业，如果不被投资者看好，如果没有更多的竞争者加入，怎么能算黄金发展期呢？中国大陆现在保险主体才 178 家，美国有 8000 多家。按照"新国十条"所要求的，保险业要服务经济社会发展全局，要建成与经济大国地位相匹配的保险强国，保险主体的增长空间还大着呢。

　　但是，在增加新的保险主体方面，行业似乎没有共识，甚至分歧严重。从中国保险业目前的发展态势看，已经进入寡头竞争时代。"老三家"占据了主要的市场份额，而大部分中小型保险公司生存艰难，举步维艰。外资更不用说了，多年来市场份额徘徊在几个百分点。在这种情况下，还要批新的主体，让人怎么活！

　　最近，也听到一些保险公司老总和基层员工的抱怨，反映这个行业恶性竞争太厉害了。有一家省级公司老总见到记者的第一句话就直抒胸臆，某某保险原来是他们的特色业务，现在放开了，"我们做到哪，竞争对手就跟到哪。也不管什么精算了。你 100，我就 80；你 80，我就 60……这样下去，保险就做烂了！"这位负责人以前在银行工作，他说银行业很少出现这种情况，"大家都坚持发展自己的特色，遇到事情也好商量，尽力避免恶性竞争的情况。"对于保险业这种"拼价格"的竞争方式，他表示很不理解。还有一类抱怨，就是新公司"高薪挖角"，一个人带走一个团队，让很多老公司叫苦不迭。而且，现在批的保险牌照基本都是全国性的，新公司设立分支机构还要到处挖人。好在监管机构对新批保险主体控制还比较严，如果真把口子开大了，还不知道有多大震荡呢！

从以上业内反映的问题看，中国的保险主体似乎是太多了。从局外人角度，我们也能理解他们的心态。经济学上有个"公共汽车效应"：一辆很拥挤的公共汽车进站，下面的人拼命想挤上去，要求车上的人"往里走走"；一旦挤上去，就喊"别挤了"，不愿意让下面的人上来。问题在于，中国的保险市场真的是一辆很拥挤的公共汽车吗？真的就塞不下几个新的保险主体了吗？非也。不然我们怎么可能以全球第二大的经济体量，而保险深度和保险密度又如此之低。这种情况下，又该有多少市场空白、市场缝隙，需要靠新的保险主体、新的产品供应去覆盖、去填补？

作者曾经写过一篇《多些"小而美"的保险公司》，其中举了美国哈特福德保险公司的例子，这是一家专门做锅炉检测、技术咨询和保险的公司，发展了上百年，其最牛的地方不是规模有多大，而是做出了锅炉安全的行业标准。建立标准、降低风险，而不是单纯事后补偿，这才是风险保障的本质。这种"小而美"的保险公司，中国市场上恐怕找不出一两家。

"新国十条"中有"支持设立区域性和专业性保险公司"的内容，放的位置看起来不是很突出。作者认为这正体现了监管机构的良苦用心：既要避免同质化保险机构、全国性保险机构过多出现，加剧市场恶性竞争，又要通过引入特色保险公司，扩大保险市场供应，增强保险市场活力。方向是值得肯定的。但是，想进入保险业的投资者有多少契合保险市场的发展方向、契合监管机构的发展思路，恐怕还真不好说。

（2014 年 9 月 22 日《中国保险报》·中保网）

大国外交时代

继成功举办 2014 年亚太经合组织（APEC）领导人非正式会议后，中国将成为影响力更强的二十国集团（G20）领导人 2016 年峰会的东道主，这意味着中国的国际交往真正迈入胸怀天下同时又不追逐霸权的大国时代。

刚刚在北京结束的 APEC 系列会议收获丰厚，中国外交部部长王毅将之总结为八大成果。从务实的角度，这八大成果可以浓缩为三项，即"两图一宣言"：第一项，也是最重要的，就是批准了《APEC 推动实现亚太自由贸易区路线图》，使得各方呼吁多年的亚太区域经济一体化从梦想付诸实践。第二项，就是《亚太经合组织互联互通蓝图》的出台。这个文件可以称为"路线图"的姊妹篇，只有各国各地区在硬件、软件和人员交往上实现了互联互通，亚太自由贸易区的打造才更具坚实的基础。第三项，就是由中方起草并获得成员国一致通过的《APEC 北京反腐败宣言》。从某种角度，可将其视为新一届中央领导集体重拳反腐的一个国际化延伸。

这次会议，中国不仅为各国参会代表提供了蓝天、盛装和美食，也是各项议程重要的参与者、推动者以及发起者。这次会议，中国国家领导人的"大国心态"和"大国姿态"得到充分彰显，赢得各方舆论的赞誉。

弱国无外交。改革开放 30 多年来，中国逐步成长为世界第二大经济体，已经成为 128 个国家的最大贸易伙伴，在全球经济中扮演着举足轻重的重要角色。从经济体量上，中国已经从弱国变身为大国。但是，在国际外交中，中国的形象还可以更加清晰；在重要的国际事务中，还需要进一步树立积极主动、影响他人的大国心态。

中国外交的基本立足点是"发展中大国"这样一个基本国情。首先要把自己的事情办好。党的十八届三中全会、四中全会，先后通过"全面深化改革"和"推进依法治国"的重要决定，体现了新一届中央领导集体沿着中国特色社会主义道路，全面建设富强文明国家的坚定信心。本次会议上，中国倡议通过"反腐宣言"，加强打击腐败的国际合作，也体现出党和政府力行依法治国的努力和自信。

"发展中大国"也应是"负责任的大国"，不仅要对本国的富强文明、长治久安负责任，也要对有关全球繁荣发展、和平共处的重大国际事务负责任。

冷战结束之后，国际关系格局告别了美苏争霸的两极时代，凸显出美国在国际事务中扮演的最重要角色，而中国作为迅速崛起、拥有 13 亿人口的发展中大国，在国际事务中体现怎样的姿态、扮演怎样的角色，越来越引起世界的关注，也是中国领导人无法回避的课题。

近年来，美国加紧推行"重返亚太"战略，对中国的国际战略定位也构成不小的压力。亚太自由贸易区（FTAAP）路线图确定之前，美国主导的环太平洋经济合作协定（TPP）在没有中国参与的情况下，12 个国家已经经历了数年谈判，并取得了一定进展。这被普遍视为对中国在亚太地位的抗衡和挑战。此次 APEC 会议，21 个成员国决定共建亚太自贸区，并由中美两国联袂担任亚太自贸区工作组主席，对中国而言，可谓峰回路转。有了 FTAAP 这样一个区域经济一体化的抓手，相信中国会在亚太乃至全球事务中发挥更具主导性的影响。

中国"大国外交"的另一个抓手便是习近平主席倡议的"一带一路"和互联互通建设。这一为亚洲人民带来福祉的举动充分体现出中国的"大国姿态"。在这方面，中国已经迈出了具有实质意义的步伐。首先是发起筹建亚洲基础设施投资银行。10 月 24 日，21 个创始成员国的财政部长和授权代表已经在北京签署备忘录。其次是近日承诺投资 400 亿美元发起设立丝路基金，用于"一带一路"的基础设施投资。亚洲基础设施投资银行，对于分别由美日掌控的世界银行和亚洲开发银行来说，无疑是一个新的"竞争者"。但是，对于经济增长迅速，同时发展又极不平衡的亚太地区来说，它的出现和"一带一路"构想的提出，完全是符合本地区各国利益的顺时之举。

和平与发展是当今世界的潮流。以此次 APEC 会议为重要契机，以大国心态、大国姿态积极参与和影响国际事务，更好地代言、努力地实现新兴国家、发展中国家的切身利益，大力推动这一潮流的前进，未来必将构成中国外交战略的主线。

(2014 年 11 月 17 日《中国保险报》·中保网)

保险业的"小米"在哪里

互联网世界英雄辈出。首届世界互联网大会上，小米科技创始人雷军自豪地宣布，2014 年 Q3 小米智能手机销量 1900 万部，全球排名第三，仅次于三星和苹果。这一成绩同时将国产手机的传统霸主华为、联想等甩在了身后。

2014 年的"双十一"更是见证了小米的辉煌。当日，阿里巴巴天猫平台销售额为 571 亿元，其中小米手机卖了 15.6 亿元，单店排名第一；而在天猫当天卖出的 189 万部手机中，116 万部来自小米，占比为 61.3%。以上数据充分显现出小米手机在互联网商业世界里拥有的明显优势。

如果考虑到小米科技还是一个只有 3 岁大的孩童，这样一种成绩的取得更具有颠覆性创新的含义。它是互联网思维创造的奇迹。我们常常讲互联网思维最重要的一点是"以用户为核心"，雷军则将此发挥到了极致，由此在风起云涌、竞争惨烈的手机制造业里闯出了一条与众不同的新路。

传统制造业运作的基本思路是先生产产品，再卖给用户。实现从产品到用户的过程，主要依靠两大竞争手段：一是通过大规模制造压低成本，获取价格优势；二是通过大力度的市场营销投入，包括人海战术、渠道战术以及广告轰炸战术来获取消费者认知度，建立品牌优势。这两点构成了典型的"以卖家为核心"的产销组织模式。

小米则将这种传统制造业模式完全颠覆过来，即"先有用户，后有产品"。小米公司在创立之初，就制定了只接受网上预订，先满足 30 万订单客户然后再广泛出售的策略。而这些订单客户被严格限定在注册过小米账号并登录过小米旗下论坛（小米手机论坛、MIUI论坛、米聊论坛）的互联网用户，即所谓的"米粉"。这些"米粉"在还未亲眼看到小米手机模样的时候，就已经具备了产品的忠诚度。通过互联网手段创造出大量潜在用户，是小米"以用户为核心"商业模式的第一点。

第二点，用户参与产品的设计。小米公司副总裁黎万强将之总结为"参与式消费"。他把改革开放以来中国人消费观念的变化分为四个阶段：最早是功能式消费。20世纪80年代初，能买个黑白电视，看到人影就很知足了；接着进入到品牌式消费，人们不仅需要看电视的功能，还要看是不是名牌；然后是体验式消费。过去两年很多手机厂商开了很多高档的体验店，让大家在购买之前有充分的消费体验；而小米公司顺应乃至引导的是参与式消费时代，即让用户充分表达其对产品的功能需求，并体现在产品的设计中。这就打破了生产者与消费者的边界，把"以用户为核心"的理念真正落到了实处。

小米在生产手机之前，先做了MIUI的系统。黎万强指出，小米一开始就是想怎样通过互联网，发动人民群众的力量，做一个让用户参与完善的产品；做10万人的"开发团队"，而不是仅仅依靠公司的几十个人闭门造车。这样生产者与消费者互动的结果是，用户黏度大大增强，也使小米手机具备了其他传统手机厂商所很难企及的"软实力"。

第三点，从用户到用户的营销，即社会化营销。这种营销也是"以用户为核心"的，你的用户便是你的营销员。而在互联网时代，传统媒体迅速式微，硬广越来越难以到达潜在用户，这样的口碑营销反而是具有病毒式传播的广阔舞台。通过互联网工具汇聚"米粉"恰恰构成了没有硬件背景的小米公司的先天优势。

由此反观保险业，虽然大家也在努力理解并宣导互联网思维，也大力强调以用户为核心，但是行业基本的运作模式仍然跳不出"从产品到用户"的惯性思维。大家在谈到互联网保险的时候，一边说着互联网思维，另一边却不自觉地把互联网当作一个渠道，计算着通过互联网卖了多少保费。当然，从互联网创新的角度，类似泰康微信"求关爱"的一些产品具备了社会化营销的基本特点，但目前看也只能说是一种局部性创新，真正"从用户到产品"革命性流程再造的案例还没有。

保险产品是一种虚拟产品。与手机相比，其物理成本接近于零。按照保险业内专家王和的说法，与传统制造业相比，它最大特点是"（用户）支付在前，（商家）交付（服务）在后"。这个特点其实与"以用户为核心"的主流互联网商业模式有着天然的匹配。可现实中，保险行业依然在围绕着"卖保单"的经营目标来组织企业资源，考核绩效，这不能不说是一种错位。由此产生一些行业积弊，也就不难理解了。

面对互联网的挑战和机遇，能不能产生颠覆传统业态的"小米模式"，从大规模制造转向大规模定制，或许该是保险业创新者认真思考的一个紧迫命题了。

（2014 年 12 月 1 日《中国保险报》·中保网）

保险业的八大"新常态"

2015 年，对中国经济这辆战车来说，"新常态"无疑是各个层面参与者不得不琢磨的主题词。正如 2014 年 12 月召开的中央经济工作会议所指出的，认识新常态，适应新常态，引领新常态，是当前和今后一个时期我国经济发展的大逻辑。这次会议，还从消费需求、投资需求、市场竞争特点等九个方面的变化对新常态进行了系统描述。

应该说，"新常态"下，对于各行各业来讲，既有挑战，也有机遇。一个行业、一个企业，只有主动舍弃"旧常态"下的发展逻辑，积极顺应"新常态"下的大逻辑，正视挑战、抓住机遇，才可能在今后中国经济的发展中有更准确的定位以及更积极、更有力的作为。对保险业经营管理者来讲，这同样是至关紧要的一个命题。

放眼 2015 年，保险业需要适应的"新常态"到底是什么？它有哪些重要内涵？这里作者试图从一个旁观者的角度，来做一些粗浅的解读。

第一，要适应中国经济从高速增长转向中高速增长的"新常态"。中国经济增速从 2011 年的 9.3% 回落到 2012 年、2013 年连续两年 7.7% 的增速后，2014 年出现 7.5% 以下的更低增速，这意味着改革开放以来平均 10% 左右的经济增长已经悄然离去。人口红利消失，全球化红利衰退等是中国经济放缓的主因，也是中央作出中国经济从高速增长进入中高速增长"新常态"重大判断的基本依据。对于保险业这意味着什么？按照保费收入增速平均 2 倍于经济增速的相关统计规律，保险市场在理论上也会从高速增长的状态转向中高速增长的"新常态"。这个大趋势也许不以人的意志为转移。对此，保险业经营管理者需要有充分的心理准备。当然，中国经济发展仍处在重要的战略机遇期，潜在的经济增长率仍高于现实的经济增长率，因此对于经济中高速增长这样一个"新常态"也不必过分悲观。

第二，要适应经济转型升级、创新驱动的"新常态"。保险是经济助推器。当前，中国经济发展正在从要素驱动、投资驱动转向消费驱动、创新驱动，从粗放式增长转向集约式增长，这个经济提质增效、换挡爬坡的关键时期，不仅要求保险业自身要告别粗放式增长，同时它还要给整体经济的转型升级提供恰当的动力。例如，如何通过保险的方式满足人民群众日益提高的对食品质量安全的要求，如何通过保险保障人民群众对生存环境质量的要求，以及在国家鼓励创业创新的大环境下，如何帮助创业创新者规避经营风险、解决其融资难的需求等。在这些方面，保险业不仅大有可为，也责无旁贷。

第三，要适应政府简政放权，让市场在资源配置中起决定作用的"新常态"。党的十八届三中全会提出，让市场在资源配置中起决定性作用。之后，国务院作出一系列简政放权的重要举措。这意味着中国经济发展从政府、市场双轮驱动正在进入以市场驱动为主的换挡期。经济的更加市场化意味着保险业的驱动力也要从旧常态下的"找市长"更多转向"找市场"。这本身也合乎保险业内在的发展规律。当然，政府在简政放权过程中，会给保险业承接一定政府职能的机会，通过政府购买专业化的服务给其带来一些实实在在的发展红利。但是，作为保险业经营管理者需要认识到，保险业的未来不在于成为"第二政府"，而在于与市场需求更加充分地接轨。

第四，要适应保险回归保障的"新常态"。回归保障，这是保险业存在与立足的根本逻辑。近年来，理财型保险的高速发展无疑是保险业发展的重要动力，但是其对保险保障基本功能的偏离也引发了诸多问题。让保险产品回归保障，近两年已成为业内外共识。但在回归过程中，必然伴随着某种阵痛。

第五，要适应资本市场规范化发展的"新常态"。资本市场是保险资金重要的投资渠道，按照历史规律，股市经历牛市的时候，保险资金投资收益率也会明显上扬，同时带动保费收入快速增长。而在经济"新常态"下，政策干预型牛市会越来越少，保险资金投资收益和保费收入搭乘牛市顺风车的机会也会越来越少。而事实上，在资本市场规范化发展的过程中，保险资金需要扮演的角色不应是跟风炒作者，而应是价值投资的坚守者，成为资本市场真正的稳定器。同时，保险业要抓住社会财富管理需求爆发的机遇，从传统的单一资管迈向大资管，通过自己的努力，早日成为现代金融体系的"定海神针"。

第六，要适应产业链融合发展的"新常态"。近几年，保险业在投资养老地产、大健康产业以及汽车后市场等方面已经作出了诸多尝试。这些领域原本并非属于保险公司经营的主业，但是保险业作为其上下游产业链上的一环，通过这样的跨界投资，增强了其在产业链上的话语权，拓宽了保险产品的市场，也提高了其整体服务的能力。对产业链融合发展的思考和布局，相信会成为更多保险业经营者今后一段时期关注的课题。

第七，要适应专业化、精细化发展的"新常态"。追求规模、追求大而全目前仍是大部分保险公司的发展思路，这也是目前保险市场同质化竞争、恶性竞争的根源所在。在当前保险市场日益凸显寡头竞争的态势下，大部分中小公司走专业化、垂直化深耕发展的路线已是大势所趋。这种趋势，随着2014年费率市场化改革的进一步深入，将更加凸显。

第八，要适应互联网思维颠覆传统产业的"新常态"。近几年，互联网技术的发展正在以排浪式的节奏颠覆着所有的传统业态，也包括古老的保险业。小米科技创始人雷军说，互联网思维没那么玄妙，其实就是从群众中来，到群众中去。传统的产品设计理念、传统的营销方式，以及传统的业务流程，都面临着这种互联网思维的革命性冲击。觉悟早的会成为这股潮流的驾驭者，觉悟晚的则可能被这股浪潮拍在沙滩上。3年前，谁能想到小米手机会成为国产手机的领头羊？当年雷军拿着自己的设计图纸找全球前三的代工厂帮他生产手机，没有一家应允。现在，他已经有充足底气喊出"引领中国新工业革命"的口号。在旧常态下，不可能出现小米这样的公司,而在互联网"新常态"下,类似的颠覆性创新随时都可能发生。

对此,保险业准备好了吗?

(2014 年 12 月 15 日《中国保险报》·中保网)

　　企业家作为最具商业头脑的一群人，他们对商业保险的接受程度，对于保险业向纵深发展无疑是至关重要的。

——《重视来自企业家的挑剔》

走在风险之前

2014年8月颁布的《国务院关于加快发展现代保险服务业的若干意见》（国发〔2014〕29号），明确了保险业服务国家治理体系和治理能力现代化中的重要定位，同时明确提出保险业要成为转变政府职能的重要抓手、创新社会管理的有效机制。这是保险业发展的重要机遇也是重大挑战。

保险业在社会管理方面到底能做些什么？换句话说，在社会管理方面，保险业相对于政府的"替代性"到底表现在哪里？

大家都知道，保险具有风险管理和经济补偿两大基本职能。风险管理是采取措施防止风险发生，经济补偿则是在风险发生后进行补偿。

从这两大功能的发挥看，重经济补偿、轻风险管理仍是当前我国保险业经营中存在的一个显著弊端，也是保险业尚不能较好赢得社会期许的一个瓶颈问题。

2014年底发生的上海外滩踩踏事件，保险业迅速启动查勘理赔，配合政府进行救灾和善后处理工作，体现了保险在社会管理方面正扮演着越来越突出的角色。应该说，经过多年实践的检验，保险业应对处理突发公共事件的响应机制已经较为成熟，保险公司对投保人的及时赔付以及对受害者家属的心理疏导，减轻了受害者家属的心灵创伤，也替政府分担了一定的经济责任。但令人遗憾的是，这毕竟只是对未亡人的事后补偿，它不能挽回一个个鲜活的生命，也不能改变家庭碎裂的残酷现实。

据了解，在这次踩踏事件之前，上海黄浦区政府曾向保险公司购买过社区综合保险的服务。社区综合保险是近年来出现的新生事物，是政府

"转移"社会管理职能的一项重要尝试。作为保险公司依托政府部门、街道办事处搭建的社区综合保险平台，由街道、镇作为投保人，与保险公司签订保险合同并支付保费，如发生合同约定的保险事故，则由保险公司向街道、乡镇理赔，街道、乡镇根据实际情况，向相关对象提供保障救助。即政府掏钱为居民买保险。其主要险种包括社区公众责任险、社区固定财产险、社区居民财产火灾责任险、社区居民财产自然灾害险和团体人身意外伤害险。

从政府的角度，购买这样的保险主要是希望保险业帮助他们提高风险防范能力，完善风险防范措施，防患于未然，更好体现政府社会管理的水平，让群众满意。至于在风险发生之后，转移经济赔偿责任的需求则在其次。因此，保险业只有在前端做足文章，提高自身的风险预测水平，走在风险发生之前，才能得到自己的客户——政府的最大认可。而只有这样的保险服务才算完整。

当然，也许再严密的风险防范措施也不能阻止"黑天鹅"事件的发生，就像1998年的亚洲金融危机、2008年的国际金融危机，事后都有经济学家说其成功预测了危机的发生。但他们的声音在当时却完全被狂热的市场所淹没。而如果保险公司在公共事件应对上有较强的事前防范意识，通过一定的风险预测技术作出预判，并对政府作出合理的提醒和建议，促其采取有效的防范措施，即便没有防止灾难的发生也算是自身的一种进步了。

(2015年2月12日《中国保险报》·中保网)

开门纳谏　固本浚源

把两会代表委员请进机关，放下身段，开门纳谏，是保监会提升监管工作的一次开风气的先举。

两会是民声汇聚的大舞台，也是检验政府工作成效的试金石，监督政府改进工作质量的助推器。各地代表、各界委员们肩负人民的重托，博纳各方意见声音，形成一个个提案建议，既指出当前问题所在，也提出解决问题的方法，为政府下一步做好工作提供借鉴参考。

保监会历来高度重视代表委员对监管工作的意见和建议，本次两会前夕，承办的十二届全国人大二次会议建议 203 件、全国政协十二届二次会议提案 122 件均已办理完毕。此番借两会之机，保监会邀请部分保险业代表委员当面提出新想法新建议，充分沟通，深入探讨，更有助于厘清问题症结，上下同心，推动行业问题更有效解决，不断提升保险服务国家治理体系的能力。

党的十八大以来，在党中央、国务院的正确领导下，我国保险业攻坚克难，锐意创新，保险市场连续 3 年保持高速增长。特别是在过去一年，以《国务院关于加快发展现代保险服务业的若干意见》（国发〔2014〕29号）和《国务院办公厅关于加快发展商业健康保险的若干意见》（国办发〔2014〕50号）两项重大政策利好出台为标志，保险业发展迎来前所未有的黄金机遇期。2015 年的政府工作报告一共在五个方面提到了保险，是有史以来政府工作报告里面提到保险最多的一次，也昭示着保险业的地位空前提升，前路光明广阔。

有为才能有位。2014 年，在中国经济整体下行压力进一步加大的形势下，保险业则交出了史上最亮丽的成绩单。保费收入、利润增幅、投资收益创历史或国际金融危机以来的最好水平，实现了发展速度、质量和效益的统一。保险业服务经济社会全局的能力明显增强，在服务金融体系、社会保障体系、社会管理体系、农业生产支持体系和重大灾害救助体系建设方面发挥了越来越重要的作用。保险机构全力支持"一带一路"、自贸区建设等国家战略，已成为资本市场上的重要机构投资者和国家重大基础设施投资建设的重要资金来源。中国保险市场规模跃居全球第三位，引人瞩目的偿二代监管制度体系初步建成，中国声音已成为影响全球保险监管规则走向的重要因素。

保险业的快速发展除了企业努力、政策给力外，很大程度上得益于监管改革释放的市场活力。从党的十八届三中全会提出全面深化改革到十八届四中全会提出依法治国，从习近平总书记提出"把权力关进制度的笼子里"到李克强总理发出"大道至简，有权不可任性"的声音，政府改革、监管改革的方向已经蔚然成形，那就是简政放权，让市场在资源配置中起决定性作用。近 3 年，保监会紧紧抓住简政放权的牛鼻子，全力推动监管改革创新，费率市场化改革衔枚疾走，资金运用市场化改革持续深化，偿二代监管体系蓄势待发，"放开前端、管住后端"，放管结合的监管思路端倪初显。保险业发展的市场环境前所未有地得到优化提升。

与此同时，我们也需清醒地认识到，在从保险大国迈向保险强国的征程中，仍有诸多艰难险阻，任重而道远。

作为监管机关，越是在行业发展取得一定成绩的时候，越要保持清醒的头脑，主动寻找和发现不足，正视现实存在的差距，分析成因，提出对策；越是在保险改革步入深水期的关键时期，越要保持科学的思维，梳理正确的思路，统筹兼顾，准确发力；越是在保险服务领域日益扩大，国家和人民对于保险业寄予更大期望的时候，越要时刻关注社会各方面的反映，不断总结经验和教训，进一步释放保险业发展的潜力和活力，更好地服务党和国家中心工作；越是在保险业形象得到一定程度改善，中国保险业声音在国际上更加响亮的时候，越要贴近一线，广纳谏言，正视问题，解决矛盾，推动行业形象进一步改善。

"求木之长者，必固其根本；欲流之远者，必浚其泉源。"对保险行业来讲，本在市场，源自民众。当此保险业发力前行之际，监管者凝神定气，摆正位置，虚心向代表委员多方问道，求真务实，固本浚源，让工作更接地气，把人民群众监督的压力转化为前行的动力，正是做好保险监管的长久之道。

(2015 年 3 月 9 日《中国保险报》·中保网)

重视来自企业家的挑剔

对于保险业者来说，刚刚闭幕的两会令人欣喜、催人奋进。政府工作报告中五个方面提到保险，内容涉及巨灾保险、大病保险、商业养老保险、出口信用保险、保险资金运用等方面，是历年来最多的一次，显示出在政府层面对保险的重视程度已是今非昔比。而在历时12天的会议中，一些代表委员围绕保险业服务国家治理体系和治理能力现代化，服务经济社会全局提出了诸多有价值的提案、建议及议案，包括保险资金支持"一带一路"建设；发展老年长期护理保险；医保覆盖体检、健身费用；大力发展劳工补偿保险；以保险机制激活农村金融服务链；切实减轻保险营销员负担等。内容丰富、数据翔实，有理有据，对今后保险业的发展方向有着很强的指引作用。

我们也注意到，这些提案建议中并非都是保险业自说自话，也有几个是业外的代表委员为保险业发声立言。例如，提出《健全学生实习保险制度的建议》提案的管飞委员就是来自保险业外的企业家，向全国人大常委会提出《关于调整保险营销员个人所得税负担的建议》的21位全国人大代表更是全部来自业外。这在一定程度上说明保险业的发展、保险业对经济社会全局的重要性正在得到社会各界的认可。而社会各界的重视认可正是保险业发展最坚实的动力。

当然，这并不是全部。两会既然是各界代表人士聚合交流的舞台，大家所处角度不同，对保险认识程度不同，就会有碰撞：有呼吁的声音，也就会有挑剔的言论。例如，全国人大代表、娃哈哈集团董事长宗庆后在接受中国经济网访谈时就表示，"食责险不可取"，原因有两个方面：一是增加企业负担，并可能将成本转嫁给消费者；二是企业买了食责险，就会在落实食品安全责任上有所懈怠，反正出问题有保险公司买单。无独有偶，在政协经济界小组讨论中，几位委员在谈到环境污染责任险时也发生了小小的"冲突"：在全国政协委员、中国人保集团董事长吴焰谈到"强制保险可以作为社会管理的工具，尤其是运用在环境污染和高危行业"时，全国政协委员、中银香港（控股）有限公司总裁和广北却调侃说这是"让企业破财消灾"。后来环保部原副部长张力军及时纠正这个"错误认识"，指出推广环责险是为解决企业应对污染事件资金能力的不足，也是对老百姓利益的一种切实保障，暂时平息了一场争论。但在局外人看来，仍是树欲静而风不止。

保险业在发展过程自身存在一定问题，并遇到来自社会一些方面的误解甚至质疑并不鲜见，也无须奇怪。需要引起重视的是，这两位著名企业家代表委员对保险的"片面认识"具有一定的典型性和较强的影响力。企业家作为最具商业头脑的一群人，他们对商业保险的接受程度，对于保险业向纵深发展无疑是至关重要的。如果企业家尚且如此认识保险，普通的企业主和民众对保险的功能自然也少不了心存疑问。

中国保险业要得到大的发展，保险深度和保险密度要得到实质性提高，不仅要政府推动，更需市场给力。党的十八届三中全会吹响了市场在资源配置中起决定性力量的改革号角，中国保险业也站在了新的历史起点。从保险大国迈向保险强国，固然有众多前进中的问题待解，但最具根本性的问题仍是保险理念的广为播种和深入人心。因此，为了创造一个更加有利于保险业发展的舆论环境，让更多代表市场力量的企业和企业家认可和接受保险，让企业家释放更多推动保险市场发展的正能量，将是保险业在未来发展道路上需要直面的一个重要任务。

（2015 年 3 月 16 日《中国保险报》·中保网）

决定行业未来的力量

保险业 2015 年上半年成绩单刚刚出炉，行业增速接近 20%，延续近两年的高增长态势；利润总额增长更是超过两倍。在"新国十条"东风化雨般的滋润下，这样一个成绩单的取得并不让人感到意外。真正令人眼前一亮的是，个人代理渠道占比反超银邮渠道，成为寿险销售第一大渠道。这也再度印证了寿险业发展一个颠扑不破的道理，即得个人代理者得天下。须知，在美国这样的成熟市场，保险代理人贡献的市场份额要占 85% 以上。

保险是一种无形产品，卖的是一份承诺，是人与人之间的信任。这正是寿险营销员得以存在、不可替代，且为渠道重中之重的根本原因所在。

银邮保险业务渠道容易上规模，高现值产品对客户吸引力大，因此自 21 世纪初兴起以来的十多年，不论是新兴保险公司还是老牌保险公司都不敢怠慢，视为必争重镇。银邮崛起，个人代理退位，以至于有得银邮者得天下之说。但这种情况近几年在发生着一些微妙的变化，随着政策面对销售误导的整饬，对银邮渠道的规制，更重要的，对寿险产品回归保障的强调，各保险公司都渐次把发展重点重新聚焦个人代理渠道、转向保障型产品。这本是保险业发展的正道，不以人的意志为转移。尽管近两年互联网等新兴渠道迅猛发展，但长期来看，难以独堪大任。单就渠道而言，它将成为个人代理的一个辅助手段，并从风靡于各个行业的 O2O 模式中找到其结合点。

得个人代理者得天下，此其一。高素质营销员决定行业未来，此其二。

这些年，经常会听到行业中人感叹，增员难，创收难，待遇低，税负重，队伍不稳定。但如果我们仔细甄别一下全国 300 多万人保险营销大军，其中，活跃人数能占多大比例？能够创造出高产能的人数又能占多大比例？而如果相当多的营销员不能创造高的产能，即便解决了行业念兹在兹的社保和双重税负问题，其增加的收入恐怕也微乎其微，难以保证营销员体面的生活。经济学上的"二八定律"，在营销员队伍中体现尤为显著。这其中的"二"就代表行业的高素质营销员。所谓高素质，不仅是学历高、专业技能强，还要有很高的情商和以人为本的价值观。

正确的保险保障理念的传播需要高素质营销员；满足中等收入社会居民多样化的金融需求更需要高素质营销员。营销员是保险业的脸面。扩大高素质营销员在整个营销队伍中的占比，关乎行业形象的重塑，也深刻影响行业发展的未来。结构优化，可能是个相对漫长的过程。其间，会有行业发展进化过程中的自然淘汰，也有保险公司主动适应变化、遵循行业发展规律的调整。我们看到，作为行业领头羊的中国人寿，近几年持续推动传统营销队伍转型升级，高起点建设包括新型收展队伍、保险规划师队伍等在内的新型"大个险"队伍；而作为最早将营销员制度引入中国的友邦保险，更是在人的因素上大做文章，全力打造"精英营销员"队伍。

对此，友邦保险（中国）CEO 蔡强有很深的感慨，他指出美国寿险市场在发育初期，也是靠人海战术，什么人都可以做保险。"但是随着市场的发展，消费者要求越来越高，美国的代理人队伍也经历了大量淘汰和换血，不专业的人就逐渐被淘汰掉了，最后留在行业的都是高素质、高收入、高度专业化的人。"中国的个险渠道，也必然经历这样一个过程。

以此观之，个人代理业务重回第一大渠道，不是一个简单的轮回，更不应是过往人海战术的翻版。它呼唤着更多高素质营销员的出场，用他们发自内心的正确理念、令人信服的专业能力，书写行业更加美好的未来！

（2015 年 8 月 10 日《中国保险报》·中保网）

三年前的赌约

俗话说，同行是冤家。每年 12 月初的中国企业领袖年会，总会引来各方豪杰，也会有"相轻"的企业家狭路相逢。2014 年有雷军与董明珠针锋相对，2015 年则是张近东、刘强东"二东"同槽。

近几年，"二东"隔空叫阵，时有耳闻。根源在同行相轻。他们都出自零售业：只不过，一个从线上做到线下，另一个从线下做到线上。还有一点，按说应该是让他们相近相惜的因素，他们都是江苏人。你看看浙江的马云和郭广昌，关系多好。

再来看看他们在年会上的表现。张近东先发言，神色凝重。刘强东后发言，神态轻松。他开场白就很震撼，"今天的场面太闷了。企业家应该是最活跃的人。"然后话锋一转，历数起他对白手起家的企业家的尊重，他很自然地举了苏宁张近东的例子。"我相信任何一个企业能够生存 25 年，一定是把诚信放在首位。"最精彩的东西在后面。有网友提醒他说，3 年前，苏宁和京东有个"赌约"啊，适当的时候该考虑一下了！

那是 2012 年 8 月 26 日，张近东表示，前不久苏宁的业绩快报显示，苏宁易购上半年的增速是 120%。有个投行马上发报告说，京东商城的增速是 130% 多，"如果他们的增速比苏宁易购快，我就把苏宁送给他。"

8 月 30 日，刘强东发微博称将接受苏宁张近东的挑战，要求对方必须履行诺言！千万别做缩头 WG ！

企业家之间的"赌局"赌的是意气，不可当真。这回东哥旧事重提，话锋软中带硬，逻辑丝丝入扣，真是可以点赞！

企业家有着天生的"赌"性。这几年，设"赌"的企业家分成了两个明显的阵营：一是互联网产业，如雷军、刘强东；二是传统领域，如董明珠、张近东。互联网产业咄咄逼人，呈蒸蒸日上之势，传统产业处于守势，增长乏力。虽然这两个产业在"互联网+"的作用下，正悄悄靠拢，但说实话，差距还是蛮大的。这个差距是思维的差距。正可谓"夏虫不可以语冰"。

大家天天在讲"互联网思维"，反映一个什么问题呢？就是思维鸿沟将在传统产业和互联网产业中长期存在。

（2015 年 12 月 6 日《中国保险报》之"中国保险家"微信公众号）

客观看待险资举牌

如果要给 2015 年的资本市场贴一标签的话，"险资举牌年"是再恰当不过了。如果还要在前面加一个定语的话，则可谓"争议纷纷"。

2015 年下半年以来，随着资本市场的调整，优质上市公司估值的回归，一向被认为风格保守的险资，按捺不住内心的冲动，频频举牌，大举买入，令资本市场为之侧目。"宝万之争"的发生，更将这一严肃的财经话题演绎成谁都可以评头论足的大众话题。

1 万个人心中有 1 万个哈姆雷特。我们认为，从保险业的角度，这是一件好事。其一，保险公司引起大众的关注，保险公司的风险引起大众的关注，不正是保险业追求的一个目标么？其二，中国保监会近年来"简政放权"，持续放开投资渠道。险资在传统的银行存款、债券等固定收益产品之外，权益性投资的比重在不断增加，有的甚至从财务投资者晋阶为战略投资者。我们认为，这一演进的路线是符合逻辑的。其三，险资的多元化投资，不仅在谋求收益，也是在更大范围内布局。目前保险业总资产才过 12 万亿元，距离银行业近 200 万亿元的总资产差远了。而在美国，恰恰相反。国内保险业要成为金融的中枢，驱动轴还是太弱，亟待加强。

当然，任何事情都会有两面性。"险资举牌"的大浪之下有没有风险、风险是否可控，则是需要举牌公司认真考量，需要监管部门保持高度警惕的。"防范风险是保险行业的生命线，也是保险监管的重中之重"。保险公司作为经营风险的机构，更要重视防范自身的风险。而就保险监管部门的职能转变来说，"放管结合"，"管"的一个重要方面便是牢牢守住不发生系统性和区域性风险的底线。

保监会高度重视行业风险的管控。近日，针对保险公司举牌上市公司出台了"3 号准则"，明确披露情形、披露内容、披露方式，从而使得保险公司的举牌行为进一步走向公开、透明。在此过程中，"险资举牌"也将逐步趋向理性。

更重要的是，2016 年，偿二代将正式实施，以风险为导向而不是以规模为导向的监管原则将得到确立。这就要求保险公司更加注重资产负债的匹配度，避免"短借长投"的资产负债错配。对此，保险公司需要认真研究，积极应对。比如，查一查你的资产扩张是否太快？负债扩张是否跟不上了？再查一查你的负债结构，是否和你的资产结构相匹配？

任何时候都不要忘了，驱动保险业前进的是两个轮子：承保和投资。只有两个轮子匹配了、平衡了，这辆马车才能高速且平稳地运行。

(2015 年 12 月 30 日《中国保险报》·中保网)

最大诚信被视为企业经营的基本原则，立身之本。对保险业尤其如此。

——《保险业，何为立身之本》

雷军的"原罪"

雷军是作者比较敬仰的企业家。由于工作的关系，作者以前接触、采访过各式各样的企业家。有人张狂，有人谦逊，有人深厚，有人执拗……雷军属于谦逊中隐藏霸气的人。想当初董明珠公开挑战雷军，言辞轻慢，可雷军却"无故加之而不怒"，自顾自地讲他的"互联网思维"，以及它对中国制造的意义。真是谦谦君子！如今，董明珠与雷布斯的公案尚未了结，但雷军的"小米速度"已然成为神话。

雷军的成功之处在于将互联网思维与中国制造完美结合，走出了极具探索性的一步。或者说，他把"互联网＋"做到了极致。具体来讲，米粉是他的入口，手机等是出口。即通过米粉吸引用户，通过手机实现销售，由此形成了产业链的闭环。这个环可以不断复制到电视、手环、充电器、智能家居等众多中国制造领域。难怪说，雷军的努力方向就是中国制造转型升级的方向。他的目标是做中国的"国民企业"，这个目标够霸气吧。

一个人的成功往往由他的出身决定。雷军之所以痴迷硬件，这和他早年做程序员的经历有关。当时，他从武汉大学刚毕业，以"编程高手"享誉武汉电子一条街。他做得最出格的一件事便是把WPS解密了，由此和金山的求伯君不打不相识。或者说，这是他的一宗"原罪"吧。

余胜海先生的《绝不雷同——小米雷军和他的移动互联时代》对于这一段有精彩的描述。有兴趣的读者不妨一读。余胜海先生是资深媒体人，在《财富》《企业家日报》等单位供职过，他的著作中最有影响力的莫过于《华为，还能走多远》，由此挑起了一场对中国顶级企业的灵魂拷问，余波不息。任正非和雷军，一位"40后"，另一位"60后"，人生背景大不相同。任正非属于低调隐忍型，雷军则属于高调开放型。从写作难度上，后者则远大于前者。因为，雷军的开放程度最高了，该总结、该展现的一大堆材料，你能有生花之笔？可是，通读余先生的这本《绝不雷同》，可谓深入浅出，感觉不累。特别是描写他初涉商海的一段，读起来引人入胜。

有时候人的一生就是一场轮回。雷军当年犯下盗版他人软件的"原罪"，现在则站在舆论场的前端，呼喊并身体力行"中国智造""中国创造"。不是很耐人深思吗？

好了，最后还是把《绝不雷同》一书中雷军关于"互联网思维"的七字口诀转述给大家："专注"：少就是多，大道至简；"极致"：做到别人达不到的高度；"口碑"：超越用户期望值；"快"：天下武功，唯快不破。

看起来，这"七字诀"跟互联网也没多少关系。更深的内容，还是求诸《绝不雷同》吧。

(2016 年 1 月 22 日《中国保险报》·中保网)

保险公司是社会企业吗

有关保险人是经济人还是社会人一直是保险理论界纠缠不清的一个疑点。有人主张保险公司应该注重经济效益，有人主张保险公司应该主张社会效益，也有人主张两者兼顾。"兼顾"是个模棱两可的说法，我等众生经常会被搞糊涂。

对此，商业经典教科书《基业长青》给出了一个解法。乔治·默克二世说过："我们要始终不忘药品旨在救人，不在求利，但利润会随之而来，我们记得越清楚，利润就越大。"亨利·福特也说："我认为我们的汽车不应该赚那么多的利润，我主张用合理的利润，销售大量的汽车。这样还可以让更多人就业，得到不错的工资。"一个说做企业的目的是救人，另一个说目的是创造就业，都脱离了挣钱的俗套。由此成就了默克制药、福特汽车这样的百年企业。看到这儿，有没有豁然开朗的感觉？

当然，《基业长青》里研究的都是卓越企业、百年企业，或者说都是"大到不能倒"的公司，从它们身上总结的经验能够普适么？不好一概而论。我们这个社会上数量最多的中小企业，恐怕得首先为自己的生计发愁，为实现盈利而努力。

保险公司是商业机构，这没什么可以争论的。但要说保险公司是社会企业，这就需要多思量一步了。所谓社会企业就两条：一是为了解决一个或者多个社会问题而存在；二是不以利润最大化为目的。按照这两条，再看看这些年保险公司做的事，大病保险、政策性农业保险，很多都是社会企业该做的事啊，但是能说保险公司就是社会企业吗？毕竟对保险公司来说，营利性的业务，比如寿险，才是大头。因此，应该说，保险公司天然具有社会企业的属性，但它本质上还是商业机构。

最近，"东北女孩怒斥号贩"的视频很火。女孩一腔怒火化作排山倒海般的语言，向号贩子们倾泻下来，人们"想说不敢说，想说不愿说"的话都被她说出来了，看后令人酣畅淋漓。随后，医院行动了，公安抓人了，但是热闹一阵后，会不会一切如常？毕竟，号贩子存在不是一天两天了。用急药，好得快，但是治标不治本。用慢药，好得慢，治本也治标。我相信，"一切复杂的问题都有一个相对简单的解决方案"。对于医院号贩子猖獗的问题，用"实名制挂号"即可解决。很多人会说，太麻烦了，很多时候是为病人挂号。我说，看看当年铁路"实名制购票"有多难？麻烦了多少人？不也顺利实施了，不也把票贩子的生计给斩断了？

现在讲中国医疗的两大问题，"看病难"和"看病贵"，有了大病保险，"看病贵"的问题逐渐看到曙光；"看病难"的问题，保险公司可不可以想出办法来解决？事实上，确实已经有很多保险公司以及非保险机构在做这方面的努力了。解决社会问题，这不正是"社会人"的思维吗？

所以我们最后再定义一下，保险公司是具备很强社会属性的商业机构，根子还是落在商业机构上。这不正和《基业长青》里面案例描述的方向吻合吗？

(2016 年 2 月 15 日《中国保险报》之《中国保险家》决策参考)

"国寿银行"，可以吗

自 2015 年 12 月出资 130 亿元认购邮政储蓄银行股份，到 2016 年 2 月 29 日出资 233 亿元成为广发银行第一大股东，时间仅仅过去 3 个多月——中国人寿注定要在金融史上写下成就霸业的一笔。

为了这一天，中国人寿等了 10 年。

2006 年，花旗银行、中国人寿战团击败法国兴业银行以及中国平安集团两大战团，成为广发银行大股东。花旗银行、中国人寿、国网资产、中信信托作为前四大股东，股份占比均为 20%。股东实力均等，不利于快速决策。这突出地反映在广发银行的上市问题上，从 2011 年启动 IPO，到如今仍是"只闻楼梯响，不见人下来"。

这或许正是花旗银行萌生退意的主要原因：等不了了。以技术换市场，外资在收购中国标的的时候往往做此打算。问题是，理想很丰满，现实很骨感。付出了技术，却没有换来市场，或者换来的市场没有达到预期。收购当初，就有人担忧"广发银行会不会成为花旗分行"，所幸这个担忧并没成为现实。留给花旗银行的，也只有考虑财务问题了。

花旗银行当初收购时，付出的价格每股超过 2 元，而此番卖给中国人寿，每股是 6.39 元。溢价 2 倍多，是个不错的财务成绩。

纵观这 10 年，对于国有银行、股份制银行的重组改造，外资从高调介入转为低调退出，也是大势所趋。特别是近两年，中国经济进入新常态，再加上互联网金融的冲击，银行业可以说到了最艰难的时候。此时，有人愿意接盘，何乐而不为？

彼之砒霜，吾之蜜糖。

广发银行之于中国人寿，在 10 年前便是求之不得的大餐。这一点，看看竞购方之一的平安就知道了。其他两个战团都是联合战队，唯有平安保险是单挑。或许是花旗银行之心更为迫切，或许是中国人寿尚未准备好，以至于双方组成联合战队，而由花旗银行主导。

近两年，情况大有不同。一方面是银行业显现颓势，另一方面则是保险业大放异彩。保险公司在资本市场上纵横捭阖，掀起一轮又一轮收购狂潮。其标的，也集中在银行、地产。

据统计，已经成为股份制银行第一大股东的保险公司有 3 家，分别是平安、安邦保险和中国人寿，它们分别入股了平安银行、民生银行和广发银行。

这 3 家银行的情况各有不同。平安银行脱胎于深圳发展银行，2012 年深圳发展银行吸收合并平安银行，并更名为平安银行。平安集团对平安银行持股比例超过 50%，对其的管控早已实至名归，保险、银行、投资"三驾马车"成为平安集团的一大标签。而安邦保险对于民生银行，则有些"门口的野蛮人"的态势。通过二级市场大举买入，持股比例达到 20% 以上。不过，安邦保险虽也有董事进入民生银行董事会，但民生银行向来有"内部人"控制的传统，要想在董事会里取得话语权，这个持股比例可能还不够高。广发银行，中国人寿对其持股 43.686%，应该说，具备了绝对的话语权。广发银行最大的看点是非上市公司，不论是谁，都会看重它未来的上市。中国人寿从花旗银行手中接棒，相信会继续把上市进行到底。

当然，更重要的，银行对于保险来说，不仅仅是一块资产，更意味着渠道的对接与流程的融合。"银保渠道"作为保险公司销售的三大渠道之一，相信必然会首先提上中国人寿、广发银行的议事日程。互联网时代讲究跨界、融合，未来，中国人寿与广发银行的银保合作一定会有更大想象空间。中国人寿的"全金融"版图借此将更加完整。

也许，有那么一天，"广发银行"会更名为"国寿银行"。这完全有可能。

(2016 年 3 月 2 日《中国保险报》·中保网)

开启"服务型经济"之门

半壁江山，指国土的一半。你占了半壁江山，自然没人可以超越你。所以用在经济数据里，极言其首要。

李克强总理的政府工作报告中，首提服务业占据GDP"半壁江山"。这是一个转折性的时刻。它意味着服务业成为中国经济最重要的增长动力，意味着中国经济正式从"工业型经济"进入"服务型经济"。

我们知道，国民经济由第一产业、第二产业、第三产业所组成。第一产业是农业、林业、畜牧业；第二产业是工业；第三产业涵盖范围较广，但大体上都属于服务业。

改革开放之初的1980年，中国第一产业占GDP的比重为30.17%，第二产业占GDP的比重为48.22%，第三产业占GDP的比重为21.60%。此后的30多年，第一产业的比重基本上逐年下降，第三产业的比重基本上逐年上升，而第二产业的比重则始终在40%～50%徘徊。

到了2013年，中国第三产业的比重首次超过第二产业，46.1% VS 43.9%，超出2.2个百分点；2014年差距进一步拉大，48.2% VS 42.6%，超出5.6个百分点；2015年第三产业更是以50.5%占据半壁江山稳居第一，与第二名的差距扩大到了10个百分点。

"服务型经济"主导中国经济其势已成，不可逆转。

过去一段时期，我国经济的高速增长是建立在高度依赖投资、高度依赖要素投入、高度依赖一般加工制造环节和加工贸易之上的，由此决定了我国产业结构中，第二产业比重过高，而第三产业比重偏低。

进入到 21 世纪，随着"三驾马车"中投资对经济的影响作用异军突起，转变经济增长方式，即由高投入、高能耗、高排放、低效益的经济增长方式转向低投入、低能耗、低排放、高效益的经济增长方式，从粗放型发展转向集约式发展，渐渐成为中国经济增长的题中要义。而这其中，提高服务业比重的产业结构调整，又占据重中之重。

20 世纪 60 年代，世界主要发达国家的经济重心开始转向服务业，产业结构呈现出"工业型经济"向"服务型经济"转型的趋势。目前，全球服务业增加值占 GDP 比重达到 60% 以上，主要发达国家达到 70% 以上。即使是中低收入国家也达到了 43% 的平均水平。

难怪在 WTO 谈判中，西方发达国家把主要精力放在服务业上面。这起初让中国很不适应，因为那时候中国第三产业占 GDP 的比重还不到40%，还意识不到它的重要性。

今非昔比。

近两年，中国经济进入到中低速增长的新常态，经济增速逐年回落，已经放缓至 6.9%。齿轮放慢了，高度依赖投资、依赖要素投入的增长模式就不灵了，那还靠什么？就是大力发展第三产业。2015 年的两会，李克强总理发出"大众创业，万众创新"的呼吁言犹在耳，以"互联网＋"为特点的互联网创业大潮方兴未艾。互联网时代的服务型经济，还有很多全新的领域可供书写。中国从"世界工厂"迈向"世界市场"，转变刚刚开始。

古老的保险业，属于服务业范畴。近几年，在"互联网＋"的激发下，也爆发出巨大的潜能。与 5 年前相比，互联网保险保费收入 2223 亿元，增长近 69 倍；互联网保费在总保费收入中的占比从 2011 年的 0.2% 上升到2015 年的 9.2%。

"服务型经济"的战车已经轰然开动，保险业大有可为。

(2016 年 3 月 7 日《中国保险报》·中保网)

保险业，何为立身之本

"炮制虽繁必不敢省人工，品味虽贵必不敢减物力"，这是百年老号同仁堂的古训。数百年来，但凡说到企业的经营之道，之笨办法，必被提起。虽然说是"笨办法"，它却处处透出"诚信"二字。

诚信对企业很重要，重要如空气和水，不可须臾离之。世界上的大企业，如雷曼兄弟公司；中国的大企业，如三鹿乳业集团，皆因违背诚信而倒。

最大诚信被视为企业经营的基本原则，立身之本。对保险业尤其如此。

为什么说"尤其"？因为保险销售的是一张保单，一纸承诺。买卖双方不是"一手交钱，一手交货"的关系，卖家卖的是保险人对被保险人未来的承诺，买家买的是被保险人对保险人守诺的相信。总之，是消费者为未来可能发生的事付钱。你想想，这种跨越1年、10年、30年的承诺，是不是更需要保险人恪守最大诚信原则？

保险业复业30多年来，总的发展态势是健康向上的，如今更是进入了发展的黄金机遇期。但越是在这个时候，无论是监管者，还是从业者，都需要保持清醒的头脑。从近年消费者投诉情况看，反映最强烈的三大问题——电话骚扰、销售误导、理赔难，依然不同程度地存在。这里面，销售误导和理赔难都在某种程度上跟企业经营者违背诚信有关。销售误导，夸大保险储蓄的功能，淡化保险保障的功能；把不合适的产品卖给不合适的人，是最典型的违背最大诚信原则的行为。

对保险监管者而言，惩治企业的失信行为、维护消费者权益是必当之责。2015 年，保监会开展了集中打击损害消费者权益的"亮剑行动"，严查销售误导和理赔难等违法违规问题，并向社会公布了 9 起查处的严重侵害消费者权益典型案例。杀一儆百，极大地震慑了市场。

保护保险消费者合法权益，是保险监管工作的出发点和落脚点。消费者在保险消费中处于劣势地位，理应通过政府强制手段进行救济。对于少数侵害保险消费者利益的事情，用"惩"；对于大量难以分清是非的纠纷，用"调"。相对"惩"而言，"调"起到的作用更大，更体现为对消费者事中的保护。

2012 年起，保监会与最高人民法院在全国部分地区推行保险纠纷诉调对接机制，建立起我国金融领域第一个多元化纠纷解决机制。截至 2015 年底，全国各省、自治区、直辖市已建立了 379 个保险纠纷调解组织，建立诉调对接机制的设区市达到 163 个；保险纠纷调解组织主导下成功调解纠纷 30479 件，参与交通事故、医疗纠纷一体化调解（大调解）机制成功调解案件 79579 件。诉调对接充分发挥了将经营者与消费者的矛盾解决在初期、化解在苗头的作用。

2015 年，保监会还联合国家发改委发布了《中国保险业信用体系建设规划（2015—2020 年）》。这里面可以关注的有两点：一是建立保险业的信用平台；二是发布保险业的"红黑榜"，让失信行为无处容身。有面，"平台"；有点，"惩处"，点面结合，构建起一个"信用保险"的机制。

无论是"惩"，是"调"，还是更大范围的"信用保险"机制，归根结底，诚信的主体还是企业。企业只有把诚信化为一种说到做到的精神、一种自然而然的准则，才可以立于不败之地。

（2016 年 3 月 16 日《中国保险报》·中保网）

五险变四险

两会上关于"五险变六险"还是"五险变四险"的话题余温尚在，人力资源和社会保障部4月20日就在官网上发布《关于阶段性降低社会保险费率的通知》，其中提到了"生育保险与基本医疗保险合并实施工作，待国务院出台相关规定后统一组织实施"，这意味着"五险变四险"从一个设想有成为现实的可能。

不过，无论是五险还是四险，或是六险，只是一个数字游戏，最关键的是看整个社会的需要。生育保险因为只适用于职业妇女，覆盖人群有限，且一个人一生只用一两次，因此在五险里面属于鸡肋式保险，食之乏味，弃之可惜。所以，归并到医疗保险里面，合情合理，也不会产生什么震荡。按照人力资源和社会保障部的构想，肯定是先做减法，至于要不要做加法，还要看国务院的意思。在中国老龄化的大背景下，长期护理险纳入社保肯定是非常有必要的，只是目前看起来时机还不怎么成熟。因为首先呼吁长期护理险的仍然局限于保险业，还没有形成一种社会效应。其次，最重要的是，增加一个险种是需要掏钱的。在社保降费的趋势下，人力资源和社会保障部恐怕很难有勇气逆势而动。《"十三五"规划纲要》里写到了"开展长期护理保险试点"，这对保险界是个希望，是个抓手，但也仅此而已。至于长期护理险何时纳入社保，怎样纳入社保恐怕还需要旷日持久的讨论，给它不断加温。最后，还要等待一个好的时机。什么好的时机？就是两条：一是政府的钱多得没处花了；二是经济形势好转了。

其实，人力资源和社会保障部发布的通知主要意思不是"合并同类项", 而是"降低社保费率", 这是一个总的精神。但说实在的, 力度不是很大。且不说生育、工伤、失业这些小险种, 降低 1 ~ 2 个百分点无关大碍, 像基本养老保险和医疗保险这些大险种, 20% 降到 19% 也是醉了。不过小步跑也是跑, 毕竟社保进入到了一个"降费周期"。像人力资源和社会保障部这样的政府部门接受"少收钱"的现实的确有点难, 慢慢来吧。

(2016 年 4 月 22 日《中国保险报》之"中国保险家"微信公众号)

假如能有第三方

医患纠纷,又一次以血腥和暴力收场。

2016 年 5 月 7 日,广东省人民医院口腔科医生陈仲伟在经过长达 43 个小时的连续抢救之后,不幸辞世。而制造这起暴力伤医案、对陈仲伟连砍 30 多刀的刘某则于案发之时坠楼身亡。关于事件的起因,有点匪夷所思,是医生"25 年前弄坏了他的牙"。

被"弄坏牙齿"的刘某以如此暴力的方式对医生进行杀戮,真是是可忍,孰不可忍!案发后,我们注意到广州市民自发地来到英雄广场,以各种方式对逝者表达哀悼之情。由此可见,受害者应有良好的行医口碑。

一个口碑良好的医生,却因一个许多年前的瑕疵,酿成了一场不可挽回的惨祸。令人困惑,也引人深思。牙齿之疾似乎是一个小问题,不足以上升到伤人夺命的程度。但真真切切,这个"牙齿之疾"引发的血案演变为医患矛盾激化的一个标志性话题。

医患纠纷上升到医患矛盾,再上升到暴力伤医,类似的例子实在是太多太多了,每天都会在不同的医院以不同的方式上演。究其根由,是医生和患者对于治疗结果的认同度有偏差,患者的期望总是高的,没有瑕疵的,而实际治疗的效果往往达不到理想状态。当两者认识的偏差达到一定程度时,悲剧就发生了。

这不禁让人想起"男人来自火星,女人来自金星"的典故,医患所处的位置不正是火星与金星的距离吗?

逝者已矣。关键是如何避免这样的悲剧?除了要靠患者对医生的理解、不要把医生想得过于万能外，可能更重要的是引进第三方的调解机制，在医生、患者之间设置一道防火墙。

例如，在宁波市，通过引入政策性医疗责任保险，探索出了一套"理赔处理＋人民调解"的柔性医疗纠纷处置机制。7年来，医疗纠纷调解委员会共调解医疗纠纷5019件，成功调解4711件，成功率为93.9%。医方满意率为98.7%，患方满意率为97.6%，被称为医患纠纷的"宁波解法"。

这个解法的核心便是将保险公司引入到医患之间，由保险公司承保医院的医疗责任保险。出了合同内约定的医疗事故，由保险公司负责向患者理赔，从而使医患之间难以调和的矛盾转化为保患之间的纯经济账，情绪的对立变成经济的对立，就不难化解了。

医患关系中的第三方

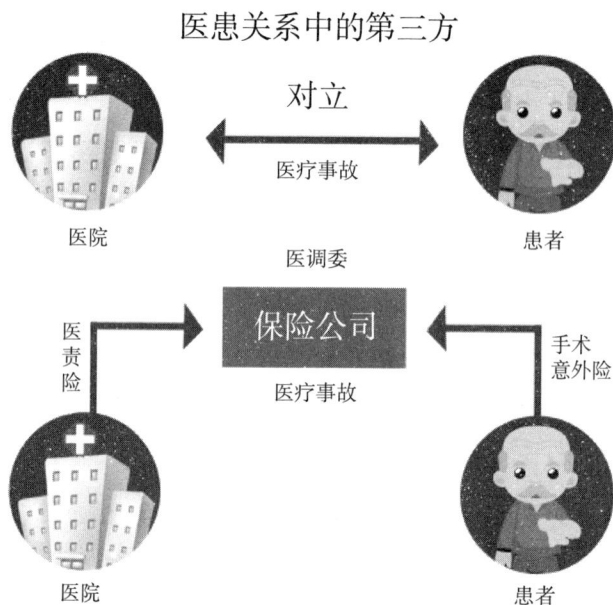

事实上，就在惨案发生地广东，2016年3月，阳光产险刚刚和广东省卫计委签署医责险统保项目。19个地市，960个医院纳入统保范围，陈仲伟所在的广东省人民医院也在其中。不仅仅是医责险，3月17日，广东医疗纠纷调解委员会正式启动了"平安广东，和谐医患"医疗风险共担机制全国示范项目，针对医患纠纷高发的外科和妇产科，推出了手术意外险和母婴安心险，并于 4 月 7 日由保险公司赔付了手术意外险第一单。与医责险不同的是，手术意外险是由患者买单，但是因为都引入了第三方——保险公司，起到了化解医患矛盾、四两拨千斤的效果。

25 年前，我们还没有医责险、手术意外险这样的险种，甚至保险公司还没有几家。陈仲伟，还有伤人者刘某无从选择。

"对一些医患间的矛盾，应有更好的处理方式，如推行医责险，不要再让医生成为牺牲品。"这是陈仲伟的一位同行发出的感慨和期望。但愿他的期望更多化为现实，更希望医患纠纷不再以血腥和暴力收场。

(2016 年 5 月 9 日《中国保险报》·中保网)

保险业，向贫困宣战

中国保监会与国务院扶贫开发领导小组办公室近日发出《关于做好保险业助推脱贫攻坚工作的意见》（保监发〔2016〕44号，以下简称《意见》），明确了保险扶贫的目标、任务、方法等。文件分为"总体要求""精准对接脱贫攻坚多元化的保险需求"等五部分21条，全面、系统地阐释了保险在扶贫攻坚战中所应、所能起到的作用，以及为了实现这样的作用各方所需的准备、所要的支持。这是继2015年底《中共中央　国务院关于打赢脱贫攻坚战的决定》（中发〔2015〕34号）公布后，保监会对国家脱贫攻坚工作的一个响亮回应，也意味着一场有着保险业参与的脱贫攻坚战正式打响了。

《意见》将贫困人口和地区的保险需求分为农业保险、健康保险、民生保险、产业脱贫保险、教育脱贫保险五大类，明确要求保险机构要精准对接，实现精准扶贫；同时明确保险扶贫的四大基本原则，即定向原则、精准原则、特惠原则和创新原则，具有极强的针对性和操作性。

"兵马未动，粮草先行"。就在几天前，以保监会主要领导挂帅的保险业助推脱贫攻坚工作领导小组成立，成员中群贤云集，囊括保险业所有大公司负责人以及相关机构的负责人，足见保监会对脱贫攻坚工作的重视。机构有了，文件发了，接下来就进入全面实战环节。

记者注意到，在20家成员中，除了"国字号"协会和公司负责人外，有5家是农业保险公司负责人，显得格外惹眼。确实，农业保险位列贫困地区第一大保障需求，是保险扶贫攻坚的重中之重。《中国保险报》"保险扶贫故事汇"第一期《脱贫路上零风险》就报道了中原农险在河南兰考的扶贫经验：由政府全额承担保费、保险公司全部承担风险，农民只需安心组织生产即可，再也不用担心意外的灾祸。正如当地一位村支书所言，"我们村保证今年不再出现因灾返贫！"

中国扶贫工作进行到现在，贫困人口已经缩减到 7000 多万人，这个数字看似不大，但是要把它逐步减到零，会越来越难。谁都知道，剩下来的是难啃的硬骨头。事实上，我们在脱贫攻坚战中，始终面临两大挑战，一个是因灾致（返）贫，另一个是因病致（返）贫。而保险的功能恰恰就是，"不能改变生活，但能防止被生活改变"。从政策性农业保险的"低保障、广覆盖"到大病保险不断提高大病的保险比例，无不体现着"防止被生活改变"的保险真谛。

农业保险、大病保险无疑是保险业助力脱贫攻坚的两大利器。抓住了这两大领域，就抓住了保险扶贫的关键。此外，民生保险方面，贫困户主要劳动力意外伤害险、留守老人小额意外伤害险；产业脱贫保险方面，扶贫小额信贷保证保险、土地承包经营权抵押贷款保证保险；教育脱贫保险方面，助学贷款保证保险等，无一不从某个侧面显现着保险扶危济困的功能，值得大力提倡推广。

除了承保之外，保险业的资金运用也是一大亮点。截至 2016 年 4 月，保险业总资产已达 13.8 万亿元，资金运用余额近 12 万亿元，已经成为投资市场一股重要力量。《意见》特别点出保险资金"长期投资"的独特优势，要按照风险可控、商业可持续的原则，向贫困地区基础设施和民生工程倾斜。

《意见》不仅有术，还有道，提出"到 2020 年，基本建立与国家脱贫攻坚战相适应的保险服务体制机制，形成商业性、政策性、合作性等各类机构协调配合、共同参与的保险服务格局"的最终目标。这恰好与保险业"新国十条"提出的蓝图遥相呼应，"到 2020 年，基本建成保障全面、功能完善、安全稳健、诚信规范，具有较强服务能力、创新能力和国际竞争力，与我国经济社会发展需求相适应的现代保险服务业，努力由保险大国向保险强国转变"。

保险业正处在前所未有的黄金发展期，发展现代保险服务业时不我待。贫困地区的贫困人口也是现代保险服务业服务的一个基本对象。在此，我们要牢记保险的普惠原则，让保险服务在贫困地区做到"到户到人"，对贫困人口做到"应保尽保"，让贫困人口的生产生活得到现代保险的全方位保障。

(2016 年 6 月 3 日《中国保险报》·中保网)

相互保险，莫忘初心

互联网圈有句名言："不以盈利为目的的电商都是耍流氓。"说的是所有打着不赚钱或者赔本旗号搞市场推广和销售的电商，最终都是要狠狠宰你一刀的，因为它的业务属性就是"商业"的，就是要赚钱的。

把它套用在相互保险上，"脱离了互助的相互保险都是骗子"。相互保险，它的属性就是"互助共济"，大家把钱凑在一起，为的是满足大家的保障需求；你如果把这个钱挪作他用，或者是有其他目的，就不太对头了。

近日，中国保监会批准了众惠财产、汇友建工、信美人寿3家相互保险社的筹建，这是《相互保险组织监管试行办法》（保监发〔2015〕11号，以下简称《办法》）颁布一年多以来，保监会首次批筹相关组织。距《办法》颁布一年多才放行相关保险机构，足见监管机关的慎之又慎。在商业保险牌照"一照难求"的今天，能拿下"相互保险"的牌照也是个不错的选择。但我们必须清楚，相互保险与商业保险相比，它的公益特性更强些。

再往前溯，2005年，我国诞生了第一家，至今也是唯一一家相互保险公司——阳光农业相互保险公司。它也是保监会认可的试点。所以说，对这次开闸放水，保监会用了"这标志着相互保险即将在我国开启新一轮实践探索"。这"新一轮"，说的就是2015年的《办法》公布以后。

《办法》公布以前，相互保险在中国是什么情况？不大乐观。2014年，全球相互保险占总保费的比例是27.1%，而中国相互保险占总保费比例只有0.3%。据了解，目前以相互保险名义运作的机构不超过10家，"中国渔业互保协会""伏龙社""阳光农险""农机保险互助会"是其中较有代表性的。但如果按照《办法》来要求，这其中"有名无实"者恐怕在半数。这恰恰反映了相互保险在中国面临的尴尬，就是你如果严格按照互助组织的规则来做的话，你是走不下去、做不大的。于是就有了各种"变通"与"形似"。

这里需要厘清的是，相互保险从其形成的初衷来讲，并不是非要做大的，关键是要能满足特定人群的特定保险需求。如果说非以"做大"来要求相互保险，那就是南辕北辙、缘木求鱼了。

当然，作为一种组织，发展仍是第一要务，不断地吸收新社员的资金，才能更好地满足新老社员的保障需求。《办法》里说一般发起会员最低500名，现在据说有的具有互助性质的组织已经发展到几十万名会员了。所以说，"发展社员"是决定相互保险组织的第一大能力。但社员踊跃与否最终是基于你所提供的服务是不是有吸引力，这就引出了相互保险组织的第二大能力，你要提供"精准满足社员需求"的服务。这正是保监会所提倡的相互保险的方向，聚焦"专业领域"和"高风险行业"，和商业保险错位竞争。

我们看到，新批的3家相互保险社，众惠财产是针对中小微企业和个体工商户的信用保证保险；汇友建工是针对建筑领域的特定保险需求；信美人寿则是面向发起会员等特定群体的养老和健康险需求，都谋求在某一特定领域"做精做优"，而不是商业保险公司一味追求的做大。

互联网时代，打破了信息壁垒，让有共同需求但彼此不识的人有了连接的机会和可能，成为新的保险需求萌发之地；也正是因为可以连接更多的人，使"保费"持续下降成为可能，从而解决了保险费用太贵的行业难题。互联网与相互制，可谓是一对相见恨晚的孪生兄弟。

保险，本质上是一种互助关系。从相互保险发展到商业保险，到了互联网时代，又有回归相互保险的趋势。在相互保险大发展的亢奋中，我们也须时刻谨记：相互保险源于互助共济，也归于互助共济。互联网让相互保险的连接变得更轻松，能够带来海量的会员、海量的资金。这是互联网的神奇之处。但是，越是这个时候，我们越要扪心自问：我们做相互保险，是为了什么？

(2016 年 6 月 28 日《中国保险报》·中保网)

"小米保险"要挑战什么

作者在 2014 年底的时候写过一篇文章《保险业的小米在哪里》，文章点出了小米模式的精髓，即"先有用户，后有产品"。同时指出，面对互联网的挑战和机遇，能不能产生颠覆传统业态的"小米模式"，是保险业亟待解决的一个紧迫命题。

现在，不是保险业产生了小米，而是小米真的做起了保险。据 DoNews 报道，小米近日联合华泰人寿推出"小米大病保"，每年只需交 21.65 元，即享 5 万元的全年健康保险。更早的时候，6 月 1 日，小米保险就低调推出了首款保险产品"小米少儿保"，每年保费 60 元起，覆盖 70 种大病，最高一次性赔付 50 万元。

无论是"小米少儿保"还是"小米大病保"，给人的第一感觉就是便宜。这恰恰是传统保险业的最大痛点：贵！雷军从这个痛点切入，可以说抓住了"关键的少数"。多少年来，传统保险业遮遮掩掩、欲拒还迎，都不敢触及这个痛点，为什么？成本高，怕亏损。雷军也怕，但他最怕的是失去用户。

互联网时代，用户数量的重要性高于营业收入和利润，这是商业世界规则的一个重大变化。小米手机打开市场，一靠"米粉"，二靠低价。按照雷军的思路，"米粉"是可以不断复制到任何产品上的，从而构成一个"小米王国"。但以前小米主要是在制造业的圈圈里，打造小米手环、小米盒子、小米移动电源、小米电视……一系列产品，现在正式进军虚拟产品——保险，也是意料之外、情理之中的事。

当然，雷军做虚拟产品，所谓的"互联网"七字诀：专注、极致、口碑、快，还起不起作用？目前还看不清楚。但是有一点可以肯定，就是保险的"普惠时代"正在互联网的浪潮中拍岸而来，雷军这个当口做"保险"，或许正应了他最著名的那句话，"站在风口上，猪也能飞上天"。雷军到底能不能？很快就会见分晓。这就是互联网的速度。

当年，雷军做手机，与格力的董明珠有约，说如果5年内小米销售额超过格力，那么董明珠愿意赔10亿元。这是2013年的事。从2015年看，格力销售额首次跌破千亿元，小米也出现增长乏力的情况，按照2014年的口径，销售额是700亿元。小米明年能否超过格力，真不好说。当然，这是新兴势力与传统势力之赌，也是新兴模式与传统模式之赌，赌的是企业家的意气，输赢——呵呵。再回到保险，这一次进入保险业，雷军一反常态，格外安静。不再是一种"颠覆"的姿势，也许是顾及到这个行业的特殊性吧。他没说要挑战谁，他要挑战的是什么？

(2016 年 7 月 4 日《中国保险报》·中保网)

脱贫离不开保险

从 2015 年起，脱贫取代扶贫，成为官方用语。标志是《中共中央　国务院关于打赢脱贫攻坚战的决定》（中发〔2015〕34 号）的出台。脱与扶，一字之差，境界大为不同。

扶贫，主体在他人，重心在于扶，有施予的意思。脱贫，主体在自身，重心在于脱，比如脱亚入欧，是远离的意思。

从扶贫转向脱贫，意味着从"要我脱贫"向"我要脱贫"之变。

改革开放 30 多年，中国用市场经济的办法解决了大多数国民的温饱以至小康问题，正在向着 2020 年全面建成小康社会奋力前进。然而，剩余的 7000 多万贫困人口像一根利刺，横亘在小康路的咽喉。这些贫困人口的长期存在说明，单靠撒钱式的扶是扶不起来的，也很难用纯市场经济的办法去消除。

幸好，还有保险。

近几年，政府对于保险在国民经济生活中的托底作用认识越来越深刻，包括扶贫、脱贫工作。按照保险的大数法则，政府只要拿出一少部分钱，就可以调动保险公司一大笔钱用于扶贫脱贫。而且后面的事，都可以交由保险公司来做。例如，在农业保险、大病保险中，保险都担当着中流砥柱的角色，以四两拨千斤之力，切实减少了"因灾（病）致贫""因灾（病）返贫"的情况，为国家脱贫目标的实现贡献了实实在在的力量。

正是在这样的背景下，国务院扶贫办与中国保监会近日联合召开做好保险业助推脱贫攻坚的工作会议，对于保险在脱贫攻坚中的作用给予了充分肯定，对于借助保险打赢脱贫攻坚战寄予厚望。国务院扶贫办单独与保监会联合召开相关会议，足见保险对于脱贫工作的分量。

保险对于脱贫的分量不在于有钱，在于机制。依作者看，至少有三点有利之处：

第一点，保险机构直达乡村，可以为贫困人口提供面对面的服务。保险机构，无论是财险还是寿险，都有直达中国广大乡镇末梢的能力。再偏远、再落后的地方，也有保险机构和人员。这是绝大多数行业所不具备的优势。

第二点，7000 多万贫困人口，相对集中于中西部连片特困地区。这样的分布特点更便于保险公司推出适合于当地特点的产品。

第三点，也是最重要的一点，以政府购买保险公司服务的方式助力脱贫，更具备市场经济的特点。

保险是一个扶危济困的行业，保险与扶贫具有天然的联系，有着独特的体制机制优势。发挥保险的体制机制优势，正是保险参与脱贫攻坚工作的真正意义所在。

保险能够托底，脱贫更有底气。

（2016 年 7 月 18 日《中国保险报》·中保网）

"出力的"颠覆"出钱的"

"有钱的捧个钱场，没钱的捧个人场。"自古以来，这个世界就分作两种人，"有钱的"和"没钱的"。他们各自的角色就是"有钱的出钱"，"没钱的出力"。现代公司治理有一个逻辑上的起点，就是所谓"委托—代理"制度。它是股东对职业经理人的一种制度安排。更直白一点说，是"出钱的"对"出力的"一种人事和经济安排。它体现的是现代化大生产下，所有权和经营权的一种分离。

"委托—代理"关系的关键还在委托。委托人对代理人好，"出钱的"对"出力的"不薄，那么"出力的"就会很卖命，公司这条船就会乘风破浪，一往无前。委托人对代理人不好，给的钱少了或者干脆用错了人，这条船就会七扭八拐，失去方向。

再看看一波三折、高潮迭起的"万宝之争"。这场大战从2015年下半年缠斗到现在，直到最近万科拿出9000字的举报信状告宝能所用收购资金违法违规，请证监会明察。这下终于惊动"天庭"，先是保监会领导表态，"决不能让保险公司成为大股东的融资平台和提款机"；再有证监会召开新闻发布会，公开对万科股东及管理层表示谴责，要求双方和解——看起来像是对万科和宝能各打50大板。

先抛开胜负不论，这场争斗在本质上就是一个"委托—代理"的问题，股东和经理人，"出钱的"和"出力的"干起来了。姚振华财大气粗，一掷千金，是"出钱的"；王石心性孤傲，又颇有能力，是"出力的"。大多数情形下，"出钱的"和"出力的"应该保持一种和谐互信的关系；否则的话，争执之下，司无宁日。如果严格追究，"万宝之争"是一场错误的战争，或者说是一场不对等的战争。万科与宝能，一个是被投企业，另一个是投资方，本来就应该是一体的，何来"之争"？真正能够形成竞争关系的，是横向的企业。而纵向的企业，只有合作。如果偏要"纵向竞争"，结果必定是鱼死网破。"万宝之争"之所以能够发生，根子恐怕还在于王石。有人评价，他是极其少见的没有多少股份、又长期居于企业灵魂人物的创始董事长。说白了，就是说他干了30年，还是一个"出力的"（当然，他拿的薪水是对得起他的付出的）。现在来了一个"出钱的"，说对不起，你不合适，请走人。就是这么一个事。

"出钱的"让"出力的"走人，走公司治理的程序，这本无可厚非。可偏偏碰到王石这一号，充分调动公司资源和社会资源，与股东对抗，打响了万科保卫战。其吊诡之处在于：你管理层怎么就能代表万科呢？按照"委托—代理"理论，你不应该代表股东利益吗？你和股东不就是一家的吗？万科做了30年，王石作出了很大的贡献，造成了这样一个个人权威大于股东的公司，而偏偏他的个人股份又很少。这个与同在深圳本地，接近30年历史的平安形成鲜明的反差。后者在过去二十多年一步步从一家纯国有公司变身民营企业，实现了管理层MBO。所以马明哲在平安说话"硬气"，真正称得上说一不二。按照"委托—代理"理论，是"出钱的"决定了"出力的"，而不是相反。

（2016 年 7 月 25 日 "中国保险家" 微信公众号）

为了不被忘却的纪念

——纪念唐山大地震40周年

站在唐山机车车辆厂的一片断壁残垣前，我努力地思考与想象——40年前，1976年7月28日，那一场惨绝之灾：24万人的瞬间离去是一种怎样绝望无奈的场景！那时候，远在陕西的我们住进了临时搭建的地震棚。那，是记忆中唯一的一次。

在中国唐山地震博物馆外的广场上，十多块巨型的黑石连绵矗立，上面密密麻麻镌刻着遇难者的名字。这让我想起了以色列著名的"哭墙"。长50米、高18米的哭墙，是一段残存的圣殿护墙。它见证着以色列民族被驱逐、被侮辱的历史，以色列人到此必以一哭来寄托流亡之苦和对幸福生活的憧憬。

以色列人早已不再流亡，但"哭墙文化"流传至今。它告诫着人们一定要"居安思危，勿忘前耻"。

唐山的这段"哭墙"，除了寄托对亲人的思念之外，也理应有深入骨髓的力量。它穿透历史，来到现实。

一个是这场40年以来中国伤亡最大的地震灾害究竟如何发生？有没有征兆？可不可以预防、减灾？

另一个是近十多年来，不断被提起、不断被呼吁的地震保险进展几何？

对前一个问题，我们无疑是留有遗憾的。一些流传下来的材料显示，有多种异常天象、物象在地震之前集中爆发，可惜的是被人们所忽略。可资对照的是，距离唐山 115 公里的青龙县，倒塌房屋 7300 多间，仅一人死亡。成功的预防工作让青龙县创造了地震史的奇迹。

对后一个问题，令人欣喜的是，在 2016 年上半年终于取得关键性突破。5 月，中国保监会和财政部联合印发了《建立城乡居民住宅地震巨灾保险制度实施方案》（保监发〔2016〕39 号）；7 月 1 日，中国城乡居民住宅地震巨灾保险产品全面销售，标志着地震保险正式落地。

地震保险是整个灾备体系中不可缺少的一环。它能起到的作用也不止于补偿，保险公司的人力、物力也可以在防灾减损上起到重要作用——这个功能通常会被人们所忽略。地震保险如果在全国普及，将为地震的预防增添一股不同于民政、地震等部门的"特种部队"。这股力量无疑具有无穷的生机与活力。

40 年，是中国由计划经济迈向市场经济的 40 年。40 年，日转星移，天翻地覆。

40 年前，保险是落满灰尘的教科书；40 年后，保险是服务国计民生的"稳定器"和"助推器"。

40 年前，中国的保险业几乎为零；40 年后，中国成为全球第三大保险市场（截至 2016 年底，中国成为全球第二大保险市场）。

40 年，在历史的长河中很短，但对于人生已经很长。

"往者不可谏，来者犹可追。"只为不被忘却的纪念。

（2016 年 7 月 26 日《中国保险报》·中保网）

"高价值病人"刍议

　　"看病难，看病贵"是中国医疗行业的两大痛点。围绕"看病难"的痛点，这几年，医院不断改善软硬件设施。就拿新修的一座座门诊大楼来看，两个字，"气派"。这不是作秀，楼修得宽大高敞，老百姓不就省得挤了么？再往里看，老百姓意见最大的挂号难问题也由一台台机器解决：在北京，部分三甲级医院，如 301 医院、协和医院都引入了挂号机，不用排队，就可以挂到第二天以后的号；你甚至可以不到医院，使用医院或者第三方开发的 APP 挂号，方便极了。当然，如果想挂专家号的话，还得抢，毕竟僧多粥少。但这与你起五更、熬半夜去排队，还不一定能挂上号相比，确实是好太多了。粗略估计，这自助挂号分流的病人在 50% 以上。不用排队挂号，这是个巨大的进步。

　　不过，医院人多，尤其是大医院人满为患，这个局面依旧。只是因为医院空间大了，就诊的体验好一些罢了。但看着这些穿梭在大医院的芸芸众生，又有多少病人是普通的小病小灾呢？估计也得有半数以上。现在中国医改搞分级诊疗，把病人从三级医院分流到二级医院、一级医院，初衷是好的，但成效不大。为何？因为优质的医疗资源集中在三甲医院当中，即便是普通的头疼脑热，在三甲医院就诊心里也踏实点。这让人想起了什么时候都不缺"客源"的北京儿童医院。

　　所以，最好的办法是不得病，不往医院跑。《黄帝内经》里说了："圣人不治已病治未病，不治已乱治未乱，此之谓也。"把"治未病"作为医疗的最高境界，就像《孙子兵法》把"不战而屈人之兵"作为战争的最高境界一样。

对疾病来说，防永远是主要的，治永远是次要的。而我们大多数人都把次序搞颠倒了。经常是"小洞不补，大洞吃苦"，在生命的最后一程，花掉了一生 80%～90% 的医疗费用，而且最主要的，生命的质量非常的糟糕，这又是何苦呢！

最近，听到一个词，"高价值病人"。作者用百度搜索了一下，没有任何解释。大概的意思，就是值得大医院去治疗、属于疑难杂症且花费比较高的病人。初听起来，总是有些别扭。高价值意味着高花费，这不就造成"看病贵"的问题了吗？癌症肿瘤患者花费高，化疗放疗一次动辄上万元，应该算高价值病人吧，但是治好的又有几个呢？

对于大医院来说，筛分出"高价值病人"可能是有用的：这样它们的医生不用整天去应付那些小病小灾，可以集中精力去攻克疑难杂症了。这正是大医院存在的终极意义。从这个角度看，互联网医疗有很大的机会。小病小灾不用出家门，各种诊断数据都上来了，综合判断你是什么病症，还是好端端一个人。这些都不用和医生见面，隔着互联网随时随地就完成了。这当然是老百姓所喜欢的方式。进一步，如果有数据异常，可以去大医院做深度诊疗，最后就有可能成为医生所谓的"高价值病人"。

医院、医生的职责是治病救人，救死扶伤，不能以所谓价值高低，给自己带来多少效益来区分病人。这是医生职业的特殊性。正如保险在关键时刻要体现扶危济困的特点一样。所以说，"高价值病人"的提法，这中间有很大的矛盾。互联网医疗可以促进医疗行业市场化，可以促进精准医疗，这都是有利的方面，但非市场化的东西怎么办？谁来担？这是需要我们去持续思考的问题。

(2016 年 8 月 10 日《中国保险报》·中保网)

马云的预言

8月18日，一个很吉利的数字，他现身中国保险行业协会举办的2016中国保险业发展年会，并发表主旨演讲。

记得他从2006年起，每年都出席中国企业领袖年会，直到2010年。这期间，伴随着互联网的成长，阿里的壮大，马云的气场也越来越大，口气也越来越大。这也是人们追捧他的理由：他的话能让相信的人们看到未来。

2008年，马云在企业领袖年会上讲了句"银行不改变，我们就改变银行"，博得掌声满堂，令我至今难忘。这已经不是预言，分明就是挑战。之后，我们也看到，支付宝的迅猛崛起，真的是一度把银行逼到绝境。

马云很会讲故事，他的大嗓门也着实刺激了不少人。于是乎，他被屡屡受到惊吓的公关雪藏起来，隐形匿迹，一副世外高人的模样。这次出席保险业的会议，专门讲保险的故事，对马云来讲，绝对是第一次。

我没能去现场聆听，但从他的发言稿中，我还是看到了"预言"的味道。大家可以评判一下，他的预言有多少含金量。

马云讲到技术革命给保险可能带来的改变，说了以下几个判断：

第一，未来要大力发展"保民"。据说现在保民有3.3亿人，人数是股民的3倍。"我觉得还是太少，保险应该保障所有人，不是3个亿，而是13亿。"——13亿人，也就是人人都享有保险，这是一个宏大、高远，100年的目标。

第二，未来保险的组织形式会发生巨大变化。传统保险业重视的是销售端，有着数量庞大的销售人员；未来的保险业是走向前端，要确保防止风险发生。风险的防控，这才是保险业的核心能力。相应地，未来保险公司的核心人员是大数据工程师——这个预言正在发生，而且将加速度地进行。

第三，保险会从复杂变简单。以前的保险很复杂，没多少人能看明白，所以需要销售去解释、去营销；以后买保险很简单，条款简单，购买简单，理赔简单，随时随地买，随时随地理赔，这个时候用户才能真正有安全感——这个是互联网保险领域正在践行的理念，也是整个保险领域的大趋势，不可抵挡。

第四，其实不是预言，是他对监管的褒扬与期望："一切创新都离不开监管创新。"他的期望是什么？你懂的。

听完马云的这席讲话，你是否有了"保险不改变，我们就改变保险"的联想？

(2016 年 9 月 5 日《中国保险报》·中保网)

北方无战事

南方和北方、南方人和北方人的差异，寄托着中国人一种长久的、永不乏味无聊的情怀。南方有小桥流水、密林修竹，北方有长河落日、大漠黄沙；南方人细腻、精于算计，北方人粗犷，办事直接，如此等等。不过，作者今天要说的"战事"则体现了南方人的好勇斗狠与北方人的知止豁达。这其中细微的差别与不同，大家可以意会一下。

所谓南方"战事"，就是所谓"宝万之争"，从2015年下半年开始缠斗，直到恒大地产插足，其间过程可谓一波五折，让人目眩神迷。不过，这参与其中的主要当事人，都是来自南方。宝能和万科，深圳；华润，香港；恒大，广州，家家没出珠三角。也是，离得近，"打"起来方便。

所谓北方"战事"，就是新近刚刚披露的阳光举牌伊利的事件。2016年9月18日，伊利股份（600887）披露的权益变动报告书显示，阳光人寿和阳光产险合计持有伊利股份303240065股，占公司总股本的5%，触及举牌底线。

一石激起千层浪。中性的评论说，这是又一场"宝万之争"；负面的评论说，凶猛的险资又出手了，好怕呀；正面的评论说，这是正常的股东迭代，并且，一切只是开始。

阳光举牌后，伊利股份反应足够迅速，旋即停牌，可谓严阵以待；而阳光则连续通过多种渠道表态："支持伊利股份现有股东结构，不主动谋求成为伊利股份第一大股东"；"未来12个月内不再增持伊利股份"。这第二个表态尤其重要，就是未来1年内，阳光不会作出有关伊利的任何动作。

有财经评论员称，这相当于"自废武功"。虽然不太贴切，但大致是那个意思。这意味着未来 1 年，不会有"宝万之争"那样的资本市场上的你争我夺，会相对平静一些。在此期间，伊利尽可以摸清阳光的底牌，重新布局股东结构。

"阳伊事件"第一轮的遭遇战过后，风险已经被提前锁定。1 年的等待期，只有看伊利的动作了。所以，"阳伊事件"成为不了"宝万"。然而说到根子上，这两家企业都是北方的。阳光，北京的；伊利，内蒙古的。北方企业心胸大。

而且，阳光保险与前海人寿、宝能系不同，是一家"水面上"的企业，是监管公布的 12 大保险集团之一。而且，最主要的，它收购所用的资金来源于分红保险产品（截至 2016 年 6 月 30 日），没有饱受争议的万能险产品添乱。大家尽可以放心。

把镜头再拉远一些，资本市场上钩心斗角、惊心动魄的"打斗"总是发生在南方；而在北方，大众乐于看到的交锋才刚刚开始就偃旗息鼓了。除了企业性格因素外，恐怕与监管距离远近也有莫大关系。

（2016 年 9 月 26 日"中国保险家"微信公众号）

国寿喜忧，且慢喝彩

这几年，保险业在资本市场扬名立万，俨然已成大家。但十年前，保险资本尚鲜为人知。以至于中国人寿这样的龙头搞了一个代号"凤凰"的收购计划，到今天才为人所知。

9月30日，广发银行连发三则公告，确认杨明生为广发银行董事长。杨的既有身份广为人知，是中国人寿董事长。此前，广发银行董事会已经选举刘家德为行长。刘家德是杨明生的同事，任职中国人寿副总裁。包揽董事长、行长的职位，意味着广发银行终归中国人寿门下。对广发银行来说，这是一个时代的结束，也是另一个时代的开始。

作者在2016年3月2日曾写过一篇《国寿银行，可以么》，预测了广发银行的未来走向，可能会走向更名。当时中国人寿已经通过收购花旗银行所持股份，总计持有广发银行43.686%的股份，成为其单一最大股东。事隔7个月，不出所料，管理层实现"国寿化"。中国人寿承诺对广发银行将实行"五不"原则，即不迁址、不更名、不裁员、不减薪、不全体起立（不重新洗牌）。

至此，中国人寿这个历时十年、被称为"凤凰"的收购计划终于可以画上圆满的句号了。广发银行后面要走的路——不管更不更名，都已尽在中国人寿掌握了。

在保险行业，能够与之匹敌的跨业收购，就只有平安集团收购深圳发展银行了。那也是一件辗转腾挪、颇费周章的事儿。不同的是，平安集团将深圳发展银行直接更名为平安银行，做到了名实一体。那已经是2012年初的事情了。有趣的是，最近平安银行的董事长和行长双双离职，其背后原因，颇耐媒体猜想。但可预见的是，整合不易。

中国人寿完成对股份制商业银行的控股，具有标志性意义。

其一，标志着保险业的综合经营进入一个新的阶段。保险业的综合经营，一个重要的标志就是有没有银行。以前是平安集团一骑绝尘，在向银行业拓展的道路上遥遥领先。现在不同了，中国人寿以完成对广发银行的收购，和它站在了同一起跑线上。

其二，意味着保险业要切实面对新的挑战。近几年，随着保险资管的市场化，保险业东征西讨，进入地产、银行、乳业等行业。每打开一扇门，都是一个陌生的领域，要学习甚至交学费。

话说 2016 年前三个季度，市场龙头中国人寿净利润同比下滑 60%。下降幅度之大，可用惨烈来形容。投资收益下降是一个主要原因，而这从中国经济所处周期看，可能是一个长期的趋势。

中国人寿 2016 年碰的这两件事，一喜一忧，都深度考验董事长定力。不知君将何处？

(2016 年 10 月 31 日《中国保险报》之《中国保险家》决策参考)

场景化的网络消费险

2016 年"双十一"，除了不惜剁手的广大消费者一如既往地血拼之外，还诞生了一个新名词——"消费保险"。以蚂蚁金服为例，"双十一"当天，共刷出 6 亿笔保险保单，为 400 万家小微商家、3 亿多位消费者提供了近 224 亿元的保险金额。消费保险已经成为商家必备、消费者乐选的当家主力险种。

所谓"消费保险"，是指和场景消费关联的保险，用于解决网络上厂商、商家、物流公司与消费者之间的扯皮和纠纷。比如大家熟知的"退货运费险"，用保险解决消费者退货中产生的物流费用；比如"鞋子脱胶险"，用保险解决鞋子脱胶但分不清主责的情况；还包括"衣服褪色险""化妆品过敏险"等。顾名即可思义，消费保险是用保险解决消费者对商品质量不满意所产生的费用问题——而不论这不满意的根源来自商家还是消费者。

且慢！这些险种的名字，听起来怎么有点奇葩险的味道？像近两年流行过的"爱情险""赏月险""跌停险""贴条险""世界杯遗憾险"等，要么是被市场迅速淘汰，要么是被监管机关叫停，大部分成了明日黄花。为何？因为这些奇葩险种往往只是迎合某一特定的显著事件、大部分满足于噱头营销。所以应了那句话，"其兴也勃，其亡也乎"。

而"消费保险"直指网络交易的痛点，"信任缺失"或者"信任不足"，给之以保险保障，让老百姓买着放心，至少不添堵吧。老百姓预期不添堵，才能放心大胆地购买，交易量才会增加，这有利于商家。所以，商家越来越认识到此类保险的重要性，难怪某电商感叹，"保险已经成了做生意的标配"。

小额、高频的理赔体验使得老百姓对网络消费的体验在向好的方向转化，"双十一"在某种意义上也成了上亿消费者、特别是年轻消费者的保险普及课。"消费保险"从一个"退运险"走来，到现在已经发展到超过30个险种；"消费保险"为保险行业带来新增保民超过1亿位。说起来，也是蔚为大观了。对此，作为最大电商平台的阿里巴巴集团董事局主席马云表示，"过去，如果保险服务了20%的客户，服务了20%的保障需求；那么接下来，我们应该思考如何让剩下的80%的人享受到真正的保险保障。"

信任是网络消费的痛点，如果一个或一类保险能解决这个大多数人的痛点，一定可以获得难以估量的发展。

从这点看，我们应该为"消费保险"的到来喝彩。

（2016 年 11 月 16 日《中国保险报》·中保网）

中国最神秘的公司

当听到泛海控股集团收购 Genworth Financial Inc. 的消息后，作者的思绪飞到了位于长安街的民生金融中心的某层上。在那里，泛海控股董事长卢志强曾经接受我们采访，谈的是入股联想控股的事。那是 2009 年的一桩大事。自那以后，泛海控股以及卢志强的名字极少刺激到我的神经；或者说，除了那次采访外，依然对它知之甚少。印象里，那不过是一家以房地产投资为主的投资控股型公司，业务涵盖房地产、基建、银行、证券、保险等产业。当然，它最有名也最有戏剧性色彩的投资还是参与了民生银行的初创。

回到那次采访，对他至今印象深刻的一句话就是，"做企业不是我的擅长，我最擅长的是交朋友"。

对这句话可以有两层理解和引申。第一层，布局乃至经营管理不是泛海的长项。这从一个事例即可看出。2010 年，泛海全部转让所持民生人寿股份，退出了寿险业。2015 年 11 月，泛海又通过旗下公司投资控股民安财险，持股比例 51%。时隔多年才重回保险业，难免有物是人非之叹。况且还是个财险牌照。第二层，泛海总能吃到改革的头啖汤。这和他交朋友的能力是正相关的。当年，中国唯一一家民营银行——民生银行成立，卢志强和刘永好兄弟都是创始股东，连张宏伟都是后来过来摘桃子的。再说到入股联想控股，更是朋友之托了。卢志强和柳传志都是 1993 年成立的泰山会的成员，渊源深厚。泰山会是一个"教父级"企业家俱乐部。除了卢、柳之外，成员还有冯仑、史玉柱等。当年发起设立民生银行，就是泰山会和工商联一起谋划的。

回到这次收购。这不仅是泛海走出去、全球化的一个创纪录之举，也是其回归保险业的一项标志性举措。公开资料显示，Genworth Financial Inc. 是一家大型金融保险集团，财富 500 强公司。公司资产达 1000 亿美元，业务遍及 25 个国家和地区。Genworth 是美国住房抵押养老保险的领先者和最大的长期护理保险公司。此外，还经营着寿险和年金业务。

天下没有免费的午餐。Genworth 公司遇到点小麻烦，泛海除了 27 亿美元要付给股东外，还需拿出 6 亿美元帮助 Genworth 还债。这些事项完事之后，泛海可能会琢磨着如何把 Genworth 在保险业的技术和经验引进中国。但是你会发现，无论是住房抵押养老保险还是长期护理保险，在中国都是阳春白雪、曲高和寡。泛海可能还需要耐心去挖掘美国市场与中国市场之间的结合点与爆发点。

从以上的回溯可以看出，泛海在专业能力，尤其是保险的专业能力这块是欠缺的。如何整合好、消化好、最终用好 Genworth，都是不小的挑战。

（2016 年 12 月 14 日"中国保险家"微信公众号）

2017 年

压银保，压趸交，调结构，也契合了"保险业姓保"的监管要求。2017 年，注定是保险公司的结构调整年。

——《结构调整年》

保险业的两只"黑天鹅"

岁末年首，睹物思人，颇多感慨。话说 2016 年与往年最大的区分，就是"黑天鹅"频频起飞：从英国脱欧到美联储加息；从朴槿惠被弹劾到特朗普上台……"黑天鹅"出现本是小概率事件，但 2016 年集中显现，预示了 2017 年注定是个变局之年。

保险业更不平静。一段时间以来，针对险资举牌而掀起的整肃风暴异常严厉，多家保险公司中枪。但我今天想说的是另外两起"黑天鹅"事件，它们可能在市场上还不大受关注，但其影响不可低估。

第一个是中华财险败诉案。我最近和两三个专家闲聊，他们都说起这个案子。从所周知，引发诉讼的是 2013 年 9 月的海力士大火。中华财险因为此前接受了现代财险 5% 的分保，被判赔 2.87 亿元。双方分歧的焦点在于，中华财险不承认双方达成了分保协议，而现代财险坚持说合约生效。2014 年，一审中华财险胜诉；2016 年 9 月，二审现代财险胜诉。整个官司的进程可谓一波三折，只可惜中华财险并未笑到最后。

我们来看看作为合约依据的双方邮件来往。一审判决依据的是中华财险发出的含有 6 个备注的邮件。这封邮件目的是让现代财险确认其中事项，在确认的基础上合约生效。然而，中华财险没有等到回复邮件。故一审判定合约无效，中华财险胜诉。二审判决则依据此后中华财险回复给现代财险的一份"应收保费对账表"，说明中华财险认可了分保的行为，遂确认合约生效。现代财险胜诉。

从旁观者来看，应该双方都有道理。谁理大，谁理小，完全决乎法官的一念之想。一个 2 亿多元的分保合同，竟然通过邮件确认，说起来，中华财险输得也是不甘。还好，中华财险是个大公司，2015 年净利润为 24.45 亿元；况且还有母公司中华保险托底，这笔巨款赔得起。但是，有没有更好的解法？一位接近中华财险的人士慨叹："如果当初不是选择打官司，而是选择庭外和解，肯定赔不了这么多。"这个案例血淋淋地告诉我们，邮件很重要！写邮件、回邮件千万要注意，说不定里面就会冒出个"黑天鹅"来。

巨额赔款这种事摊到大公司身上是伤筋动骨，摊到小公司身上可就是眼看着要关门了。下面就说第二个"黑天鹅"事件：侨兴债违约，浙商财险躺枪。

事主侨兴集团总部位于广东惠州，是响当当的中国企业 500 强、美国纳斯达克上市公司。其手机产品在全球市场曾有一席之地。但那似乎是老黄历了。2016 年 12 月，其旗下的侨兴电信和侨兴电讯对已到期的 3.12 亿元债券表示无能力还款，赖账了。侨兴违约，买债的当然炸了，但更急的是为侨兴债提供履约保证保险的浙商财险以及为浙商财险提供履约保函的广发银行。看起来有点绕，就是说浙商财险为侨兴集团担保，而广发银行为浙商财险担保。有人就要问了，广发银行为啥要给浙商财险担保呢？难道广发银行是"活雷锋"？显然这里面还有猫腻。原来侨兴债的用途已经标明 70% 是用来归还银行贷款的。而广发银行正是侨兴集团的大债主，有 9 亿元的贷款。难怪浙商保险要拉上广发银行垫背，也难怪冒出广发银行称"履约保函"造假的滑稽一幕。广发银行这么做，有点不厚道。

广发银行可以暂时不认账，但浙商财险不能不认，因为民怨难平。2016 年 12 月 27 号，浙商财险发公告，称将对侨兴电信、侨兴电讯 2014 私募债第一、第二期保证保险的被保险人开展预赔工作，即日起开始支付预付赔款，同时启动追偿程序。向谁追偿？侨兴集团董事长吴瑞林，他为下属企业的私募债提供了担保，且是无限连带责任。冤有头，债有主。浙商财险赔的这笔巨款看起来不会打水漂。吴老板做那么大生意，还能腾不出一点钱来？但是这仅有理论上的可能。吴瑞林正在接受警方调查，估计很麻烦，万一"民事转刑事"，这钱要追回就是难上难了。届时，浙商财险免不了还得找广发银行理论：你凭什么说"保函"是假的？还钱！

再来看看 3 亿多元对浙商财险意味着什么：截至 2015 年底，浙商财险保费收入 33.2 亿元，13.84 亿元净资产，5166 万元净利润。也就是说，这次赔付轻松就卷掉了浙商财险的净利润，以及 1/4 的净资产。还有未到期债券本息 8.34 亿元，也是火烧眉毛了。该债券将于 2017 年 1 月中下旬全部到期，按目前情况，极有可能违约，届时浙商财险基本上要搭上所有的净资产了。因此，浙商财险的大股东必须要增资了。浙江商业集团、浙江能源集团、雅戈尔集团、正泰集团等，这份股东名单还是很给力的。什么叫给力？关键时刻要能拿出钱来。

如果说中华财险赔案是尘埃落定，那么浙商财险赔案则是风云初起。

2017 年，侨兴债违约可能是一个开始，引发金融市场的连锁反应也不是不可能。联系到美联储加息引起的人民币在汇市的空前压力，这只"黑天鹅"的动向的确需要高度关注。

再回到保险市场，随着监管手段的持续严厉，那些先前在市场上表现激进的保险公司将会不断面临黄牌、红牌的危险：从单一业务扩展到公司整体。2017 年，也许会有更大的鱼儿浮出水面。它会是谁呢？

（2017 年 1 月 3 日"中国保险家"微信公众号）

让脱贫站在保险肩上

"保险不能改变生活，但能防止生活被改变。"这是作者听到过的对保险功能、作用最恰如其分的描述。无论是企业主、高级白领、公务员，还是相对贫困的阶层，他们本来的生活状态不同，但是其防止生活被改变的心却是相同的。

在《三位村民和三个"险种"的故事》中，新华社记者讲述了3位贫困户和3个险种的故事，从不同侧面深刻地揭示了这个道理。第一个故事讲述的是大病保险防止"因病致贫"；第二个故事讲述的是养殖业保险防止"因灾致贫"；第三个故事讲述的是贷款保证保险可以撬动发展资金脱贫。这3个案例分布在贵州、河南和浙江的贫困地区，西部、中部、东部各1家，因此极具代表意义。

商业保险确实能够救急救难，但是让贫困人群出资购买，最大的难题是缺少支付能力。这3个故事中，无一例外都采取了"政府买单、保险公司理赔、贫困户受益"的方式。相对于以前政府直接把救灾款、扶贫款给到农户手里，看似多了一道手续，实则大大减轻政府的负担，而充分释放保险公司的市场运作能力。

保险与扶贫具有天然的联系，有着独特的体制机制优势。发挥保险的体制机制优势，正是保险参与扶贫工作的真正意义所在。什么是"独特的体制机制优势"？就是保险所具有的四两拨千斤的作用。这样的作用正在被越来越多的地方政府所认识，并且运用到脱贫攻坚工作中去。

例如，在宁夏实施的"脱贫保"，系包含意外伤害保险、大病保险、借款人意外伤害保险、优势特色产业保险四大险种的一揽子、可选择的保险服务，起步就覆盖了全区 58 万贫困人口，给他们脱贫撑起了保护伞。这一经验值得在全国推广。

我们常常讲，脱贫不能讲形式、走过场，给钱给物不如给机制。中国现有的数千万贫困人口，一部分属于老、幼、病、残，只能通过物质上的救济使他们摆脱贫困；另外一部分人，可能是缺想法、缺资金，对于他们，需要唤醒其心中追求幸福的梦想，包括在资金上给予他们最有力的支持。在这方面，贷款保证保险、借款人意外伤害保险均可以发挥其应有的市场功能。

2016 年 12 月，中国保监会印发了《关于加快贫困地区市场体系建设提升保险业保障服务能力的指导意见》，聚焦于贫困地区市场体系建设，可谓深得其中真谛。

让脱贫站在保险的肩膀上，不仅仅是保险的呼唤，也是历史的呼唤。

（2017 年 1 月 4 日《中国保险报》·中保网）

小保险 大乾坤

现在监管越来越严，"投入少，见效快"的理财型保险的发展空间被大大压缩，这是令许多中小型、新兴保险公司老板很痛苦的问题。有什么解决办法？《中国国家地理》杂志刊载的一篇"中国何处还有豹"的报道，或许能给你启发。

文章中提到山西和顺县华北豹咬死家牛的事情，猫盟是这么做的：小牛赔付1000元，大牛赔付2000元。据统计，2015年，猫盟一共赔付了48头死伤牛，总计赔款7万元。这样一个赔偿标准，说实话是很低的。我印象里宁夏泾源县对病死牛的赔偿金额是1万元，当然这属于保险赔付，要交保费的。保费大概几百元，但个人只交75元，其他都是政府补贴。

猫盟是"中国猫科动物保护联盟"的简称，它致力于保护中国已经为数不多的野生豹。这是件很有意义的事，但是碰到的一个突出矛盾就是"人豹冲突"：野生豹咬死家牛的事件屡屡发生。位于太行山区的和顺县家牛都是山上散养，有时十天半个月村民才把牛叫回家。这就难免给了野生豹可乘之机。

人豹冲突，在公益和私利的尖锐对立面前，应该说作为个体的人是很纠结的。猫盟也注意到了这个矛盾，提出了村民的损失由环保组织部分买单的化解方案，当然其赔偿金来源也是募捐而来。这种做法一定程度上会化解村民的心理不平衡。但是正像前面所提到的，赔偿金远远不能弥补农民的实际损失。这样的赔偿能起到多大用处呢？如果提高赔偿标准，像猫盟这样的微小公益组织限于筹资能力，力有不逮。

为什么不能引入保险公司作为第三方赔偿机构，用商业的办法解决这个矛盾？农民交点保费，或者干脆都由政府补贴，家牛如果被豹子所伤害，就能得到保险公司全额赔付。和顺县总共养牛约 10 万头，如果都能参加"防豹险"，也是保险公司一笔可观的收入呢！当然，这是理想状况。和顺县的牛不可能都受到豹子威胁，那样会把我们的豹子累坏的。但是不是可以根据实际情况，扩大一下它的保障范围，比如把病死也包含在赔偿范围内，不就变"小众险种"为"大众险种"了吗？

再退一步讲，即便保险公司开办防豹险不挣钱，也是为公益事业作出了贡献呢。

保险回归保障，坚持保险业姓保，不是空洞的口号。它要求我们沉下心，定下气，去发掘任何可保的风险，去寻求更多未知的领域，这里面还有很大的文章可做。现在新批那么多保险公司，大家与其千军万马都挤那一座独木桥，不如退下来做属于自己的小船。小船虽小，乾坤很大，大可以任意驰骋呢！

（2017 年 2 月 22 日《中国保险报》）

再论服务型经济

3 月 5 日，国务院总理李克强在政府工作报告中提到，2016 年，我国服务业占 GDP 的比重已上升到 51.6%。2015 年这个数字还是 50.5%，2014 年是 48.2%。2013 年，服务业增加值比重达 46.1%，首次超过第二产业——趋势已然形成。很显然，中国正在叩开服务型经济的大门。而这个大门一旦打开，将不会再关闭。

服务型经济是以人力资本为基本要素形成的经济结构。与此相对应，在工业型经济时代占据生产要素主要地位的土地和机器的重要性均大大下降，人力资本上升成为经济增长的主要来源。

中国正在经历从工业型经济国家到服务型经济国家的伟大历史蜕变，这从当前蓬勃发展、风光无限的互联网经济中即可窥知一二。在这个历史蜕变的过程中，除了我们个体应时而变之外，掌握经济发展重要指挥权的政府应当如何作为？

李克强有一句话回答很到位："我们一定要让企业和群众更多感受到'放管服'改革成效，着力打通'最后一公里'，坚决除烦苛之弊、施公平之策、开便利之门。"

所谓"放管服"就是指简政放权、放管结合、优化服务改革。一言以蔽之，就是从工业型经济时代的管制型政府转向服务型经济时代的服务型政府。从管理转向服务，不仅仅是工作内容的变化，更是工作理念的重大转变。

作者最近曾到派出所补办户口簿，原本以为至少需要跑两趟才能办完，没想到仅花费 10 元、用时不超过 5 分钟就办妥了，不禁暗自称赞。伴随着透明、开放的互联网时代的来临，这样的例子会越来越多。这就是"简政放权"所体现的一个重要理念："简"。还有一个"减"，是减费的减，政府工作报告中不惜花费大量笔墨来说明。

与往年的政府工作报告略有不同的是，2017 年报告中的"减"不仅多，而且实。例如，"全面推开营改增试点，全年降低企业税负 5700 亿元，所有行业实现税负只减不增""扩大小微企业享受减半征收所得税优惠的范围，年应纳税所得额上限由 30 万元提高到 50 万元；科技型中小企业研发费用加计扣除比例由 50% 提高到 75%""取消或停征中央涉企行政事业性收费 35 项，收费项目再减少一半以上，保留的项目要尽可能降低收费标准""继续适当降低'五险一金'有关缴费比例"等。

简政，外加减费降税，让企业摆脱"烦苛之弊"，轻装上阵，是持续推进大众创业、万众创新的极其必要的条件，也是服务型政府的应有之义。

2013 年，本届政府甫一履职，便把"加快转变职能、简政放权"作为"开门第一件大事"。当年，政府分别取消和下放了 416 项行政审批事项，打响了工商登记制度改革的第一枪。本届政府乘势而动、顺势而为，4 年来持续推动简政放权改革，为服务型政府的打造逐步奠定了强大根基。这恰恰体现"转型经济"需要"转型政府"的转型经济学要义。

对于服务型政府，还是那句话，"管得少，才能管得好"。"简"与"减"都极言"管得少"，那么什么才是"管得好"呢？政府工作报告所涉及的方面甚多，这里就不一一列举了。但归根结底，"政府的一切工作都是为了人民，要践行以人民为中心的发展思想""把发展硬道理更多体现在增进人民福祉上"。这不正是服务型政府的真谛吗？

（2017 年 3 月 6 日《中国保险报》·中保网）

他们，为保险立言

两会行近尾声，热闹渐归沉静。回望，则余音不止，回味深长。

综观本次两会，保险业内外的代表委员频频发声，为保险大胆建言，密度之大，范围之广，均超过历次会议。他们在两会的大舞台上留下了属于保险的最强音。

全国政协委员、人保集团董事长吴焰和全国政协委员、合众人寿董事长戴皓等多位代表委员就"提高农险保障""支持长期护理险"提出的多个提案建议，点击率创了新高。全国政协委员、中国太保集团董事长高国富2017年就"农险扩面增品""保险资金支持实体经济"等问题相继接受采访或作出提案。往年较为低调的全国人大代表、长江财险董事长杨晓波也拿出了《关于建立我国长期护理保障体系的建议》以及关于立法强制实施电梯责任险的提案。更有一些"黑马"代表委员首次代表行业发声：全国政协委员、华农财险董事长苏如春提出了支持"互联网+"农业保险发展的提案；全国人大代表、保监会统计信息部主任向东更是一口气提出了《关于加快京津冀环境污染强制责任保险发展的建议》《关于加快发展保险养老社区的建议》《完善巨灾保险制度》三项建议。苏如春系2015年9月上任华农财险董事长，而向东则刚刚由四川省质量技术监督局局长转身而来。

他们的突然"高调"或与本次两会的"告别演出"有关。按照政协、人大五年一届的规矩，十二届的代表委员2018年或将不再现身于两会舞台上。

资深委员戴皓、郭广昌每年都有引人注目的提案。戴皓自 2015 年起就一直为减轻保险行业营销员从业负担呼吁，2017 年已经是第三次提了。在提案中，他不遗余力地为解决营销员收入低、不平等待遇等问题呼吁，他的呼吁在朋友圈迎来一片点赞之声。不过，他 2017 年的提案仍然沿用了 2013 年的数据，算是小有瑕疵吧。2013 年营销员是 290 万人，而截至 2016 年底，营销员已经达到 657 万人。营销员人数都翻倍了，问题还存在。所以，还得提。复星集团董事长郭广昌本是"跨界"的委员，2017 年也替保险说了有分量的话。他在接受《中国保险报》记者采访时，提出"大力发展责任保险、分担社会法治成本"，文章条分缕析，切中时弊。其中，最见功力的话应该是，"责任保险的发展，依托于国家的法律制度。法律制度越完善，责任保险需求就越大。"把责任保险与国家的法制建设结合起来，有高度，有力度，真正是跳出保险看保险。郭广昌讲的是发展责任保险这个大类，而全国政协委员、中国人寿集团原总裁杨超则直截了当提出要实施"医强险""食强险"。当然，医责险、食责险要不要强制，这么多年来一直都在争论，争论的焦点在于强制是否有悖于商业交易的原则。保险业当然乐见其成，但是老百姓有个接受的过程。毕竟，这么多年，关于大的强制保险，只有交强险一例。不过，在这漫长的等待中，已经有利好消息传来。中国保监会已经和环境保护部制定了"环境污染强制责任险"的实施方案，准备在一些重点行业、重点领域推广环责险。对此，我们静候佳音。

保险业的代表委员为自己的行业说话，不足为奇。2017 年，还有不少非保险业的代表委员为保险发声，数量也大大超过往年，他们的声音也许更值得回味。例如，全国人大代表、天津中医药大学校长张伯礼用"一分钟时间"提出的"提高大病保险保费和保额"的建议，结合学校和学生实际，就很有说服力；全国人大代表、贵州三都县县长张加春提出"大力推进医责险发展，引导医疗纠纷处置法制化"；全国政协委员、浙江商业集团有限公司董事长张波提出"完善政策性农业保险，撑好农业供给侧结构性改革安全网"；全国政协委员、河北省政协农业委员会主任杨玉成"呼呼加强版农业保险"；全国政协委员、隆平高科副董事长伍跃时提出"针对新型种植经营主体开设基本险＋土地成本附加险"；全国人大代表、江西赣州市赣县区五云镇党委书记明经华建议"把蔬菜纳入政策性农业保险范围"；全国政协委员、清华大学抗肿瘤蛋白质药物国家工程实验室主任罗永章建议"将防癌体检纳入医保"等。这些建言均有深入实际的思考，也颇具操作性。更有全国政协委员、资深注册会计师张连起提出的"设立政策性保险机构中国农村保险公司"的建议，全国政协委员、科瑞集团有限公司董事局主席郑跃文提出的"在原中央苏区、革命老区和贫困地区建立慈善性保险机构"的建议，以其独特的视角，让人眼前一亮。回顾这几年两会，保险越来越受到政府的重视、人民的关注。整个社会对于保险的理解也不再停于表面，而是越来越深入、到位。每年看两会，无疑能感受到保险业的发展是渐入佳境。

喊破嗓子不如干出样子。我们更加欣喜地看到，最近几年，保险业的政策环境大大改善，相关政府部门对保险的认识越来越到位，跨部门政策落地的速度越来越快。2016 年全国政协委员、对外经贸大学保险学院副院长孙洁提出的"将生育保险纳入医疗保险制度"的提案，到 2017 年两会前就变成了现实。人力资源和社会保障部日前宣布，2017 年 6 月底前，在 12 个试点地区启动生育保险和基本医疗保险合并工作。还有，农业部部长韩长赋在人大会记者会上透露，农业部、保监会和财政部正在制定文件，"扩大农险的品种，逐步提升保险的标准"。再比如，连续两年两会提及率最高的长期护理保险，人社部于 2016 年 7 月开始了 15 个城市的试点工作，其中，上海市的试点尤为瞩目，它的一举一动将影响到全国。据悉，上海市首先在 3 个区试点，一年内则推广到全市。

伏牛昂首志当远，不用扬鞭自奋蹄。保险业当乘此东风，展翅高飞。

（2017 年 3 月 15 日《中国保险报》·中保网）

"小黄车"和保险经济学

最近散步发现，大街小巷到处都停着小黄车，还有小红车。小黄车是 ofo，小红车是 mobike，是共享单车的两大品牌。看了之后，第一个感觉是中国的自行车产业又有了希望。我在想，可能要不了多久，那些五颜六色的杂牌车都会被黄军或者红军所淹没。我没骑过小黄车，但是听说便宜到 1 小时 1 元，比坐公交还便宜，难怪这么风行。问题来了，它们又不是慈善机构，靠什么挣钱？有人说是靠押金做投资挣钱，这个只是瞎猜，最多也是猜对了一半。下面看看我的分析。

ofo 的用车押金是 99 元，mobike 是 299 元。按照 ofo 公布的 3000 万用户的规模，在 ofo 账上沉淀了 29.7 亿元的押金。其实还有租车的收入，这才是大头。3 月 21 日，ofo 刚刚公布一个惊人的数字，日订单量突破 1000 万个，是继淘宝、滴滴、美团之后第四家日订单量破千万个的企业。1 个订单 1 元钱，1 个月就是 3 亿元，1 年就是 36 亿元。这是收入项。当然，在前期，ofo 和 mobike 在多轮资本的助推下，采取充值返现、免费骑行等手段疯狂圈人，收入自然不会有那么高。

再看支出项。买车是需要成本，用车是有损耗的。ofo 目前有 220 万辆车的规模，车单价按照 200 元计算，购车成本就是 4.4 亿元。当然这是 1 年的情况。车子是可以持续使用的，ofo 单车使用率高，就按照 3 年的寿命来均摊——不考虑后期维修、不考虑 ofo 规模的增长，每年也就是 1.47 亿元的成本。（36 亿元 −1.47 亿元）/36 亿元，95% 以上的毛利率，高到不可想象。即使考虑所有的营业费用和管理费用，利润率还是相当可观的。这还没有考虑 29.7 亿元押金的用途呢。押金到底怎么用？你尽可以想象。

这就是共享的魔力。如果 220 万辆车按照"老皇历"还是 1 对 1 专用，ofo 最多也就 220 万用户，那么它产生的押金是 2.18 亿元；它产生的收入：按照 3000 万用户每天产生 1000 万订单的比例，220 万除以 3 就是每天 73.3 万订单，1 年也就是 2.64 亿元。但是它负担的购车成本是不变的，220 万辆车，4.4 亿元。固然因为使用频次低，车辆使用寿命可以延长到 5 年，10 年。5 年均摊就是 0.88 亿元／年，再加上营业费用、管理费用，算下来就可能亏损了。

所以说，共享单车全部的奥秘，第一个是用户规模，第二个还是用户规模。这跟滴滴快车是同样的道理，大部分平台型的互联网公司也是如此：以用户规模为王道。我们千万不要按照传统的（收入－成本＝利润）去匡算它，因为用户规模上去了，收入和成本的变动会非常剧烈。

再看看保险，根本上是靠"大数法则"立足，也是典型的规模经济。10 个人买同样的保单，每人需要 10 元钱；100 个人买同样的保单可能只需要 5 元钱；1000 个人买，可能只需要 1 元。但是它带来的保费收入则分别是 100 元、500 元、1000 元，大幅增长。这里面有个关键的前提，就是无论是 10 人、100 人还是 1000 人都是单纯为了保障，而不要理财收益。实际上，万能险等投资理财型保险，保险公司还要付给投保人利息或回报，这样的话，就不能保证"卖得越多，保单越便宜"，或者说不能遵循从"规模"到"低价"的经济规律。当然，这是指理想状态。

共享单车的核心是"多对一"，即多个用户使用 1 辆车，大大提高车辆的使用效率，所以大大降低车辆的使用价格。保险也同此理。保险保的是"不怕一万，就怕万一"。10000 人买保险，可能只有 1 人摊上事。这10000 人以很低的价格购买保险，为的是将来其中一人能用。这也是典型的"多对一"。但是，你要是变成了"一对一"的理财，每个人都要求一定的投资回报，那就不再和用户规模有多大关系了。

所以，保险业要做成规模经济，进一步壮大保险保障功能，还非要坚持"保险业姓保"不可。

(2017 年 3 月 27 日《中国保险报》·中保网)

复星的寿险之"痒"

在国内保险公司一片从紧的气氛中,"准保险控股集团"复星国际(00656.hk)获取了还算不错的业绩:2016年保险板块收入276.41亿元,归于母公司股东的净利润24.11亿元,比2015年增长了14.6%。可资对照的是中国平安保险(02318.hk),2016年归母净利润624.94亿元,同比增长15.1%。其他国内保险公司则纷纷上演利润大缩水的囧戏。这里就不一一列举了。

再翻回头说说为什么复星只是"准保险控股集团"。2016年复星国际的总收入为739.67亿元,归母净利润为102.68亿元,各个板块对净利润贡献排名,第一名是投资,42.98亿元;第二名是房地产,30.99亿元;保险板块排在第三名,24.11亿元。从数字表面看,复星这些年力推的"保险+投资"双轮驱动战略,保险这根柱子尚未完全立起来。所以称其为"准保险控股集团"较为恰当;更何况保监会对于保险集团还有一个官方的认定呢。

复星国际这么多年在全球范围内东征西讨、攻城略地,确实收下了不少保险资产。但论起质地,可谓喜忧参半。下面分析一下复星保险板块的利润构成:

复星葡萄牙保险实现规模保费收入37.3亿欧元(约合人民币276.39亿元,1欧元=7.41人民币元,2017年3月30日汇率,下同),净利润为2.21亿欧元(约合人民币16.37亿元);美国Ironshore保险净利润为1.15亿美元(约合人民币7.92亿元,1美元=6.89人民币元,下同);永安财险净利润为 6.43 亿元；MIG 净利润为 2830 万美元（约合 1.95 亿元），鼎睿再保险净利润为 690 万美元（约合 0.48 亿元）；复星保德信人寿亏损 1.69 亿元（见表 1）。

表 1　复星保险板块利润贡献

单位：亿元，%

公司名称	净利润	复星持股比例	备注
复星葡萄牙保险	16.37	84.99	
永安财险	6.43	40.68	
Ironshore	7.92	100	2016 年底出售
MIG	1.95	100	
鼎睿再保险	0.48	86.93	
复星保德信	−1.69	50	

从中可以明显看出，复星来自国内保险公司的利润仅约 10%，绝大多数利润是由海外公司贡献。国内来看，复星保德信至今仍在亏损，保费收入也处在市场后列；永安财险成立已有 21 年，自复星进入以来，不时有股东相争的传闻。虽然其保费规模尚可，处在市场第二阵营，但利润受车险市场激烈竞争的影响，波动比较大。2015 年 8 亿多元利润，2016 年就降到了 6 亿多元。从资金运用的角度，财险公司的短期资金是靠不住的，只有寿险公司的长期资金好用。所以，拿下一家有相当地位的国内寿险公司，能够大大方方地合并报表，一定是复星最念兹在兹的事。

2016 年 8 月，复星集团举牌新华保险（601336.sh，01336.hk），持股比例增至 5.01%。而据近期披露的新华保险 2016 年年报显示，截至 2016 年 12 月 31 日，复星及实际控制人郭广昌已合计持有新华保险 14.92% 股权，逼近第二大股东宝武集团的 15.01%。但是还有一座"大山"中央汇金（31.34%）横在前面，复星"控股"新华保险的路或许会很漫长。

2016 年底，复星还做了一件事，卖掉 Ironshore，正式交易可能在 2017 年上半年完成。也就是说，2017 年 Ironshore 将不再为复星保险板块贡献利润。不过，"失之东隅，收之桑榆"，复星的投资板块将会获得一大笔收入和利润。而这距离复星首次买入 Ironshore 不过两年的光景。对于此次复星的"快闪"，郭广昌的解释是，复星"会买也会卖"。两年赚得5亿美元，这倒是与其投资家的风格相吻合。

"中国动力嫁接全球资源""在投资中见产业"，这是复星成长的秘诀，也是复星有别于绝大多数投资公司的核心特征。但是在保险板块，目前复星嫁接得似乎不太成功，境内境外仍然是"两张皮"。"两张皮"也没关系，只要国内这张皮能做得足够大也是好的——毕竟中国市场尚处于难得一见的黄金机遇期，但是很遗憾，复星做得还不够好。盘点这几年复星在保险领域开疆拓土的得失，只能说一句，革命尚未成功，民企尚需努力。

(2017 年 4 月 12 日《中国保险报》之《中国保险家》微信公众号)

结构调整年

先看监管。保监会近日印发了《关于进一步加强保险监管、维护保险业稳定健康发展的通知》，针对保险业及保险监管存在的问题，提出当前和今后一个时期"强监管、治乱象、补短板、防风险"的主要任务。应该说，这是一段时期以来保险监管主要工作的梳理和总结，更指明了今后一个时期保监会的工作方向，就是要"严"字当头，强化监管。

再看市场。2017年三四月是保险公司的年报披露季。从已经披露的年报来看，可以说喜忧参半。喜的是，各主要公司的个险业务与期交保费收入都实现了大幅度增长，这符合保监会一直以来倡导的方向；忧的是，其净利润同比都出现了大幅度下滑。对于下滑的原因，主要公司均解释为受"投资收益下降及传统险准备金折现率假设更新"影响。投资收益下降受2016年股市疲软拖累，自不必说；传统险准备金折现率假设更新则有一定偶然因素。但总的来看，投资收益下降，净利润下滑，这个逻辑是可以成立的。毕竟寿险公司倚重投资收益，是不争的事实。所以说，2017年有可能是保险业极其困难的一年。

微信公众号"慧保天下"对此表示出深深的忧虑。它在一篇题目是《2017年开门不红，寿险负增长几成定局》的文章中指出，"连续5年的高速增长戛然而止。2015年、2016年1～2月寿险公司规模保费收入增速分别高达22.95%、96.85%，而2017年却开门未红，前两月寿险公司规模保费同比增速再度逼近负增长，仅增0.46%。"当然，这应该是保险公司主动调整的结果，压银保，压趸交，调结构，也契合了"保险业姓保"的监管要求。因此，2017 年，注定是保险公司的"结构调整年"。

回到监管。2016 年以来，监管思路有重大调整，就是要做实"保监会姓监"。以前我们在监管和发展的问题上，谈发展、谈机遇可能多一些，谈监管、谈风险可能少一些。现在扭转过来了，要"严字当头、强化监管"。你看"四大任务"，核心就是围绕监管，围绕防风险。外加一个"服务实体经济"。把防范风险摆在了无以复加的位置，这绝对不是一时心血来潮。刘煜辉教授在《中国的信用市场已经开始"结冰"》一文中提出，"中国的信用紧缩和利率将会出现一个加快往上走的趋势，从资产荒迈向负债荒。"这不仅是影响到险资的投资收益这么简单，整个金融市场萧条，保险焉能独善其身？

(2017 年 4 月 24 日《中国保险报》之《中国保险家》决策参考)

奇点与拐点

第一次接触"奇点"的概念是在 2014 年 3 月的中国保险业信息化高峰论坛上，听保险业的牛人王和先生讲的。他在"保险业的范式革命"的演说中提到一本叫《奇点临近》的书，他开宗明义，书的作者认为"人类社会发展到今天，正不断地临近一个奇点，这个奇点将在 2045 年出现。"什么是奇点？通俗地解释，就是人类突破性地超越自身的生物局限性的"点"，这个"点"将对人类社会产生根本性的改变。说句实话，当时听着如同天书：2045 年，不远着吗？

那时，相信保险业与我有着同感的人还不少。3 年后，当《奇点临近！险企当自危》（微信传播题目《如果险企不知道什么是奇点，那就真的危险了》）的文章在《中国保险报》上推出时，我才意识到保险业的危机真的来了。有的危机看似很远，其实很近。奇点就属于这一类。

我们看看，从现实的角度看，"奇点临近"意味着什么？意味着人类自身与机器、现实与虚拟之间的边界会变得越来越模糊，而这种边界的模糊将影响到人类及其生存的环境不可避免地发生变化。

还是很虚吧。那我们如果借用大家都熟悉的"战略拐点"来描绘"奇点"，恐怕就清楚了。根据百度的解释，拐点在数学上又称反曲点，是指改变曲线向上或向下方向的点。也就是到达拐点，曲线的变动有一个向上或者向下的剧烈变动。在《指数型组织》一书中，将这种（向上的）剧烈变动称之为指数型增长，相应地，这种从线性增长到指数型增长的交界点就是拐点。

奇点和拐点有什么区别？奇点是一个物理学、人类学、社会学概念。拐点是一个组织学、管理学概念。奇点是很具体的，到某一点（2045 年）上人类社会发生根本性变化。拐点是很抽象的，适用于任何时代。从这个角度讲，奇点概念小一些，只适用于当代及未来；拐点概念要大一些，自有人类，便有拐点。对于企业组织来讲，拐点通常称为战略拐点。美国学者 Andrew 认为，战略拐点是一种外部冲击的影响，是行业竞争环境发生重大变化，企业战略要随之彻底转变。否则，企业就面临被淘汰。

在商言商。我们不妨把奇点理解为拐点，来指导我们企业的运作。比如，当今时髦的区块链技术、虚拟现实（VR）技术、人工智能、物联网，乃至无人驾驶汽车、无人机等技术，都是奇点"布下的一个个局"，这些技术的应用与推广则不断让人类逼近"自身与机器、现实与虚拟"之间的边界。换句话说，它们让奇点越来越成为可能。

而我们，当历练承受这种奇点爆破的体魄与灵魂。

（2017 年 6 月 8 日《中国保险报》之《中国保险家》决策参考）

众安，去"蚂蚁"化

顶着国内第一家互联网保险公司的光环，众安保险潜行了很久。即便到现在，国内也仅有4家互联网保险公司。如今，它需要将其更完整的经营、财务数据置于镁光灯下，接受公众投资者的审视。

6月30日，港交所披露众安保险递交上市申请的消息。如果接下来的一个月顺利通过聆讯，它不仅是首家上市的金融科技巨头，也将成为名副其实的"保险科技第一股"：它划分了传统保险与科技保险之间的分野，而它正是后者的旗手。

回顾成立的这3年多时间，众安保险并不缺少关注。2015年的"全球金融科技100强"，众安保险勇夺第一。这种情况在全球范围的各类商业排行榜中并不多见。它也迥异于那些传统保险公司的成长路径。"三马同槽"的股东背景，某种程度上赋予它含着"金钥匙"出生的色彩。

无独有偶。2016年的"全球金融科技100强"，阿里旗下的小微金融服务集团蚂蚁金服独占鳌头。这是巧合吗?

其实，众安保险与蚂蚁金服本系"同门"。目前，众安保险的第一大股东为蚂蚁金服（占股16%），而蚂蚁金服是阿里集团旗下的子公司，由阿里系直接掌控，服从阿里的战略。当然，众安保险的并列第二大股东腾讯和平安均持股12.1%，距离第一大股东相差不远，整体上还是一个分散均衡的持股状况。所以说，众安保险人称"三马同槽"是比较贴切的；但是，马云操的心要多一些，这也是改变不了的事实。

众安保险初创期主要依靠的是"退运险"，占比一度高达70%。而这些都是在淘宝平台上由蚂蚁金服帮助实现的。蚂蚁金服宣传的"淘宝运费险案例"曾经入选清华五道口中国金融案例。最初，蚂蚁金服是和华泰保险合作，俟众安成立，合作对象就成了两家。据称，两家公司同时在平台上服务，业务流量随机分配。可以说，众安保险从一开始，就是靠拿"股东业务"起家的。

到如今，众安保险的退运险比例下降，但依然占据巨大体量。根据2017年财险电商市场统计情况，在网销非车险产品上，无论是按保单数量还是按保费规模，众安保险均以退运险占据鳌头。截至2016年，退运险比重降到35%。2016年，众安保险保费总收入34.08亿元，净利润937.20万元。众安保险保费收入排名前五的险种分别是以退运险为主的险种、意外伤害险、保证保险、健康险、责任保险。

从表面上看，这五大险种除退运险外，都是常规险种，但是众安保险希望尽可能地给它们一个全新的解释。按照招股书表述，众安保险在整个经营链条中突出围绕"四化"，即设计定制化、销售场景化、定价动态化、理赔自动化。其中，定制化和场景化是众安保险产品的核心，"做有温度的保险"更是其有异于传统保险公司的一把标尺。

据悉，此次IPO，众安保险估值上千亿元，远超传统保险公司。这里面体现着"科技"的溢价。

在众安保险的网站上，银行卡盗刷险、电信诈骗资金损失险、小米手机意外保等个性化、人情味十足的保险产品琳琅满目，颇为吸引网民的注目。再看其合作伙伴，淘宝排在第一位，后面还有一长串名字：百度、微信、去哪儿、蘑菇街等。看起来，众安保险在努力摆脱"退运险依赖症"，并且取得一定成效；而去"蚂蚁"化，看起来似乎是个伪命题。众安保险披露的财务报告显示，过去3年其向蚂蚁金服支付的技术服务费分别为0.2280亿元、3.047亿元和4.377亿元，呈迅猛上升趋势。而未来3年预计向蚂蚁金服支付的"技术服务费用"仍将显著上升，预计相关年度上限分别为4.49亿元、6.12亿元以及7.7亿元。

蚂蚁金服作为国内网销保险当之无愧的第一大平台，传统的保险公司追之犹恐不及，何况和它有股权关系的一家互联网保险公司呢？据众安保险内部人士称，他们的策略不是去"蚂蚁"化，而是要拥抱蚂蚁。

当然，众安保险也在尝试跟其他股东合作，但似乎前期并不太成功。2015 年，众安保险与平安产险推出了车险品牌"保骉车险"，名字很酷，但是 2016 年仅带来 372 万元的保费收入。相比传统财险公司，这样的规模可以忽略不计。看来，要通过真正互联网的方式做财险的大头车险，并非一夕之功。

最后，我只能说一句，对于一家保险科技的领军者而言，所有的探索和付出都是值得的。

（2017 年 7 月 12 日《中国保险报》）

保险业的长尾

《长尾理论》（*The long tail*）是一本十年前风行的旧书。它讲的是信息化社会的 20/80 法则，即在占 20% 的市场上，挖掘出 80% 的利润，这就是所谓的长尾市场。与之相反的是短头（热门）市场，在占 80% 的市场上，仅仅获得 20% 的利润。短头市场竞争激烈，利润微薄；长尾市场竞争者少，利润空间丰厚。有人会问了，那企业家们还不对长尾趋之若鹜？这里面涉及一个竞争门槛的问题。短头市场好做，容易上规模；长尾市场不好做，就像打井，必须打到一定深度才会出水，很多企业打到一半就放弃了。

还有人会问，这跟信息化社会有多大关系？难道工业社会、农业社会就没有长尾？工业社会是大规模生产的方式，比如 20 世纪 80 年代作为传统三大件之一的自行车，规模应用到了什么程度？那时候中国号称"自行车王国"。当然现在也满大街都是，那叫"共享单车"。这里面已经经历潮起潮落再潮起了。但是你发现没有，那时候人们对自行车没什么要求，只要能骑、能代步就 OK 了，甚至不关心是什么牌子的。而到后来，人们会关心自行车的花色、铃声、载人性能，还有品牌，声誉，关心的方面就多了。这种多元化的需求满足可能就需要大规模定制来解决了。像海尔很早就坚决走向大规模定制，从"我生产什么，你买什么"的大规模制造过渡到"你需要什么，我就生产什么"的大规模定制。但是，你要在一座工厂里生产多元化的产品，首先碰到的问题就是"规模不经济"。成本畸高，这是很要命的。所幸，信息化改变了生产条件，使得"范围可经济"。具体来说，就是知识的共同消费特性加上网络边际成本递减的特性，使得小规模生产和销售可以获得原来只有大规模制造才能达到的"低成本水平"，甚至"更低的成本，更高的利润"。我们将这种新的经济性称为"范围经济"，以和工业化社会的"规模经济"相对应。

"长尾理论"是由美国著名的科技杂志《连线》主编克里斯·安德森在2004年提出的，距今已过去13年。但是现在回看，书中的大部分内容都不过时。而且其基本原理仍然在各个行业发生作用。

对保险业来说，最强的应用是在财险业。保险业内经常讲，占据了70%份额的车险市场，是财险业必争之地，直争到微利，无利，亏损。但是剩下30%的非车险市场呢？我们却没有好好经营。比如责任险、健康险、信用保证保险等细分险种，这些细分险种就是典型的长尾市场，我们对此却往往浅尝辄止，不愿意深耕，因为获利太慢。

当年克里斯·安德森出版《长尾理论》这本书的时候，信息化社会才刚刚起步不久，如今，在信息化社会已到一定深度的状态下，再研究一下"长尾理论"，或许能给您带来意外的收获。

(2017 年 7 月 26 日《中国保险报》之《中国保险家》决策参考)

由"被买保险"想到的

近日，去西南某省的天眼景区游玩，于售票处买门票。一张门票130元，学生票优惠不多，总共200多元，挺贵的。等出门把票打开才发现，咦，怎么多了两张意外保险？一张5元。我清清楚楚地记得售票员在介绍的时候没有提到"保险"二字。本欲折回身去退，心里又一想，已经离开柜台了，担心扯不清楚，就算了。后来，乘摆渡车去看天眼的时候，女儿不解地问，"这里也没什么危险吧？"我说，"你看道路这么狭窄，摆渡车开不好还有可能咣叽呢。"但我心里明白，那种概率是接近于零的。

粗略估计，我们"买"的这个意外险比航意险的赔付率还要低，在20%以下。航意险因为"质次价高"曾经屡被诟病，何况今天这个旅游意外险呢？

我们为什么要买意外保险？就是因为有万一的担心。如果没有这个担心或这个担心不大，就不会买这个保险。旅游者到了一个景区，往往会评估这个地方的风险，如果觉得风险不大，一般就不会主动购买保险。像天眼景区就属于此类。如果绝大多数人都不愿主动购买意外保险，那就说明这个保险产品本身的设计有问题，赔付率过低。

赔付率过低的产品，老百姓没有购买意愿，只有靠搭售、强卖才能售出。其结果是：第一，它离保险本身风险管理的意义已是南辕北辙，近乎抢钱；第二，它离市场经济的意义也是南辕北辙。市场经济中绝大多数产品都应该是买卖自由，反过来，买卖自由才成其为市场经济。保险产品除了法定保险外，都应该是愿打愿挨、自由买卖的。

　　我觉得景区和保险公司应该思考的是，景区里到底有哪些可保风险？风险的程度有多大？值不值得游客主动购买？只有真正从游客风险需求的角度出发，才能设计出游客愿买的保险产品。现在不是讲定制保险吗？我看全国各个景区可以根据自己不同情况动动脑子、想想办法，为游客定制出他们愿意掏钱买的保险；而不是一个意外保险、一个景区责任保险，所有景区"通吃"。

　　买保险是担心万一吧？这万一的概率还真就发生了。最近在北京十渡景区发生了一个让人揪心的事：一年轻女子蹦极的时候，在弹到第三次的时候发生意外，从 50 米高空直坠水中，所幸的是人无大碍。肯定是景区的责任啦。景区给出的解释是"蹦极上下站员工沟通衔接不畅、判断不准确，导致游客触水"。不解释还好，一解释更揪心，也让人对蹦极的风险系数评估陡然增大。没错，有人会问，这个女生要是买了保险就好了，还能赔一笔、压压惊。但从目前报道来看，还没有涉及保险。蹦极属于高危运动，高危运动保险公司一般是不给保或者投保条件很苛刻。但是，我要追问一句，既然蹦极属于高危运动，那为什么到十渡蹦极的人还是络绎不绝？他们就不担心出事？这里面肯定是有可保空间的。

　　以上两个案例，一个风险极低，另一个风险较高，恰恰对应了保险产品的两种极端形态，我觉得这都是值得保险公司深思熟虑、细细挖掘的，说不定可以开创出一个新产品的蓝海，也未可知。

（2017 年 8 月 23 日 《中国保险报》·中保网）

机器人统治的时代

按照科学的地质分期，地球形成以来的漫长历史可以分为冥古宙、太古宙、元古宙、显生宙，每个"宙"都是成十亿年。而人类的最近祖先智人诞生不过数十万年，还属于显生宙里面的一粒沙子。但是，从这粒沙子中折射出的五颜六色、生机勃勃的人类世界，着实令人惊叹不已。

自有人类世界以来，人类就逐渐取得了对万物生灵的统治权。因为人有智慧，而动物没有智慧或者智慧不健全。人统治了万物生灵，成了生态圈的主宰，可以左右其他任何生物的生死。这是有地球、有生物以来前所未有的事件。如果我们承认我们所生活的世界必须是矛盾世界的话，那么人类只有跟自己较劲了，好在这种较劲自有人类文明几千年来从不缺失。人类世界的永恒主题便是"战争与和平"。不过，这个主题自从第二次世界大战结束以后，便基本消失了。原因是大家恐惧原子弹的威力，怕人类因为它同归于尽、玉石俱焚。当今世界的主题是"和平与发展"，这两个词细分析起来，是一个意思。和平的状态下，不发展还能干啥？

这几十年来，人类和平发展取得的成果还是很丰硕的。特别是近十年来，我们在移动互联网、大数据、人工智能、区块链等科技领域取得了突飞猛进的进展。其中对人类未来影响最深远的还是人工智能（Artificial Intelligence，AI）研究。人工智能属于计算机科学的一个分支，该领域的研究包括机器人、语言识别、图像识别、自然语言处理和专家系统等。它的终极目标是生产出一种能以与人类智能相似的方式作出反应的智能机器。这方面的尝试在纯计算领域已经做得近乎完美，"阿尔法狗"完胜世界第一围棋手柯洁就是智能机器的代表作。"是人类，就有弱点。"赛后，柯洁一声长叹道。

人工智能战胜人类，目前仍局限在很小的局部领域，但是它带来的冲击则是核弹级别的。因为它宣告了人类不是不可战胜的。这同样是自有人类以来前所未有的事件。只不过，这个胜利者的打造者正是人类自己。

人工智能发展下去会怎样呢？我们已经有了会写作的机器，无人驾驶的汽车，会喂饭的机器人保姆，以及会认脸的 iphone 8，等等，接下来还会发生什么？会不会出现整体性突破？出现一个机器人世界，进而取代人类世界？类似预测，西方的许多科幻大片已经做了不少，它的相关场景是：机器人与人类在外形上完全一样，智力水平、活动能力也完全一样，而在抗击打、抗干扰方面完胜人类，人类与之对抗，完全处在劣势。那么，人类究竟会不会继续做世界的绝对主宰呢？答案基本上都是肯定的。因为什么？人类拍的影片当然要照顾人类喽。

那实际情况会是如何？细思恐极。按照常理，机器人世界替代人类世界只是迟早的问题。那是机器人统治人类的时代。当然，这只是人类面临的一个大矛盾。这个矛盾还处在早期酝酿阶段，还不很急迫。人类面临的另一个大矛盾，人口不断增长与环境承载能力之间的矛盾，则是很现实的矛盾。这是"和平与发展"的环境所带来的必然矛盾。怎么解决？我看不出有什么解决办法。

日本科幻片《寄生兽》里面那个最厉害的寄生兽，也是人形，最后说了一句话，"深受人口数量过多困扰的不是别人，正是人类自己。"所以，人类异化为寄生兽，来消灭人类。这正是《寄生兽》的过人之处。把人类面临的两大矛盾巧妙地集中起来呈现，让这部片子涂上了很强的伦理色彩。

进入机器人世界，整个保险世界也许会颠倒过来。那不是人类给机器人买保险的问题，恐怕要机器人给人类买保险了。

（2017 年 9 月 20 日《中国保险报》·中保网）

企业家的春天

2017 年 9 月 8 日 ，中共中央、国务院签发《关于营造企业家健康成长环境　弘扬优秀企业家精神　更好发挥企业家作用的意见》（以下简称《意见》）。这是新中国历史上首次以中央文件的形式肯定企业家作用、企业家精神，意义非凡。《意见》由新华社播发后，立时在企业界引起强烈震动。

马云称此《意见》为"2000 年来中国在思想领域的一大进步"。柳传志说："意见让我喜出望外。"王健林说："我的心情一是高兴，二是安心。"刘强东说："创新将成为今后经济发展的主要推动力，而企业家正是创新的主要发起者和实践者之一。"周海江说，"此《意见》有一文定天下的功效，价值至少有 10 万亿元，百万亿元都不为过。"几乎所有的知名企业家都在第一时间表达了对《意见》的肯定以及自己兴奋的心情，而且看得出，这种兴奋与肯定是发自内心的真实感受。

如果联系起这几年民间投资增速的断崖式下滑，联系起社会上对企业家群体的质疑声音，联系起"曹某某跑了"的新闻，那么这样一个顶层设计式的《意见》堪称给企业家吃了一颗"定心丸"。它营造的是中国的建设需要企业家，中国的创新需要企业家的氛围。这是一种让企业家为之开怀而干、开心而干的氛围。

《意见》的开创性意义还在于肯定了企业家精神，提出"弘扬优秀企业家精神，造就优秀企业家队伍，强化年轻一代企业家的培育，让优秀企业家精神代代传承。"刘东华甚至提出，把《意见》发布的日期 9 月 25 日定为"中国企业家精神日",以兹纪念。

什么是企业家精神？我理解第一个就是敢冒风险，当然这与蛮干有差异；第二个就是敢于创新，这与因循守旧相对。企业家精神不只存在于企业家群体中，社会上各个阶层的人只要具备了前述两种特质，那都叫企业家精神。因此，当中国经济处在这样一个特殊敏感时刻，国家出台如此规格的《意见》，意在激励全社会持续向上的动能，为实现中华民族伟大复兴的中国梦而不懈奋斗。

当然，《意见》也首次提到"国有企业家"的使命，就是"要更好肩负起经营管理国有资产、实现保值增值的重要责任，做强、做优、做大国有企业，不断提高企业核心竞争力"。过去对于国有企业的领导人是不是企业家，理论上是有争论的。现在政策上已经明确了，可以叫国有企业家。这是对国有企业领导人的一次正名。

联系到保险行业，其发展主要得靠保险企业；而保险企业发展的担子，首先还是落在每一位保险家身上。

《意见》的出台，应该值得 "中国保险家"欢欣鼓舞！

(2017 年 9 月 30 日《中国保险报》之《中国保险家》决策参考)

不改初心

"不忘初心，方得始终"，如今正成为全国上下传诵的热词。

"不忘初心"最早源自哪里？有人考证是《华严经》，但《华严经》是舶来品，经过了翻译，味道可能就不那么醇正了；况且《华严经》大概是唐朝中期才始传播完全、翻译完毕。那么，比它年代更早的典故还有么？答案是有。

在蔡东藩版《后汉演义》中记载了曹操的颇具豪迈气息的一句话："我等举兵西向，远近莫不响应，无非因师出有名；今幼主微弱，受制贼臣，非有昌邑亡国的罪孽，一旦改易，是我等将为董贼了！诸君如欲北面，我却依然西向，不改初心！"

这里记述了曹操的"初心"。他的初心是西向，讨伐劫持汉献帝的董卓。这是当时天下豪杰共同的目标。但是囿于董卓的声威，有一些豪杰动摇了，怕干不过董卓，就打算拥立新的皇帝。当时考虑的是幽州牧刘虞，刘虞也是光武帝的后代，本身人品不错，德行也很高尚，完全具备当皇上的条件。但是，曹操偏不认这个理，"诸君如欲北面"，"我却依然西向，不改初心"。正统的皇帝虽然被劫持了，作为臣子不应该抛弃他，应该铲除他周边的奸佞，恢复汉室的威严。这在当时是国之大事，彼时曹操血气方刚、充满正气，所以才敢于许下这样的"初心"。

那么，曹操的这个初心到底改没改？铲除董卓之后，曹操拥立汉献帝定都许昌，开始了他"挟天子以令诸侯"的时代。你可以说他"一改初心"，因为在他的手中，汉献帝依然是个傀儡，只不过日子过得比在董卓的手中好一点罢了；你可以说他"不改初心"，因为他毕竟忍住了无数次的冲动，没有篡汉自立。只是到了他儿子曹丕手里，才完成帝位的禅让。探究起来，那个当时立下的"初心"，恐怕成为他一生的顾忌吧。

一个人有一个人的初心，一个政党有一个政党的初心，一个行业也有一个行业的初心。保险业的初心是什么？就是通过做好风险管理这件事，为广大人民群众服务。追根溯源，保险最早产生于人类的风险管理实践。所以，在当下，保险也必然要回归风险管理，回归保障的基本功能。当然保险还有其他功能，但保障一定是它最本源的事，不可须臾离之。这两年，保险业所经历的风波充分揭示了坚守初心的重要性。

所以说，初心，贵在不改。

(2017 年 11 月 6 日《中国保险报》之《中国保险家》决策参考)

"十论现代保险服务业" 系列访谈

Baoxian Zhewunian

　　从 2014 年 5 月 26 日至 7 月 17 日止，《中国保险报》"十论现代保险服务业系列访谈"连续在一版重要位置刊出，来自高等院校、政府部门以及保险公司的 9 位专家学者和官员就现代保险服务业的内涵、保险业在国家治理体系中的合理定位、当前我国保险业面临的主要问题和面向未来的重大挑战等保险理论界的重大问题，从不同角度展开了详尽而有建设性的讨论。"十论现代保险服务业系列访谈"刊发后，引发保险业的强烈反响与共鸣。本组文章收官不久，国务院第 54 次常务会议审议通过了《国务院关于加快发展现代保险服务业的若干意见》（"新国十条"），《意见》明确了保险业服务经济社会全局的历史责任，立足服务国家治理体系和治理能力现代化的神圣使命。这是我国保险业发展历史上的一件具有里程碑意义的大事。"十论"的刊发，可以说为"新国十条"的出台制造了声势，更引发行业更深入的思考。作者有幸承担了系列访谈总策划的任务。

"十论现代保险服务业"系列访谈之一
王和：保险业是"天然的公众公司"

近日，中国人民财产保险股份有限公司执行副总裁王和（时任，编者注）接受《中国保险报》总编辑于华的采访，就保险业在新时期的定位、保险业未来发展的趋势以及建设"现代保险服务业"的若干基本问题阐述了个人观点。

Q：党的十八届三中全会出台了《关于全面深化改革若干重大问题的决定》。《决定》不仅是我国今后一个时期改革发展具有里程碑意义的宣言书，也为我国保险业的未来创造了一个前所未有的大好发展环境。同时，我们也看到，与中国整体改革面临的形势一样，保险业的改革发展也进入了攻坚期和深水区。在这样一个新的历史时期，保险业应如何定位自身，如何发挥更大的作用？

A：在新的历史时期，要更好地发挥保险的作用，很关键的一个因素是解决定位问题，即"名分"问题。我们可以从三个角度来看：第一是从回归本源的角度看，互助共济和稳定预期是人类社会存在和发展的基本需求，保险是现代社会的一项基本制度；第二是从社会进步的角度看，社会落后可能不需要保险，社会进步了就一定需要保险。保险是社会进步的标志；第三个是从社会发展的角度看，社会往前发展，特别是中国社会要转型，会面临很多风险和不确定性，并给社会发展带来压力，这些都需要保险解决。全社会从这三个视角来统一和形成对保险的共识是非常重要的。

关于新时期保险业发展的思路，总结为三句话，第一句话是"眼界决定格局，格局决定未来"。保险业目前存在的突出问题就是眼界太窄，整天就盯着自己的"一亩三分地"，固守在传统的经营思想和发展模式，这样是走不出去的，也不可能有大的作为和发展。第二句话是"思路决定出路，出路决定发展"，有了思路，才会有出路。路趟开了，发展就是水到渠成的事。第三句话是"能力决定地位，地位决定未来"，行业总抱怨没有地位，没能力怎么会有地位呢？没有地位，就很难有一个光明的未来。

接下来的问题是，保险业应当如何看"大势"？第一，是全球经济一体化的趋势。中国毫无疑问已经融入全球经济中了，所以，很多问题必须放到全球视野下来看。第二，是我国社会发展和变革的大势。十八大，尤其十八届三中全会后，中国的发展将进入一个深刻转型和变革阶段，其深刻程度也许不是我们现在能够意识到的，也许等五年、十年后再回过头来看，才能够真正体会。第三，是政府的改革与转型。从某种意义上讲，保险跟政府是一种"互补"的关系，此消彼长的关系。这一届政府提出了要深化行政体制改革，提出精简高效的概念。在这个背景下，我们注意到李克强总理的两句话，一是"花钱买机制"，二是建立"惠而不费"的社会管理模式，这无疑为保险业发展提供了巨大机会和空间。第四，新技术带来的机遇与挑战。新技术的出现，特别是移动互联网的发展，给保险业带来的机遇与挑战是本质性的。我有一个观点：未来属于基于新技术创新应用的商业模式创新。谁能够很好地解决这个问题，谁就能够在明天的发展中赢得主动。第五，是保险行业自身发展的"代际效应"，这是行业发展规律决定的。行业发展到今天，既有的发展模式肯定是不行了，是难以为继的。在新的历史时期一定会产生新的模式，并实现一种"代际跨越"。所以，面向未来，保险业面临着一个方向、模式和路径选择的问题。

Q：您刚才讲到了保险业与政府的"互补"关系。换句话说，保险业的发展和政府的"导向性"关系很大。从2006年《国务院关于保险业改革发展的若干意见》（"国十条"）出台到现在已经8年。据我们观察，这期间保险业有个大起大落、再大起的发展过程。对于这8年，您是怎么看的？

A：保险业的特点决定了它的发展是离不开各级政府的重视和支持，离不开社会的广泛认知和参与，尤其是在建设中国特色社会主义这个大背景下。2006年"国十条"最大的贡献就在于很好地推动和解决了这"两个离不开"问题。

2006年"国十条"颁布后，各级政府纷纷组织学习，并结合本地实际，制定出台了贯彻落实"国十条"的一系列文件，配套了许多政策，对推动保险业的发展发挥了非常积极和重要的作用。在新的历史时期，特别是面对政府和社会转型的艰巨任务，迫切需要从"顶层"解决保险的"名分"问题，给保险一个明确的定位。因为，有位才能够有为。长期以来，人们对保险的认识往往是模糊的，有的时候，更多的是看到一些消极和负面的东西。各级政府对保险有一个更清晰和明确的定位，保险就能发挥更大的作用；社会对保险有一个更正确和深入的认识，保险就能够有更大的发展空间。

"国十条"出台以来这8年，中国保险业发展确实经历了一个大起大落。财险业起初两年发展很快，2008年跌到谷底，然后保监会出台70号文件（《中国保监会关于进一步规范财产保险市场秩序工作方案》），经营情况开始逐步恢复，恢复了两三年又开始出现一些问题，走出了一个波浪形的发展路径。

寿险业也是这样，2006年之后有个很好的发展，特别是银保业务的拉动，形成寿险业的高速发展。高速发展后又面临很多的挑战，包括内涵价值、退保、销售误导和个人代理的问题等。其中，内涵价值是寿险业发展中面临的最主要的挑战。

那么，怎么看2006年后市场出现的这些情况？这是由我国经济发展和保险业发展大势决定的。我国保险业仍处于发展的初级阶段，有起伏是很正常的。改革开放以来，我国经济发展的一个重要特征是阶段性。因此，我们在看问题的时候，一定要用"阶段性理论"来观察和评价。这就是习总书记讲的"两个不能否定",我们既不能用现在的问题,否定过去的成绩,也不能用过去的成绩,否定现在的问题。总结说,过去8年,我国保险业成绩和进步是主流,是有目共睹的,而在成绩的背后,"国十条"发挥了很重要的推动作用。

Q:新的时期,监管机构提出了发展"现代保险服务业"的理念。对此概念,应如何理解?

A:首先,我们要充分并深刻理解党的十八届三中全会《决定》为未来一个时期中国的改革发展所奠定的理论基础和路径框架,在此基础上,去全面理解什么是"现代保险服务业"。把这七个字拆成三个词来看。一是"服务业",我们如何理解服务业?我国服务业发展的大趋势是:在未来整个经济结构中,服务业的占比会越来越大。社会和经济转型必然推动保险服务业的大发展。二是问题的核心,即保险如何服务?保险业的服务与别的服务业相比,有什么不同?怎么做好保险服务业?如何为客户和社会创造价值?这个话题比较大。"责任"是保险服务最重要的特质,它包括了责任意识和能力。从狭义看,保险业要让人放心地承担起"托付终身"和"救人于水火"的责任。从广义看,保险业要以更大的胸怀承担起为社会创造福祉的责任。与此同时,保险业要具备承担责任相应的能力。

关于"怎么做"的问题,我曾提出过一个"减量管理"的观点,主要是基于对传统的保险经营的反思。传统的保险经营理论是简单地应用大数法则,通过保险的方式,建立社会保险基金,并在被保险人范围内进行再分配。这种经营模式的特点是基于价值转移的再分配管理,是一种基于静态、存量,或者是等量的管理。面向未来,这种模式将面临挑战,解决之道是实现一种基于价值创造的动态、减量和分享式管理。保险行业要实现从等量到减量的转变,就必须以价值创造的视角,确立并优化行业在相关产业链的中枢地位。站在战略的高度,作为被保险人利益的代理人,集合并重新整合被保险人的利益,通过价值链思维,进行前向和后向整合,发挥保险专业风险管理的能力,以及正外部性作用,实现对于社会风险基于主动管理的再造，在推动相关产业效率提升的同时，实现风险暴露的降低，为客户创造价值，为行业赢得空间，为全社会创造福祉。

另外，保险制度的一个重要特征是正外部性，即在保险经营过程中会产生一定"溢出效应"，现在这种溢出效应更多是盲目和被动产生的。未来保险业需要通过产品和定价机制，主动安排、设计并放大溢出效应。举一个例子，现在的车险定价更多是采用从车本身因素，如车价、使用类别和年限等，与实际使用情况，如里程、区域和时间段没有关系，与驾驶员的驾驶行为习惯也没有直接关系。目前，人保财险正在开展基于车联网的定价模式探索，将实际使用和驾驶行为纳入定价。这种定价模式不仅能够更加科学地定价，更重要的：一是能够推动和激励驾驶员改变不良驾驶习惯，减少交通事故和社会损失；二是通过基于实际使用的定价模式，能够鼓励被保险人少开车，或者是错峰用车，对节能减排，绿色交通产生积极贡献。所以，通过主动的制度设计，保险是能够更好地发挥社会管理作用的。

经济学中有个"搭便车"的概念，更多体现为一种贬义。而保险业则可以从另一个角度去看这个问题，即如何通过保险业务，在服务客户的同时，间接地让整个社会受益，承担起社会风险管理的职责。比如，保险业在经营医疗责任保险的过程中，通过集合被保险人的利益，对医院的管理和服务进行外部和专业监督，推动医院技术和管理水平的提升。这不仅能够有效地维护被保险人的利益，也能够为所有的患者创造良好的就医环境。在这个过程中，保险业实际上是扮演了社会风险管理中"影子政府"的角色，让全社会"搭便车"。宁波保险业在这方面就有很好的实践，通过设立了"医疗纠纷理赔处理中心"，很好地化解了医患矛盾，探索出了"宁波解法"。

最后，是保险业的"现代"问题。我们需要在国家治理体系和能力现代化的大背景下，在以互联网为代表的现代科技发展的大环境下，思考保险服务业的现代化问题。保险现代化更多体现为观念和能力的现代化，观念现代化是要志存高远，站在社会风险管理的高度，为政府分忧解难的高度看问题，站在为客户创造价值，为社会带来福祉的高度看问题。面向未来，能力建设将成为保险公司面临的一大挑战。能力现代化是要具有洞察、理解并运用现代科技手段，特别是学会互联网思维，不断探索经营模式变革创新。

Q：从保险业的起源看，是从互助共济的组织形式开始，逐渐发展到专业化运作的商业保险，形成了现代保险制度。您刚才强调保险业回归本源，应如何正确理解？公司制过时了吗？

A：在现代保险制度中，保险表面上看是保险基金管理人的身份，实际上是以公司形式存在的。在最早的相互制保险中，人们因需要互助而走到一起，他们既是被保险人，同时也是基金的所有人，保险公司是作为管理者而存在的，是一种被动的"宾语"状态。现代保险业则不然，是投资者从盈利的目的出发，设立保险公司，然后去发展投保人。在这个过程中，保险公司从"宾语"变成"主语"了，这个微妙变化是非常值得我们思考的，这就是对保险本源的回望。

现在这种状态可能还是个过渡。从自保状态，进入互助状态，再从松散的互助状态，进入到规范的公司制状态，未来将如何发展，有可能还会回归到互助共济状态，特别是在互联网推动社会进入平台化时代，也许这就是事物发展的基本规律。但相信它不会是一个简单的回归，而是一种螺旋式的上升。面向未来，保险行业的盈利模式将从"价差模式"逐步转型为"服务费模式"，这无疑将对保险公司的基于价值创造的服务能力提出挑战。

从国际保险市场看，也出现了两个趋势：一个自保公司的发展；另一个是互助保险的回归。自保和互助形式将推动保险业深刻变革，但不会颠覆现代保险业。未来保险业将会在一个更互助、更共济的层面，以一种全新的方式存在。未来5~10年保险业将重新定义自我，重新定义的核心内涵是基于互联网思维的产业链整合和全面减量管理。面向未来，任何一家企业都不可能独立创造价值，均需要协同和融合创新。目前，我国保险业对于跨界、协同和融合的认识和理解还是远远不够。同时，保险业需要追问的是为客户创造价值的能力，而这种能力更多地体现为基于模式和技术创新的组织力，体现为对外部资源整合和协同的再造力。

Q：保险业的起源决定了其在具有商业属性的同时，有绕不开的社会属性。您曾指出保险业提供的是"准公共产品"，这个说法普适性到底有多大？

A：关于保险业的"准公共"特性问题，我有一个观点：保险公司是一个"天然的公众公司"。为什么这么说？因为保险公司，特别是寿险公司的绝大多数资产都是被保险人的。保险公司除了最初的资本金外，大多数钱都是被保险人交的保费。所以，某种意义上讲被保险人就是保险公司的"股东"，所以保险公司的管理者和投资者应意识到这一点：保险公司不仅是投资者的，更是所有被保险人的。保险行业如果能够真正认识和理解了这一点，那么，许多问题就会迎刃而解了。所以，保险行业不能像其他行业一样，简单地追求股东价值最大化，它必须兼顾，甚至是优先考虑客户价值问题。同时，将稳健和永续经营放到一个突出位置。保险公司的管理者如果清楚地认识到，自己管理的是一家"天然的公众公司"，就会像上市公司对待股东的态度一样去对待客户，只有这样保险业才能够持续健康发展。因此，保险业必须时时提醒自己，我们是靠什么存在的？是为什么出发的？

Q：说到这里，我们想插一句：哪个行业不是先收客户的钱，然后为客户提供产品和服务呢？比如汽车厂收客户买车的钱。这么讲，大家都是"天然的公众公司"？

A：保险公司虽然也是商业企业，也是通过提供产品和服务而生存和发展的，但保险的最大特点是"支付（定价）在前，交付或履约在后"。而绝大多数行业均是一手交钱，一手交货的交易模式，均是企业先投入并生产出产品，然后再与消费者交易。但保险行业不一样，是客户先交保费，在交了若干年的保费之后，保险公司才给付赔款，或者保险金。因此，我们说，保险公司是"天然的公众公司"，目的是强化它的社会属性。从这个角度看，保险业是更需要规范和监管的，不能简单地交给市场。因为，它能否确保向被保险人履行承诺不仅是一个合同问题，更是一个社会问题。

同时，我们需要高度关注保险业的两个重要特点，一个是社会性，一个是公众性。社会性体现的是基于互助的社会群体集合，通过一张张保单，集合成为一个小社会。公众性是指保险业管理的是公共利益，一般的企业，前期的投入都是投资者的，产品和服务如果不行，就没有客户，损失的是投资者。而保险就不同，特别是寿险，投保人把自己的养老钱托付给你，而且，一旦托付就是几十年。最后，你经营失败了，那么，被保险人怎么办，他们没有再来一次的机会。因此，保险是需要用一种敬畏心去经营，没有敬畏心的人是做不好保险的。同时，要强化社会监督和管理。

关于"准公共产品"的问题。从社会管理视角看，我们有两大类产品，即公产品和私产品，凡是能够由市场机制供给的为私产品，凡是市场失灵的领域，需要由政府供给的为公产品，而介于这两类产品中间，还有一类为"准公共产品"，它可以由市场供给，也可以通过政府供给，或者通过两者结合的方式供给。

保险的社会性和公众性特点决定了它能够很好地扮演"准公共产品"供应商的角色，并发挥社会风险管理的作用，如在农业保险、巨灾保险、责任保险和大病保险等领域。在未来我国社会和政府转型的过程中，保险业是可以大有作为的。要做到这一点，保险行业要有"两手"，即扮演好"接手"和"助手"。所谓"接手"，就是解决存量问题，在政府对现有的社会管理职责进行剥离的时候，保险业要能够很好地承接。所谓"助手"，主要是针对增量问题，在未来社会转型发展过程中，社会风险不会减少，只会增加，保险业要为政府分忧解难。比如，通过 PPP 等模式，政府可以将更多的公共服务外包给保险业。在这个过程中，保险业要解决好两个关键问题：一是眼界，即要有一个社会视角，看到哪些风险管理职责是政府需要剥离的，哪些社会风险是可以通过保险加以管理的。二是能力，即保险行业有能力把这些社会风险管理的工作做好，让社会满意，让政府放心。

Q："天然的公众公司"也好，"准公共产品"也好，其实都是强调保险公司的社会属性或社会责任。如果我们跳出保险业就会看到，在竞争性行业普遍存在的情况是，如果一种商业组织过分强调社会属性，没有利润追求作为原动力，这样的商业组织就会萎缩。那么，对保险业来说，是否需要把握一下私利与公利的平衡？

A：回答你这个问题前，先介绍一下"社会企业"的概念，这个概念现在并没有得到应有的重视，但相信未来一定会被广泛认同的。这个概念是2006年诺贝尔奖获得者尤努斯提出来的，他的基本观点是一个理想的社会，应当追求在投资者、员工、客户和社会之间进行合理的利益平衡。而不是现在这种通过提高商品价格，压低劳动者报酬，而使投资者获取巨额"剩余价值"的模式。我国改革开放30多年，受到西方经济和管理思潮的影响，出现了片面地追求所谓股东价值最大化的情况，导致了新的社会不公平现象，如房地产行业就是一个典型。

未来的中国，随着社会的文明与进步，应该有越来越多的社会企业出现。社会企业从企业宗旨和文化层面就解决好了利益平衡问题，能够从根本上促进社会公平，实现社会和谐。而保险行业是最有条件，也最应当成为社会企业的。为此，保险业需要认识到两个问题。第一，保险业一定不是暴利行业，而应当是社会企业，至少是准社会企业。第二，保险企业是"天然的公众公司"，应该是保户利益至上，而非股东利益最大化。

保险行业还可以跟一个行业类比，就是慈善业。保险业有一定的慈善色彩，大家互助共济，救人于水火。从这个角度看，这就不难理解保险业不应该是个暴利行业的道理。如果我们观察日本和台湾地区的寿险业，他们在对营销人员的培训过程中，传输的一个观念是：保险是一个传递爱的事业，是一份积德行善的工作。尽管这里面有营销的元素，但我们会发现：凡是做得比较好的寿险营销员都有一个共同特点，就是能够很好地从客户的角度出发，通过真诚、专业和爱心去赢得客户的信任，而不是急功近利地追求业绩，背后体现的是一种对生命和生活的理解、感悟和境界。如果从传统文化的视角看，保险与佛文化也有着很强的同源特征。佛家讲"大我"与"小我"，每一个人的保险基金就是一种"小我"，只有将这个"小我"通过投保的方式，融入社会保险基金这个"大我"中，才能够有效抵御风险，成就"小我"。同时，佛家讲"渡人"与"渡己"的道理，保险一定要从"渡人"，而不是"渡己"的目的出发，把别人渡过去了，自己也就在彼岸。这跟中国传统文化中讲的"成人达己"是一个道理。

保险事业从根本上讲就是群众的事业。现代保险经营可以总结为十个字：客户是基础，价值是灵魂。没有客户，一切都无从谈起。有了客户，不能为客户创造价值，客户终究还是会离我们而去。所以，以客户为中心不应当只是一句口号，而应当成为行业的集体和自觉行动。

相关链接：

什么是"减量管理"

一家保险公司做汽车挡风玻璃保险。从概率看，每年10辆车中会有1辆挡风玻璃破碎，假设每块玻璃市场价是1000元。原来"等量管理"的模式是，每人交120元，10个人收1200元，形成一个"基金池"。其中200元是保险公司的费用，剩下1000元用来赔10人当中的一个。"减量管理"就是由保险公司把10个人对挡风玻璃的需求集中起来，去跟挡风玻璃厂谈：原来1块玻璃零售价是1000元，现在通过集中和大批量采购，每块可以降价到800元。这样破损概率并没有变化，赔付成本降到800元，加上保险公司的200元的费用，投保人交的保费就从120元降为100元，负担比原来少了20元。这就是"减量管理"。

史培军：保险业应更多去"找市场"

企业应该"找市场"，还是"找市长"？在中国经济向市场化转轨的进程中，长期以来这都是一个引起人们热议的话题。从市场经济的基本理论出发，答案本身并不难选择。但是在我国社会主义市场经济发育尚不完善的条件下，"找市场"与"找市长"往往不是一个非此即彼的单选题。而对于社会性特征明显的保险业来说，面对"找市场"还是"找市长"的问题，又该如何理性选择？就此，《中国保险报》副总编辑杜亮近日对北京师范大学常务副校长史培军进行了采访。

Q：据我们观察，目前在保险界，有一个颇具潮流性的提法和做法，就是保险业要做好政府社会管理的帮手和助手，甚至有人形象地将保险业在这方面承担的功能和角色称为"第二政府"或"影子政府"。对此，您怎么看？

A：我认为这反映了当前中国保险业发展一个不好的苗头，有些同志老想往计划走，老想往政府靠，这种思路正好和国际上相反。对此，我们需要高度关注。从世界范围看，保险业本身就是市场经济的产物，如果离开这个判断，老是把保险业和政府、社会绑在一起，我认为不合适。党的十八届三中全会决定提出的60条，最重要一个信号就是市场能做的就不要靠政府。

为什么强调这个？北京师范大学的李晓西教授，2003年搞了一个"中国市场化发展程度"测评，完全是按国际标准，评测的结果是69%（后按新方法调整为64.26%）。用美国、欧盟和经济合作与发展组织三大经济体的标准，他们认为达不到 75% 就不能称为市场经济。这个测评 2010 年的结果，中国市场化程度已经到了 76.4%。从这个角度来看，中国已经进入市场经济阶段。

20 世纪 80 年代，我曾经跟保险界的几位元老探讨灾害保险及保险业发展的问题。当时觉得必须借助政府计划的手段来推动保险，因为那时候仍是以计划经济为主体。我问过李晓西教授，按现在的指标评价，1980 年中国市场化程度还不到 20%。

历史照见未来。党的十八届三中全会提出全面深化改革，强调"使市场在资源配置中起决定性作用"，完全合乎中国社会主义市场经济发展的基本逻辑。当然还有后半句话，不是完全都用市场手段，要"更好发挥政府作用"。保险业应该对这句话深入研究、完整理解。

今天，我们的保险界及风险研究者，必须认真学习领会党的十八届三中全会决定中关于"处理好政府与市场关系"的论述，更加有力地推动中国社会主义市场经济的建立。过去的经济是靠政府的计划手段来保障的，这不是中国特色的社会主义市场经济。真正的社会主义市场经济应该分清楚，哪一部分该走计划，哪一部分该走市场。而作为保险业，不该为计划经济保驾护航，应该为市场经济保驾护航。只有保险业对市场经济的保障能力提高了，中国的市场化程度才算真正提高了。

主要发达经济体为什么直到今天都不承认中国的市场经济地位？一个重要的原因，就是认为保险业对中国经济的保障水平太低。根据 2008 年的数据，中国的保险深度只有 3% 左右，自然灾害造成的损失中有保险赔付的也只有 3% 左右。当时我向国务院汇报时，就说保险业对灾害风险的分摊比例太低了。而截至 2013 年，中国的保险深度是多少呢？根据你们中国保险报数据中心的测算，还是 3% 左右。再看美国，2005 年卡特里娜飓风，美国灾害保险赔付比例达到总损失的 43.5%，当年美国保险深度为 9.15%。我们保险深度只有它的 1/3，灾害保险赔付比例连它的 1/10 还不到。2008 年汶川地震造成 8451 亿元的损失，灾害保险赔付比例不及 1%。

欧美质疑我国市场经济地位的时候，拿这一个指标就把我们卡住了。

假如我们发展到人家那一步，还要走多长的路？

保险从产生那天起，就是市场发展的产物。市场有风险，这就需要用保险的"大数法则"来对大家面临的风险进行分摊。当然，保险业在发挥市场保障功能中遇到了极端情境，政府也应该对保险业进行保障。但不是倒过来的，政府对经济提供保障，保险给政府提供保障。这一点我们没意识到。

现在保险业提出来要进入社会管理，这个判断是有偏颇的。原因是，保险业首先应该是对经济发展的保障。我们的保险业过去是靠计划在保，那还是"政府模式"。"市场模式"不是这样。在发达国家，当经济遇到各种困难时，主要是运用市场手段来保护，那才是保险业该做的事。

确实，当前保险业的地位提得还不够高。但是提高保险业地位的关键不是靠帮政府做社会管理的事，做"第二政府"。我国保险业地位不高，最关键的是它对市场经济的保障程度不高，而背后的深层原因是我们的政府和行业对保险在市场经济中的作用理解不深刻，对保险为社会主义市场经济保驾护航的作用理解不到位。

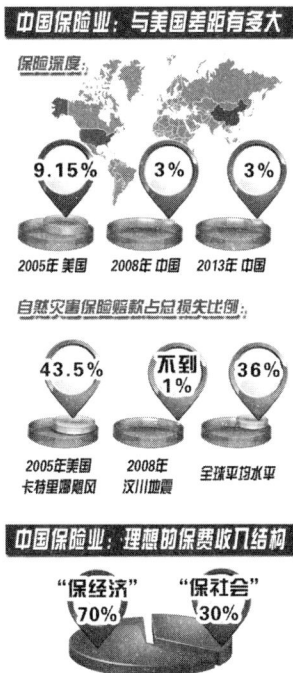

中国保险业：与美国差距有多大

保险深度：

| 9.15% | 3% | 3% |
| 2005年 美国 | 2008年 中国 | 2013年 中国 |

自然灾害保险赔款占总损失比例：

| 43.5% | 不到1% | 36% |
| 2005年美国卡特里娜飓风 | 2008年汶川地震 | 全球平均水平 |

中国保险业：理想的保费收入结构

"保经济"70%　"保社会"30%

Q：按照您的分析，保险业在社会管理领域所做的一些事情，比如大病保险、投资养老社区等，是多余的吗？

A：我不是反对保险业在社会管理的一些方面做政府的助手，但核心是你要把主业做好。从世界范围看，保险业的主要责任不是管理社会，管理社会的主要责任仍然在政府。保险业应高高举起"保驾护航中国社会主义市场经济"的旗帜，如果这个做不到，保险业就失去了主体功能，帮助政府搞社会管理是可以的，但是不能倒过来。

保险界有个提法，叫保险要做"经济助推器"和"社会稳定器"。这个提法大面上没错。但是我们必须清楚，保险业的主体功能，是应该保什么？应该是"保发展"，而不是"保稳定"。保险业保障经济发展，这是核心。但是保险界有些观点认为，保险业是保稳定的，说得再清楚一点，就是保社会稳定——因为稳定是社会问题，不是经济问题。当然，社会稳定的内容用保险的手段去管理的话未尝不可，但是不能倒置。保稳定不是保险业的核心，保险业应该以保经济发展为主体，经济稳定和社会发展为辅。

再进一步看，如果我们对国家安全重新定义的时候，经济安全始终是政府工作的核心。如果经济不能稳定发展，最大的安全问题就是失业。经济垮了，什么都垮了。所以最近习总书记多次讲话强调发展，都在讲发展是稳定的基础，而保险业是保障发展的关键。企业要发展就会冒风险，但不买保险会怎样？一旦出问题，就在三个方面表现出来——生产链上、供应链上、价格上。价格是当前中国经济运行中最大的风险。煤炭从2012年下半年到今天，就是因为出现了产能过剩，导致价格急跌，整个行业陷入到危机中。假如我们有价格保险，煤炭业会是什么局面？至少不会像现在一样。

保险业应该在经济发展中的价格稳定上有所作为。最近有关部委在研究农产品价格保险，保险业也在这方面有探索实践。这是很好的方向。

农产品价格保险一定是完全商业化的。如果把农产品价格保险搞起来，中国的农业保险就真正成功了。政策农险这边保基本，商业保险保农产品价格。农产品价格保险的作用是稳定和支持农业发展，这就是"保发展"，让搞农业的看到农业真正的价值。现在，我们对待农业越来越像养独生子女，天天想着"保稳定"，好多地方农业产业化搞得好的地方，农业生产者已经富起来了，还把他们当穷农民看。

保险业帮助、支持政府没错，但如果保发展这件事做不好，是最大的问题。对此，要在行业中达成共识。现在，财政部研究金融在稳定实体经济中如何发挥作用，专门设计了关于保险和实体经济关系的讨论。这跟我们的判断是一致的。

Q：对保险业来说，对自然灾害风险的经济补偿始终是非常重要的一块职能。您认为，保险业在自然灾害风险的应对方面应该发挥什么作用？政府又该发挥什么作用？

A：自然灾害的风险是很难预估的，其经济和社会影响也是巨大的。光靠政府不行，光靠保险也不行。我的观点是"政府支持、市场运作、协同推进"。这个政府支持的含义，首先就是政府要对投保人给予一定的补贴。农业保险走过的路，应该说有一定的示范性：政府是个引导者，但不是决定者，运作仍然是交给市场、交给保险业。在农业保险取得了示范经验的基础上，政府支持的巨灾保险也呼之欲出。这个支持的含义则是在保险公司在巨灾面前，出现偿付危机了，政府要兜底，兜再保险公司的底。

应对自然灾害，中国过去主要是靠监测预警和灾后救助与恢复重建这两笔财政资金。灾后救助与恢复重建主要是财政部与发改委掌控的财政资金。在巨灾保险的方案设计中，关于政府角色，有两种声音：一种是有的政府部门认为就不该搞；另一种是财政部门认为可以搞，由政府引导市场去搞。比如最初用二三十亿元中央财政资金就把我国的农业保险搞起来了。这里边财政部定位的政府角色是比较符合今天中国特色社会主义市场经济的。政府只是引导，不能替代；给予一定财政支持，商业运作。农业保险做起来后，应该在有基本灾害设防水平的前提下（如北京房屋应抗9度地震烈度），在政府财政资金支持下，把巨灾保险做起来。这也是中国市场经济地位受到发达经济体认可的一个重要前提。如果保险业对灾害保障的比例上不去，想让欧美国家认可你的市场经济是很困难的。所以政府应该创造环境，全面支持中国保险业，启动巨灾保险。

在自然灾害应对中，政府引导是前提，保险公司作为承接主体，市场运作，协同推进。"协同推进"的核心是把设防水平与巨灾保险结合起来。发展改革委等部门应该在建立基本设防水平的标准上发挥作用。现在有的地方设防很低，比如结构抗震本来是抗 6 ～ 7 度地震烈度的，你非让保险公司保结构 8 ～ 9 度地震烈度的灾害强度，明知道不可行，保险公司怎么能做呢？所以发展改革委等部门应该把结构基本设防提高，把灾害预警系统搞好一点。政府引导、市场运作、协同推进，一定要这样。

财政部已经做了部分保费的补助（如农业保险），发展改革委等部门也发挥一些作用，再保险公司也要发挥作用，农业保险提留了大灾风险准备金，这个也可以作为公共基金，房屋维修基金有几万亿元，也可以拿一些放在这个基金里面。最后要让这个基金兜底再保险。至于超赔到一倍兜底还是超赔到两倍兜底？这是技术问题。

Q：非常同意您关于"政府引导、市场运作"的提法。但我也听到一种说法，"民政是保险发展的阻碍"。

A：市场经济到了何种程度都不会少了民政，保险补偿做到何种程度都少不了民政救灾救济，不要老提"民政是保险发展的阻碍"。民政和保险的关系是互补的。因为不是所有人都具有投保能力。民政要兜社会的底，社会稳定是民政和公安等政府部门的事。保险管不了这么多。

我认真研究了社会管理。一个基本观点，民政是政府社会管理的主要代言人。老龄化怎么办？穷人怎么办？孤寡老人、流浪儿、弃婴怎么办？主要靠民政部门保障。美国保险业那么强大，民政部门照样发挥作用。

社会管理有两类，一类是突发事件的社会管理，关系到社会公共安全，公安是管这个的；另一类是经济发展程度再高，总会有市场失灵或解决不了的盲点，如灾民，那需要各级政府民政部门应对。

经济发展保障的主体在保险，社会稳定保障的主体在民政和公安等政府部门。民政、公安、保险这三者，是中国社会经济发展稳定的保障。

Q：政府大规模购买农业保险，是不是政府转移职能的一种制度安排？政府购买保险服务会不会成为一种趋势？

A：是的。政府原来自己管理的许多领域，都可以由直接管理变成间接管理，这也是政府体制改革、政府职能转型很重要的一块内容。政府可以购买一些公共服务，包括向保险购买一些公共服务。这里面的关键是，投保人是不是事业单位或政府，如果保险对象是政府或事业单位，我认为是对的。如果保险向这两类主体之外的还提供公共服务，就是错的。本来是市场化的，是企业行为，不能再倒过来由政府为企业提供这种服务。农业在今天的中国基本属于社会与经济双重问题，因为农民是个弱势群体。所以在农业保险问题上，财政部要补贴支持农民。

从这个角度看，深圳的巨灾保险制度，值得商榷。它是一揽子的安全保障，把企业也放进去。政府应该兜谁的底？企业自己应该留存多少风险？在美国没有一个企业不主动参加保险的，中国有多少？这就是中国保险深度低的根本原因。

政府可以把一部分原来直接用财政资金管理的社会事业，交给企业来进行管理或购买服务。这是中国社会主义市场经济中，由保险公司来作为政府转移职能承接者的一大特色。这个估计能做到很大。

关于社会管理，其实包含三个方面：社会建设、社会化的政府管理和政府直接管理，它们各自的分量为三分天下，各有其一。谁都代替不了谁。社会管理到现在，缺很重要的一块就是社会建设，经济建设经过了30多年的高速发展以后，中国的社会建设跟不上，出现了巨大的落差。这种情况下，首先是中央和各级政府不能把社会建设的责任推给市场，社会建设是政府的基本工作。但是在管理社会的时候政府可以有两种方式，一种是直接管理，一种是间接、向市场购买管理。

社会发展分两块，社会建设部分保险不应该参与，社会管理中可以参与社会化的政府管理。

所以说，简单地将保险当作是"第二政府"有很大的问题，本末倒置了。维护社会稳定的一定是各级政府，政府做得不到位是政府的问题，但不能因为政府有不到位的问题就由别人代替掉，把社会管理、社会建设都用市场化替代掉，这是很危险的。美国等西方发达国家之所以出现一些社会问题原因就在这。美国保险业那么发达，保险赔付最高也就40%，剩下的60%没人管、管不好。美国走了完全依赖市场来解决社会问题的路子，这也是不对的。西方国家是政府发挥作用得不够，而我们的问题是市场发挥作用得不够，即"效率高、效益低"。汶川地震应对包括应急物资与食物，临时转移与安置等大量人财物投入，效率很高，但效益应如何评估呢？

党的十八届三中全会讲要"更好发挥政府作用"，这就是中国特色社会主义的"根"。

Q：您认为我国保险业参与社会管理的空间到底有多大？

A：在社会管理领域，保险能做到30%就已经到极限了，当然现在很低，还有很大空间。

农业保险这块，做得比较好，核心就是定位定对了。农业保险做得好的地方，民政救助照样配合得很好。我们提出"设防、救助、应急、风险转移"共同组成综合风险防范的结构体系，保险在这一综合风险防范的结构体系中的作用最多不超过40%，剩下的60%主要靠设防、救助和应急解决。

2016年黑龙江洪灾，保险公司赔了20多亿元，有两个方面，一个是农业，另一个是农房。民政灾害补助也参与了农房保险，民政给的钱包括灾民生活困难和倒房补助以及农业基础设施恢复，这些都是不保险的。还有一部分不投保的人怎么办？黑龙江2016年实际投保率按农田种植面积算，不到70%，有一大片农场不参加保险，遭灾找谁？只能是民政了。

凡是 2016 年黑龙江参加保险的和没参加保险的差别就是，参加保险的恢复重建的能力大大提高了，两者相加能保障到 70% 了，没参加的 40% 不到。民政尽民政的责任，保险尽保险的责任，这就是协同推进。

保险业应该更多去"找市场"，而不是"找市长"。我国许多地方国企投保的比例不如民企，大的国企投保比例更不如民企，合资企业投保率最高。中国的市场经济发展到这么大体量了，我们保险业真的应该使各类企业无不例外地都投保，这是保险真正的主业，才是保险业应该正视的大问题。

Q：保险业对于参与社会管理强调得过多，我觉得主要因为我国还是"大政府"的体系。您有没有匡算过保险服务于经济建设和社会管理，在保险业总的风险保障、业务结构里的比例，多少合适？

A：7：3。就是将来保险业的保费收入，70% 是保经济来的，30% 是保社会来的。保险业一定要盯住自己的主业。把七成精力放到经济发展上，三成用到社会上。三七比例是风险保障的黄金比例。西方发达国家保险业保经济收的保费占 60% ～ 70%，但绝没有人说低于 60%，这是不行的。今天中国的保险业，要拿出 70% 的精力来稳定和发展中国经济。

Q：关于强制保险、法定保险这一块，保险界期望值也很高。这块也需要政府才能推动。

A：在国际上，法律上的强制保险，只有涉及公众利益才搞强制。前段时间新环保法提出鼓励发展环境污染责任保险，保险业觉得力度弱，其实我也是赞成强制的，因为涉及公众利益了。对公众利益造成很大影响的风险领域就应该强制，投保就是以防出现意外的公害事件。但地震想要强制保险很困难，土耳其是合作式强制，不是完全强制，日本也是，都是由政府介入投钱才强制。我们现在有时让不涉及公众利益的企业参加强制。逻辑不成立，也找不到法律依据。

还有一类需要强制保险的，就是企业运输高危险产品，火车上、汽车上的能源运输都应该强制。美国叫"高危品运输强制保险"，而我们几乎不保。

Q：关于保险业未来的发展，请您最后做个总结。

A：我经常说保险业最大的错误可能是不能离开政府独立地工作。我国的保险业从恢复发展那天起，一直有种意识，跟市场打交道不如跟政府打交道容易，这是保险业的路径依赖。当然这里有制度的原因，中国的金融业市场化程度太低了，政府担当得太多。

所以，保险业要好好推动中国实体经济投保，把中国保险深度的比例，真正提高起来。按中国的市场化程度，保险深度应该达到一半的水平。发达国家90%的市场化程度，才达到接近一半的投保水平；如果是70%的市场经济，保险深度应该是35%左右。现在连10%都不到，还有很大的空间。

应该通过普及保险知识、提高保险意识、政府推动，让保险公司真正成为保险业保障的主体。想尽办法要让生产者知道生产与经营产品是有风险的。这个生产与经营产品过程的风险要通过保险来进行分担，这样对企业的发展，对全社会的发展都有好处。在这点上，保险业大有作为。

（王浩程／整理）

"十论现代保险服务业"系列访谈之三
魏华林：中国保险业的远虑与近忧

中国已经是保险大国但远非保险强国，如何让保险业强起来？就保险市场的发育看，中国保险业的有效供给与有效需求仍存在较大的不匹配，原因何在？社会和消费者对保险的负面认知——电话骚扰、销售误导、理赔难为何长期存在？如何解开制约保险业发展的种种症结？《中国保险报》副总编辑杜亮采访了武汉大学保险经济研究所所长魏华林，就中国保险业面临的远虑与近忧做了详尽分析。

Q：从保费规模增速看，这两年中国保险业的发展可以说出现了"触底反弹"的好势头。2013年实现保费收入1.72万亿元，同比增长11.2%，比2012年提高3.2个百分点，告别了个位数增长。特别是2014年第一季度，原保险保费收入大增35.90%，形势喜人。在您看来，这种局面的出现主要取决于哪些因素？是一个新周期的起点，还是昙花一现？

A：一个季度的情况不能反映中国保险市场的问题，一个年份的情况也不能说明中国保险市场的问题。尽管在过去30多年中保险市场发展出现过三次高峰和低谷，但是，这样的波动并不是保险发展的周期性表现。因为中国保险的发展至今尚未形成相对稳定的运行轨道，也没有出现环环相扣、循环往复的周期性迹象。以往发展所呈现的主要是阶段性特征。因此，与其说中国保险发展将会进入一个新的周期起点，不如说将会进入一个新的爬坡阶段。在这个阶段中，人们将会看到有别于他国的"中国式保险"

发展道路。保险市场发展的标志不仅仅是看保费规模和市场位次，而是由科学技术为支撑的保险产品创新和以保险服务为核心的保险市场成长。未来保险市场的变化不仅体现在数量上，更重要的是体现在质量上。这种变化既是经营方式变化的结果，也是经营理念变化的结果。这个阶段的转变过程也许只需要 3 ~ 5 年，而这种转变带来的发展时间将会持续 10 年、20 年乃至更长。

Q：截至 2012 年，以保费规模计，中国已经站在世界第四的位置。但说到人均保费和保费收入占 GDP 比重，我们和发达国家差距就远了：保险密度排名世界第 61 位；保险深度排名世界第 46 位（2012 年数字）。我想是不是可以从这两个角度理解一下：一个是从供给主体看，中国保险业依然是"大而不强"；另一个从市场需求看，中国保险业发展的"想象空间还很大"。首先，您是否认可"大而不强"的说法？"大而不强"又体现在什么地方？

A：这里涉及两个理论问题：一个是过去中国保险业发展成功的因素是什么？另一个是未来中国保险发展追寻的方向在哪里？如果我们不能准确回答第一个问题，那就意味着我们对于自己过去的成功因素是茫然的；如果我们不能准确回答第二个问题，那就意味着我们对于未来依然是茫然的。如果说我们对于过去的成功因素是茫然的，那就等于说我们过去所取得的成功是偶然的；如果说我们对于自己未来的目标是茫然的，也就等于说我们未来的成功将依然是偶然的。这两个"偶然"加在一起，将会导出一个"必然"的结果，这个结果也许不是成功而是失败。这是谁都不愿意看到的一个结果。

截至 2012 年，中国保费规模已经位居世界第四，这足以表明中国保险 35 年的发展取得了巨大成功。国人有一句老话："成功自有过人处。"中国保险业发展的成功来自何方？我相信不同的人会有不同的回答。在我看来，除了国家改革开放、发展市场经济、人口红利等因素外，还有两个因素发挥了重要而直接的作用，一个是社会财富的增加，另一个是风险社会的来临。这两个因素在经济学中属于需求问题。正是蕴藏在社会生产和生活中的保险需求的存在和增加，促进了中国保险业发展的一次又一次成功。同样，未来一个时期，保险需求仍然是保险发展的主导因素。关注保险需求的变化，并根据保险需求的变化调整保险供给，应该成为今后中国保险发展的方向和目标。

在中国，大家习惯用保险大国和保险强国等词语衡量保险的发展。其实，这两者之间并不存在必然的逻辑关系。保险大国可能是保险强国，但保险强国不一定是保险大国，因为两者分别使用着不同的衡量指标，代表着不同的含义。衡量保险大国的指标主要是保险经营规模、保费收入和资本规模等，衡量保险强国的指标主要是保险密度、保险深度和保险渗透率等。若以保费规模而论，中国虽然排在美国、日本和英国之后，但超过了德国、法国等发达国家，可谓保险大国。若以保险密度、保险深度而论，只能算是保险小国。若以保险渗透率（保额/GDP）而论，日本寿险市场的渗透率是321%，美国是191%，韩国是152%，德国是105%，法国是97%，中国是33%。世界保险十强国家的平均渗透率是126%。从这里可以看出，日本比美国强，韩国比中国强。做大做强是中国保险人的一个梦想。实现这一梦想需要分两步走，先是做大，然后做强。相比之下，做大容易，做强很难。作为世界保险强国，除了达到一些客观性指标外，还需要具备一些具有国际竞争力和风险承载力的基本要素，包括人才、企业和资源等。

Q：就需求看，要把"想象空间"变成"真实需求的满足"，让有效的供给与有效的需求匹配起来，保险业相关方需要作出怎样的努力？

A：供给与需求的矛盾是市场经济中始终存在的一种基本矛盾，要么是供给旺盛，需求不足；要么是供给不足，需求旺盛。供给与需求的绝对平衡只是人们的一种主观愿望。市场经济的发展是供给与需求矛盾存在和运动的结果。在这个意义上说，供给与需求矛盾的存在是市场经济发展的前提条件。保险是市场经济的产物。作为市场经济组成部分的保险市场，不能不受到市场经济一般规律的支配和影响。保险供给与保险需求之间的矛盾，过去是、将来也是保险市场长期存在的一种现象。中国保险市场的特殊性在于，保险供给不足、保险需求也不足。其表现是：卖保险的人卖不出去自己想卖的保险产品，买保险的人买不到自己想买的保险产品。处理保险供给与需求的矛盾，中国保险市场主体将面临双重压力，既要增加供给，又要激发需求。相比之下，激发保险需求在当下显得更为迫切。经济学界有一句话："短期看需求，长期看供给。"过去35年，中国保险市场的发展引擎主要依靠增加保险供给，以此拉动保费收入总量的增加，实现保险规模的扩大。由于人们选择保险供给拉动发展的动机是为了扩大保险的市场规模，而不是为了满足社会的保险需求，由此导致的结果是保险市场内部结构的失衡，包括保险产品结构失衡、保险资产与保险负债的比例失衡、地区与地区之间的发展失衡等。保险市场内部结构失衡是中国保险发展长期存在的一个软肋，影响着中国保险业的健康发展。为此，需要从战略上调整保险发展的导向，由原来的以保险供给为主导的导向向以保险需求为主导的导向转变。这样的战略转变不仅受到保险发展内在规律的支配，而且受到国家经济结构调整的影响，是国家宏观经济战略转移的必然结果。

Q：就目前中国保险市场供给和需求的现状看，我们需要保险业的快速发展，但同时大家也认同保险业需要健康的、合乎自身定位的发展。就健康发展而言，制约消费者保险需求的行业痼疾，例如电话骚扰、销售误导、理赔难等问题似乎已是老生常谈，长期得不到有效解决，而且往往在快速发展过程中就会表现得越加明显。如何根除这样一个症结？

A：认识保险存在的问题，预测保险未来的发展，不能离开保险赖以生存和发展的土壤和环境。如果我们将保险发展理解为中国保险业的现代化历史进程，那么，这一进程不是始自1979年，而可以追溯到19世纪的列强入侵，一直延伸到中华人民共和国成立初期和1979年国内保险业务的重新复业。中国保险业作为整个中华民族实现现代化的一个重要组成部分，经过各路仁人志士200多年的不懈努力，方才得以从无到有，从小到大，一跃成为位居世界第四的保险大国。从农业国向工业国转型，由工业化向城市化迈进，是近代中国保险业发展的原始背景。由于这种转型和迈进带有一般现代化的共同特点，所以保险业的发展无不带有整个民族现代化发展的印记：既包括国内的，也包括国外的；既包括历史的，也包括当代的。

今天的中国保险市场状况可以用三句话描述：第一，巨大的成就与难解的问题同时存在；第二，相信成就的作用大于问题的影响；第三，不能因为成就好于问题而忽视问题的存在。中国保险业问题症结在于发展速度有时过于迅猛，以至于我们的主观认知水平不能完全跟上，因而出现了许多一时难以纠正的问题。

有人认为，近年来中国保险市场存在的主要问题是"销售误导""理赔难"。其实，这只是问题的一个方面，只是保险消费者对保险市场存在问题的一种反应。除此之外，还有一个容易被忽视的问题，即保险经营者的反应。他们面临的主要问题是"成本太高""人难招"。不管是"销售误导""理赔难"，还是"成本太高""人难招"，都是一种表现形式，我们将之称为"保险现象"。但凡是现象问题，治理起来大都不会太难。难就难在按下葫芦浮起瓢，老的问题解决了，新的问题又出现了，防不胜防，堵不胜堵，令人心烦不已。化解问题的关键是找到有效的"药方"，做到对症下药。略有医学常识的人都知道，其"药理"必须与"病理"吻合，这样才能对症下药，药到病除。否则，若是"药理"与"病理"不符，也许能缓解阵痛于一时，却不能消除病症于永久。在现实生活中，"药理"与"病理"脱节的事时有发生，虽然未酿成重大"医疗事故"，但治疗的速度慢了，走的弯路多了。保险业虽然属于经济体，但其诊治与人体无异，首先要从"病理"入手。比如，"保险现象"产生的原因是什么？如何评估问题的存在及其结果？先找到病因，再对症下药，将会事半功倍。在中国保险业内，人们始终没有跳出一个"怪圈"：一方面，由于保险难卖，所以花费高佣金；由于存在高佣金，所以保险价格居高不下；由于保险价格太贵，所以导致保险难卖。另一方面，因为保险难卖，所以发生保险人销售误导；由于保险人销售误导，所以投保人觉得上当受骗；由于保险消费者害怕上当受骗，所以不敢购买保险；由于消费者不敢购买保险，所以导致保险难卖。

如何走出一个又一个的"保险怪圈"？焦点在于解决"保险难卖"。保险之所以难卖，因为它是一种特殊的商品。保险商品的特殊性在于：第一，它不是一种生理必需的商品；第二，它不是一种购买之后即刻体验消费的商品；第三，它不是一种不可替代的商品。按照美国人本主义心理学家亚伯拉罕·马斯洛需要层次论，人类需求层次分为生理需求、安全需求、社交需求、尊重需求和自我实现需求五种。这五种需求像阶梯一样从低到高按照层次依次推进。只有当最低层次的生理需求得到充分满足时，才会产生旺盛的较高层次的安全需求。保险商品是一种虚拟商品，只有在发生保险补偿或给付的情况下，人们才会感觉到它的真实存在。而对于经济损失的补偿，除了保险外还有其他一些可以替代的方式。统计数据显示，以购买保险的人群作为考察目标，收入低的人群和收入高的人群，购买保险的比例均低于中等收入的人群，整体上呈现出一种倒"U"形状态。这就表明，保险在满足人们风险保障需求的问题上是有条件的，其中包括风险的客观存在和一定的购买实力。

保险特殊性的客观存在，一方面降低了保险消费者的购买欲望，另一方面又增加了保险经营者的销售难度。在一定意义上说，"保险难卖"是一个世界性难题。解决这样的问题，既需要保险经营者的主观努力，又需要包括保险消费者在内的人类的共同智慧。在中国，当务之急是解决对保险的认知，包括对保险本质的认知、保险行业性质的认知和保险发展方向的认知等，尤其是对保险本质的认知。保险的本质是什么？一方面，保险作为金融体系的一个组成部分，在国家经济安全中具有不可或缺的作用；另一方面，保险在金融服务体系中的意义与银行、证券有所不同。如果说银行、证券的主要功能是资金融通，帮助客户"输血"，那么，保险的主要功能则是解危救困，帮助客户"造血"。前者体现的是"他助"，后者体现的是"互助"。相比之下，"互助"的境界更高，力量更大，它可以聚集众人的力量，彰显人间的大爱。这种大爱对于每一个社会成员都是需要的，无论他生活在任何国家、任何时代。保险的本质是互助，这可以从保险的历史起源上得到佐证，无论是财产保险起源的共同海损，还是人身保险起源的共济社团，无不依靠相互扶助而起家。商业保险的历史性出现，改变的是保险经营方式，而不是保险原本存在的互助性。保险本身所具有的互助性，使之得以延续，逐步发展壮大。简而言之，保险存在的历史价值和现实意义在于其本身所具有的互助性。如果保险失去了内在的互助性，它还能被称之为保险吗？

保险的互助性提醒我们：被保险人获得的保险补偿或保险给付，不是由保险方自行掏腰包提供的"恩惠"，而是投保方内部相互行为的结果。从这种意义上说，保险公司也是一种"保险中介"。作为"中介机构"，保险公司在保险理赔过程中的主要职责是为被保险人提供服务。在这里，保险人是服务的提供者，被保险人是服务的享受者，前者没有、也不存在"为难"后者的理由。保险理赔难之所以存在，且难以根治，其症结在于保险人的认识错位，从而导致发生于保险理赔实践中的轻者"宾主不分"，重者"喧宾夺主"的情况。

根治这一顽疾的方式，首先需要认知保险公司的中介属性，摆正保险人与被保险人的位置。其次需要明确保险的社会属性。保险业属于社会服务行业。保险人的天职就是保险服务。保险服务的直接对象是客户，客户之外的保险关系人均是提供服务的组织成员，包括保险中介公司、保险承保公司和保险管理机构等。从社会生存学意义上说，保险市场主体之间的关系是被保险人养活保险中介公司，保险中介公司养活保险承保公司，保险承保公司养活保险管理机构。所以，作为非被保险人一方的保险关系人，尽管各自的保险职能有所不同，但是他们的目标和内容则是一样的，那就是必须面向客户大众，为被保险人提供服务。此乃社会生存法则使然。

国人对保险具有什么样的认知水平，在相当程度上将影响甚至决定我们国家保险市场未来的走向。这里所说的认知水平，不仅是指社会对保的经营和宣导的管理能力，同时是指在上述管理能力背后的价值判断及其取向，而这些判断和取向往往又与国家的社会发展阶段联系在一起。人们对保险的认知水准有时难以完全超越其所处的历史发展阶段，从而增加了认知的难度。提升全社会对保险的认知水准，既需要时间和耐心，也需要努力和智慧。

Q：在新的市场环境下，例如互联网保险的发展等，是否会给中国保险业快速、健康发展带来一个新的机会？

A：这是完全可能的。但需要说明的是，这里讨论的是两个不同的命题，一个是快速发展问题，另一个是健康发展问题。不同的问题，受不同的规律支配。

关于中国保险业能否快速发展的问题。我曾经在监管机构一次座谈会上说过，由于保险与国家宏观经济存在着一定的内在联系，在宏观经济继续稳定向好发展的背景下，保险业定会呈现出快速发展态势。根据其他相关国家的保险发展经历和数据分析，中国保险市场的增长态势有可能持续10年、20年乃至更久。增长速度和比率可能会出现波动，但增长趋势不会改变，并大大高于 GDP 的增长率。大数据、云计算、互联网等现代科技成果的广泛应用，为保险业的快速发展提供了技术支撑。总而言之，国家宏观经济的稳定发展和日新月异的科技进步，为保险业的快速发展提供了千载难逢的前提条件和技术保障。中国保险业的发展条件，天时地利已在，尚需配之人和。

关于中国保险业能否健康发展的问题，我个人观点是喜忧参半。中国保险业过去 35 年的发展，对保险从业者来说是一个难得的历练，通过改革开放的社会实践，认识了保险的一些面目，摸索了一些规律，积累了一些经验，为未来走向强大奠定了基础，创造了条件，使我们相信中国保险市场的未来能够健康发展。但是，我们不得不面对的是，未来走向健康发展的路可能是一条艰难而曲折的路。对此，我们需要进行长远的思考和具体的谋划。

如果说"销售误导""理赔难""成本太高""人难招"是中国保险发展的"近忧",那么,中国保险市场存在的"两个缺失",则可以看成中国保险发展的"远虑",一个是"敬畏"意识的缺失,另一个是"方向"意识的缺失。所谓敬畏意识的缺失,首先体现在承保人方面。国内保险市场上有一种现象,不论公司大小、实力强弱,只要有人上门买保险,不顾何样标的,均敢毫不犹豫地答应承保。这种不管风险、不计代价、不顾后果,"过了嗓子不怕烫"的承保现象,被人称之为"保大胆"。风险敬畏意识缺失的情况,同样存在于保险消费者。根据调查,90%以上的中国消费者对自己面临的风险,没有做出转移计划和管理安排。相比之下,发达国家的风险敬畏意识比我们要好得多,他们在自己面临风险的时候,通过运用包括保险在内的各种方式转移给专司风险管理的机构。发达国家人均寿险保单在5张以上,中国人均不足1张。在财产保险方面,美国的保费支出占GDP的比重是0.50%,英国是0.39%,法国是0.36%,加拿大是0.33%,俄罗斯是0.21%,中国只有0.03%。现代社会与风险社会同时存在,是中国现在和未来长期存在的一个社会特征。随着风险社会的到来,一方面人们面临的风险越来越多,需要承载的损失越来越大;另一方面,人们对现实业已存在的风险又缺乏认知和对策。这样的风险敬畏意识的严重缺失,已经引起社会有识之士的忧虑。

关于中国保险业发展"方向"意识缺失的问题。伴随着改革开放的大背景、大环境,中国保险的发展道路呈现出两个特点,一个是"摸着石头过河",另一个是"跟着别人走路"。这是时代导致的结果,历史形成的现状,无可厚非。问题是今天的中国保费规模已经进入世界前四位,并且还会向前移动。假如将来某一天中国的保险规模一不小心达到了世界第一,到那时中国保险业当向何处发展?这是一个需要尽早思考并作出回答的问题。中国保险业发展的终极目标和方向是什么?毫无疑问,不只是保费规模、市场排名,还是保费规模和市场排名之上的东西。比如,保险在国家经济风险中的负担份额、保险在国家金融安全中的承载能力、保险在国家社会稳定中的责任担当,等等。所有这些,无不涉及保险的发展方向或目标。发展保险本身不是目的，通过发展保险为那些面临风险的人提供风险保障才是目的。只有明确保险的这个发展方向，才能调整好保险业的发展战略，激发保险业的创新能力，推动保险业的健康发展。

"十论现代保险服务业"系列访谈之四
郝演苏：保险业是以保障为根基的行业

尽管时间已经略显久远，但直到今天，1989年辽宁人民出版社出版的《保险大辞典》在保险业界的知名度仍然很高，参与这部书编写的是诸多保险业界元老级人物。当时年轻的郝演苏是该书编辑委员会的秘书长。

岁月沧桑，从事保险教学31年，现在担任中央财经大学保险学院院长的郝演苏，对保险业的改革发展，特别是对保险的"保障"功能有着长期的观察和思考。《中国保险报》执行总编辑李俊岭采访了郝演苏。

Q：2006年6月，《国务院关于保险业改革发展的若干意见》（"国十条"）出台。您如何评价2006年"国十条"发布以来，中国保险业的改革发展进程？

A：2006年发布的"国十条"内容丰富，但目前来看，做得最好的是农业保险，农业保险政策的落实深度是最到位的。"国十条"提及要"探索建立适合国情的农业保险发展模式"。政府对于农业保险高度重视，实行了从中央到地方的三级财政补贴，使农业保险进入历史最好的发展时期。

2006年"国十条"中提到的相关工作还应当继续推进。例如，"统筹发展城乡商业养老保险和健康保险"。由于人口老龄化和长寿风险问题，商业养老保险成为社会和行业关注的热点。例如，涉及养老保险产品的税收优惠问题，在5年前就提出要在上海试点，时至今日仍然未见踪影。在推进相关促进保险业发展的政策时，应当立足国情，实事求是地进行推进，否则一些好的设想很难落地，个税递延型养老保险就是一个明显例证。

个税递延对于发展长期养老保险具有重要意义，但由于我国经济发展不平衡，东部地区与西部地区的经济环境和税源基础差距很大，在上海可以做的，在青海就很难开展。因此，个税递延养老保险选择上海进行试点是有问题的，即在全国是否能够全面推广。如果上海试点成功而在西部地区暂时不能推广，则会影响东部地区人才到西部地区发展创业。所以，有些对于保险业长远发展利好的政策，一定要立足全国视角考虑问题，否则好的政策无法落地，对于期盼政策扶植的保险行业则是非常尴尬的。个税递延养老保险在上海一直搁浅就是例证。

Q：近来，业界对"现代保险服务业"这一概念议论颇多。您如何理解这一概念的内涵？

A："现代保险服务业"就是要为现代社会风险管理提供全方位的服务。现代的概念是动态和变化的。什么是"现代"呢？5年后，我们还可以说是"现代"，但那个时候"现代"的含义与现在所说的"现代"是不同的，那时可能会派生出新的风险需求。我们现在做的是"落后"保险服务业吗？不是。今天的"现代"就是明天的"落后"。不能简单地用几个概念判断是否"现代"，只要我们能够充分满足当下经济社会对于保险业的需求，并且能够瞄准经济社会发展的大趋势，我们就是现代保险服务业。

Q：说到"互联网保险"，一段时间以来，保险业内外对其关注度很高。互联网对保险业的传统商业模式会不会产生颠覆？

A：保险业的传统商业模式很难被互联网颠覆，互联网只是为保险业开辟出一个销售和服务的渠道而已。无论社会科技如何进步，人与人之间的面对面沟通是任何时代都必将存在的。

涉及相对复杂的健康险、养老险及未来可能出现的更多的复合型保险业务，是需要面对面讲解和洽谈的，这样可以充分帮助客户了解和熟悉产品。同时，由于保险产品的特殊性，有些复杂的保险产品需要将营销与社会学和心理学的分析活动结合，以最终达成保险交易。因此，当网络都把我们屏蔽起来的时候，人更希望沟通和交流。简单的、不需要沟通的、不需要协商的、短平快的保险产品适合在网上销售，复杂的产品一定要面对面沟通。

当然，我们不排除大数据展示的美好，它对现在的经济、社会发展确实有很重要的作用，但是也会带来很多不安定的因素。这种不安定的因素，我们都可以想象得到，其中最关键的就是隐私问题。隐私问题是大数据时代所产生的问题。对于隐私权的保护，对于个人信息的保护，对于个人的身体、健康、财富、家庭等各个方面的保护，将成为防止传统被颠覆的利器。

所以，互联网对于保险就是渠道之一，不可能取代、也不会对现有的商业模式产生颠覆式的影响。就像以前的寿险产品主要依靠营销员销售，后来有了银行保险，对营销员产生很大的压力，但现在再看，每个渠道各有各的特点，只会把总量做大，把"蛋糕"做大。

Q：2006年"国十条"提及要积极引入保险机制参与社会管理，推进公共服务创新，对完善社会化经济补偿机制，进一步转变政府职能，提高政府行政效能，具有重要的促进作用。在为政府社会管理和公共服务提供支持的过程中，商业保险如何扮演好自己的角色？

A：通过商业保险来为政府分担社会管理责任的思路是对的，从国际经验来看，保险可以协助政府履行社会管理职能。这个社会管理职能目标是与"责任"有关的，如公众责任。城市建设，包括环境污染，做不好就会成为社会问题。

在某些特定的状态下，保险是可以全部承担社会管理中的职能的，而不仅仅是补充的角色，如中小学的校方责任险。包括未来可能推出的食品责任强制险，如果出现了食品安全问题，企业是要承担相应赔偿责任的。环境污染责任保险（以下简称环责险）也是如此。

Q：环境保护法修订案 4 月 24 日经十二届全国人大常委会第八次会议表决通过，新环保法将于 2015 年 1 月 1 日施行。新环保法第五十二条明确提出："国家鼓励投保环境污染责任保险"。此次环责险入法并没有写入"强制"二字，对此您怎样看？

A：这次没有写"强制"是因为成本问题。环境污染的整治处理成本相当高，而且环责险属于长尾责任，所以环责险的保费水平较高，这个成本最终要固化在商品上，可能引起商品价格的波动。保费过高要考虑很多现实问题。

Q：除了社会管理和公共服务领域外，商业保险还可以服务哪些领域？

A：商业保险服务社会管理，是对整个社会和谐的贡献，与社会运行有关的各方面都可以充分研究和挖掘。包括养老、大病都属于这个大的范畴。我特别建议商业保险应当针对中国企业"走出去"提供风险保障。

投资、外贸、消费是支撑中国经济增长的"三驾马车"。中国是出口大国，但是中国无形贸易的保费收入是全世界最低的，与贸易有关的保险——货物进出口都有风险，这项保险的保费流失很大。英国的无形贸易收入中，保费占到 60% ~ 70%。我国的国际货物运输保险费的很大一块流失了，中国企业到海外发展的保险需求也没有得到解决，中国保险业对于国家的无形贸易收入的贡献非常低，与现代保险业或大国保险业的身份不符。

复星集团收购葡萄牙最大保险公司，是中国企业第一次去海外收购大型的保险公司，国际影响相当大，它收购的保险公司辐射 2.5 亿葡萄牙语人口。这是个信号，对中国保险业发展意义重大。1805 年，英国人把保险带到中国，那时中国还不懂得何为保险，英国人把保险带到中国是为其资本输出服务的。现在中国企业"走出去"了，谁来保驾护航？中国保险业应当思考这个问题。

在中国保险行业形象相对低迷的情况下，中国的保险业应当为国家的政治、外交乃至军事等方面"争脸面"。中国保险业的形象在普通民众中不佳，对国家大的项目支持力度不够。因此，努力为中国经济"走出去"提供保险服务，有助于改善保险行业的社会形象。

Q：有人曾估算，国有企业在海外的超过1000亿美元的海外资产拥有保险保障的比例是个位数，大量国有资产在海外处在"裸奔"状态。解决这种情况的办法有哪些？

A：我认为除了鼓励保险业走出去，还应当鼓励支持中国大型跨国企业设立专业自保公司。只要对我国境外企业的保险保障或者风险管理的安排有利，就应当支持和鼓励，没有理由担心可能对于直保业务造成影响，促进中国企业去海外发展应当是最高目标。中国企业在海外的快速发展对于保险业是一个大展拳脚的好机会，中国的企业"走出去"了，商业保险应该保驾护航，这也是在履行保险行业的社会责任。

Q：现在中国的商业保险公司"走出去"，能力够不够？

A：中国的保险公司能不能走出去是相对而言的，首先要了解目前"走出去"的中国企业主要集中在哪里。在欧美的并不多，主要在东亚、拉美、非洲等地。中国的保险公司如果在这些地区都不能生存，那么改革开放30多年都白干了。我相信，我们的保险公司有这个能力走出去。只不过一个是懒，一个是怕风险、怕麻烦。有没有能力先不说，可以先思考一个问题：那些国外的市场有没有国内竞争这么激烈？

Q：10年前，您曾提出保险业的泡沫论，引起震动；对保险业"保障"和"理财"两种功能的不同观点一直持续到今天。如何把握好"回归保障"和"理财功能"这对关系？

A：保险行业是以做保障为根基的行业，保障与理财并不矛盾，不是对立关系。保障本身就是理财，它不是直接理财，而是一个很好的财富管理规划——发生事故后通过赔偿使你的财富得到保障。但在产品设计的过程中，保险产品与银行产品最大的不同在于杠杆，这个杠杆就是保障的杠杆，如你在银行存一笔钱，这个杠杆是1:1，存100元，银行负债就是100元，但是你买100元的保险，保险公司的负债或许可能是几十万元。但是由于急功近利的冲动，总想追求保费的规模，忘记了保险的本质。目前，在民众对保险的理解存在缺憾或不足的时候，一些公司将保险产品异化，让民众误认为保险就是个发财的工具，这样使保险行业很难走得好。应该以保障为主，理财为辅，现在颠倒了。

在银行证券保险信托等金融领域各种业态是有分工的。可以看看每年全球财富500强公布的榜单，把金融行业的榜单单独拿出来看看——过去的20年，在金融榜单中，前10位基本上保持有5～6家保险公司，保险公司在金融业的大榜单里面是排在前面的，银行则排在后面。

做保险公司不是说几年就可以有收获的。比如，当期缴的养老金达到一定规模后，会形成一个很好的良性循环，但是这种循环在中国始终没有形成。我们的财险公司更多地关注低端业务——车险，真正的企业业务和与政府职能有关的责任保险业务没有发展起来。

回归保障在逻辑上是成立的，因为行业是有分工的，保险行业的生存基础主要依仗保险保障。在国外，在基本保障得到覆盖的前提下，保险公司才推出与财富管理、直接理财有关的产品，我们则跨越了一个状态——就是我们的基本保障没有到位就升级了，这就容易导致老百姓误解。行业长此以往怎么立足？保险行业的功能被严重削弱。

保障和理财可以是"双轮驱动"，但有主次之分。我们讲的这个"双轮驱动"不是平行的关系，而是纵向关系，正如自行车的运转是通过小盘带大盘。理论上，保险业规模要做大不仅要做好保障，还要满足大的投资需求。但是要看到，首先，这个大的市场环境有没有支撑；其次，你有没有这个能力。中国基金业有过万从业人员，中国的保险资产管理行业只有2000多人——人手不够，还要考虑到风险问题。世界上所有保险发展好的国家都是靠养老金业务来支撑的，再有就是责任保险，都是基于保障的业务。

Q：联系保障和理财两个取向，目前保险产品结构上存在哪些问题？

A：现在财险公司还是零售的业务（车险）占比很高；寿险公司短平快的短期产品过多，分红类产品在市场占 50% ~ 60%，万能险占 30% 左右，投连险占比很低——10% 左右。寿险公司乃至整个寿险业都患上了"三高症"——所谓的高准备金、高资本投入、谋求所谓不着边际的高收益，也就是高现金价值。这很麻烦，出事的话就陷进去了。

目前中国面临最大的问题是长寿风险。因为国家储备不足，希望老百姓做好储备，减轻国家的压力。但是这方面一直没有做好。但这也不能怪老百姓，有很多保险公司希望把规模迅速膨胀起来，保费获取的成本很高，必须到资本市场追求更高的收益。保监会积极拓展资金运用渠道也考虑了这个因素，但在资本市场上把钱赚来的难度也很大。目前，私人理财周期不可太长。比如股票，有谁敢说拿几只蓝筹股压箱底养老的，老百姓的理财需求与保险公司的经营是不吻合的。

Q：保障占比低的后果会怎样？

A：保障占比低，发生重大事故不能体现保险的功能。我经常和学生讲，一个国家的保险行业好不好，就是看保险占灾后损失的补偿比例，保险金额占国民财富的比例。

20 世纪 90 年代在保监会成立之前，国家统计局每年出版的《中国经济社会发展报告》中披露的保险数据有保费，也有保额。现在只有保费，没有保额，反映不出保险为国家风险提供了多少保障。保额是保险行业对国家和民众提供的保障额度，同时也是一个卖点——可以告诉政府和公众，不要只看到保险行业收了多少保费，也要看到保险为整个社会承担了多大的责任，这个责任的量化就是保额。保险行业不能总讲保费，应该拿保额向国家和社会说事，让全社会知道保险行业所承担的风险价值。除了保额，还有赔偿比例也很关键。在全面建成小康社会的过程中，保险金额占国民财富的比重、保险赔款占经济损失补偿的比重，应当成为衡量保险业发展状况的重要指标。

郑伟：监管者是"裁判员"不是"教练员"

自 1979 年复业后，我国保险业经历了 1996 年首次扩容、2004 年再次扩容、2005 年全面开放三个阶段，尤其在 2006 年"国十条"出台后，掀起了保险公司新的扩容热潮。众多资本等待进入保险市场。伴随保险业市场化改革的推进，市场主体必然要经历一个优胜劣汰的竞争过程，因此，我国保险市场主体的准入和退出就成为难以回避的话题。

针对保险行业退出机制缺位的问题，早在 2012 年 1 月履新伊始，保监会明确提出，要建立健全保险市场准入和退出机制。退出机制缺位，存在差而不倒、乱而不倒的现象，无法实现市场的优胜劣汰。

如何建立真正的退出机制？随着保险业市场化的推进，保险市场主体会不会出现破产？保险保障基金在市场退出中起到怎样的作用？近年来，保险监管理念发生了哪些变化？针对这些问题，《中国保险报》副总编辑杜亮采访了北京大学经济学院风险管理与保险学系主任郑伟。

Q：保险业市场化改革的一项重要内容是保险业主体的市场化，市场竞争讲究优胜劣汰，也就是说保险公司要"有进有出""有生有死"。从金融业来看，存款保险制度是银行业利率市场化将要面临的重要一步，接下来可能会出现商业银行的破产。随着保险业市场化的推进，保险市场主体会不会出现破产？如何建立真正的退出机制？到目前为止，是不是还没有一家保险公司进入法律意义上的破产清算程序？

A：在市场退出方面，保险业在整个金融行业中其实是走得比较靠前的。存款保险制度至少提了 20 年，直到现在才真正进入即将落地的阶段。最初的《保险法》就提到了保险保障基金的问题。保险保障基金经历了三个发展阶段：第一阶段是 1995—2004 年的企业留存阶段，例如中国人保、中国人寿等公司自行提取，放在自己的账户上；第二阶段是 2004—2008 年的集中管理阶段，设立一个专门的保障基金，进行行业集中管理；第三阶段是 2008 年以后，中国保险保障基金有限责任公司成立，进行公司化运作阶段。历经上述三个阶段，保险业在退出机制方面，应该说相对银行的存款保险制度更超前，发展得更快、更市场化。

新华人寿和中华联合是到目前为止，保险保障基金处置的两个具体案例。当时，处置的第一个案例——新华人寿从严格意义上来讲，程序上是有瑕疵的。此外，早期的保险保障基金的功能定位本来是做保险公司被撤销或者破产之后救济的。但实际上包括新华人寿和中华联合，保险保障基金做的不是破产之后的救济，而是破产之前的风险处置。

前些年，关于这个方面有一个讨论，保险保障基金的钱究竟是什么？用一个不太恰当的比喻，究竟是"买棺材"的钱，还是"买药"的钱？因为保险保障基金的早期定位，就是等保险公司"死"了，保险保障基金再去救济，再对保单持有人去救济，这就相当于是"买棺材"的钱，即善后处理。但是从这两个案例来看，实际上是"买药"，觉得它病了，病得比较严重了，就出手把它治好，所以和初始目的有些背离。当然，从原来单纯只是说破产之后的善后救济，转向在出现重大风险的时候介入进行风险处置，这个思路我是同意的。

在日本还有其他国家，也有过这方面的讨论。之前很多规定很严格，我觉得有些教条，感觉只能是保险公司"死"了之后才能对保单持有人进行救济。如果可以通过之前的风险处置，四两拨千斤，把它救过来，对于消费者保护，对于整个行业发展，还是有好处的，大的方向上我同意这种做法。

但这又引申出另一个问题，就是中间的度怎样把握？是稍微有一些风险就救助？还是等它快不行了才施救？从上面两个案例处置结果来看，还是不错的。

保险保障基金的钱进去，若干年之后通过什么方式再置换、退出，而且有收益，没有损失，挺好。但如果哪一次处理不好，保险保障基金的钱赔了，收不回来了，这就和保险保障基金的本意相去甚远了。

保险保障基金的现行管理办法允许既做善后破产救济，又做风险的处置，关键是尺度如何去把握，这就需要在制度上界定一个风险处置的触发条件。什么情况下保险保障基金需要介入？目前是没有一套制度的。没有制度的东西相对来说就存在一定的风险。

Q：像新华人寿和中华联合这两个案例，保险保障基金是在什么样情况下介入的？

A：这两个案例都有各自的特殊性。中华联合当时是偿付能力严重不足，离100%的偿付能力充足率相差甚远。那几年中华联合的管理是有着严重问题的，所以当时有很多好一些的企业，对此颇有微词。有些保险公司的董事长就说，"该死的不死，想活的也活不好！既然监管部门有规定偿付能力充足率要高于100%，但是它的偿付能力严重不足，为什么还不让它退出市场？这样的机构搞低价、恶性竞争，就形成经济学上所谓的'劣币驱逐良币'。一些规范经营的机构就没有办法做下去"。所以我认为，保险保障基金介入中华联合，很重要的原因是它的偿付能力充足率严重不足。

新华人寿的案子，在我的印象中和当时该公司部分股东挪用资金和出资不实有关，比较特殊。

Q：有没有一个标准，例如说连续几年偿付能力充足率不到100%就去介入，还是大家反映强烈了，才去动它？监管规定偿付能力充足率分为不足、关注、正常三个层次的标准，这是不是可视为对机构风险处置的"触发条件"？

A：偿付能力达到不同的标准，特别是低于100%的情况，确实是有些限制规定。例如，限制分红、限制商业广告、限制高管人员在职消费、限制薪酬等。但这只是限制，并没有说在什么情况下，保险保障基金介入去做风险处置。这是两个不同视角的东西，偿付能力没有达到一定的条件，监管机构必须去监管。从保险保障基金的角度来说，既要做破产之后的善后处理，又要做之前的风险处置。善后处理没有争议，当仁不让，必须去做，但什么时候去做风险处置，就很难界定了。不像破产与否是两点的跳跃，风险是连续性的，风险大一点、小一点，到底在什么阶段介入，是一个很模糊的东西。所以在这方面应该有一个触发条件，有一套系统来判定。

Q：这两个案例处置的结果还算不错，两家企业都恢复了生机。处置过程中有什么经验可以总结？

A：结果是相对不错。要说经验，其中之一就是监管机构高度重视，这和保险机构的背景有关系。例如中华联合是新疆生产建设兵团，监管机构没少操心，包括协助安排引进战略投资者等。另外，中国的保险市场还处于上升阶段，投资者比较看好。例如，早期认为新华人寿的投资违规，但是结果不赔反赚，所以采取这样的风险处置，也与中国保险市场的阶段性因素有很大关系。但我觉得从制度设计来说，不能从一两个个案的特殊因素来说，以后所有的都是 casebycase 来做，还是要有一个长效机制。既然有这样一个基金、一个机构存在，就可以做市场退出的事后救济。如果只是做事后救济也就罢了，但是如果做风险处置，那就要判断什么时候适合介入去做。

Q：从整个金融业来看，以前曾有过海南发展银行关闭的案例。以您来看，银行业和保险业在风险表现形式、应对处置方式上有何不同？

A：首先我认为两者之间的共性是非常多的，都属于金融业，都是基于无形交易，都是凭借信用进行交易。这两个行业都有一个对金融消费者的保护问题。要说到不同，保险业经营的风险更加不确定，既包括银行需要面对的投资、利率方面的风险，还要面对具体承保的财产和人身风险。

例如，2014 年有大灾发生，赔付率一下就会上升。在正常赔付率的情况下可能不会破产，一旦大灾发生，机构的风险分散又没有做好，小的保险公司就可能破产。所以说保险业受到外在风险的冲击要比银行更多一些。就保险业面临的风险来说，国外叫"上帝的行为"（Act of God），也就是天灾的问题。

要做现代保险服务业，一定是市场化的，靠市场进行资源配置。我理解市场化，就应该是整个过程的，包括准入和退出的市场化。如果准入和退出机制不能市场化，其他所有的市场化就都是虚的。监管再严，差的机构退不出去，不让它破产，一定要通过风险处置的手段将其救活——如果市场主体都有这种预期，那么它经营中都会抱着一种无所谓的态度，很难树立起有效的风险意识，会造成新的道德风险。银行业在这方面的问题同样很多。在 2014 年初的一个论坛上，有人曾提问银监会的一位领导："预计一下，未来 10～20 年会有多少家银行破产？"他回答，"在现行条件下、可预见的未来，银行是不会破产的。"这种导向就比较麻烦。

Q：企业破产、退出是一种比较极端的情况，保险保障基金的风险处置也是很特殊的一种情况。走到这一步之前，经营遇到麻烦的机构还可以通过收购、重组等方式重塑公司的价值。那么，从收购兼并的角度，您对目前的保险市场怎么看？

A：这些年保险业收购兼并暗流涌动越来越多。保监会发布了《保险公司收购合并管理办法》（保监发〔2014〕26 号）。为什么要出台这个办法？一是要支持，二是要使收购兼并更加规范。这也是保险市场化改革很重要的一个方面。准入与退出会面临各种各样的情况，收购和合并是其中更常见的市场化竞争形式。不仅是主体的变化，还有业务的变动。在这个办法出台之前，保监会有一个规范，讲的是业务转让的问题。例如，一家机构原来开展 10 条线的业务，但是发现其中某个业务并不擅长，就把它转让给另一家机构。这也是一种退出方式，也是市场化的组成部分。

退出的方式多种多样，最没有办法的时候才采用破产的方式退出。

因为有些保险公司的股东可能不看好这个行业，可能是出于行业共性的原因，也可能是自身的投资策略失误，因此决定退出。但与此同时，市场上还会有其他一些投资人非常看好这个市场，同样一个时间，一定有人看好有人不看好，在这种情况下允许进行股权转让、收购，作为一种完全市场化的交易，我认为很好。

在中国，保险业目前还是一个前景被资本很看好的行业，这是个很难得的局面。之前我看过英国财政部做的一个报告，展望英国 2020 年保险业发展目标，其中有一条就是"对资本还有充足的吸引力"。在任何时候，社会资本都是有限的，其他行业更赚钱，我为什么要投保险业？如果说某一天，谁都不再愿意进入某个行业，这个行业就麻烦了。

一个行业要发展，从宏观角度来说，有两个方面比较重要：一方面是对消费者的保护，保护了消费者才能保证源源不断的需求；另一方面是对资本的吸引，只有资本不断投入，整个行业才能有供给、才能发展。这两个方面都不能偏废。消费者可以选择用脚投票，即买还是不买保险产品；资本也可以选择用脚投票，即进入还是不进入这个行业。

由于中国的服务业、包括保险服务业还处于一个发展的阶段，还体会不到资本的稀缺性。英国这份报告让我意识到，如何维持行业对投资者的合理回报水平，是非常重要的。现在想进入保险行业的人太多，准入卡得比较严，要拿到一张牌照很不容易。但我预计 10 年后这个情况会发生变化。所以从现在起，我们就要考虑如何建立一个公平竞争的市场环境，让各类性质的资本在市场中充分竞争，不能够有所歧视，而且要给它一个合理的回报。

说到政府与市场的关系，从保险监管的角度来说，我认为核心工作就两项：一项是消费者权益保护，调整的是保险机构和消费者之间的关系；另一项就是维护公平竞争的市场环境，调整的是保险机构之间的关系。前者是纵向的，后者是横向的。

在消费者权益保护方面，这两年从监管层面看有非常大的进步。10 年前虽然也提及消费者权益保护，但是并没有落地，不像现在成立了消保局，解决理赔难、销售误导、投诉热线开通等，做了大量工作。这点是值得充分认可和肯定的。在维护公平竞争的市场环境方面，则有很多市场化改革的内容。包括去年做的寿险预定利率市场化，以及投资渠道的放开等，都取得了很大进展，但还有很多事情需要去做。

Q：您刚才提到监管机构的两个核心工作，我非常赞同。最近我也在思考一个问题：监管机构的角色或者说服务对象到底是谁？我认为，对于监管机构来说，主要是服务行业主体，间接服务的是消费者。维护一个公平竞争的市场环境，其实服务的是市场主体，让市场主体得到公平对待，保证资本充分进入，充分竞争，优胜劣汰，促使行业主体的服务提升，间接让消费者得到好处。所以说首先服务的是行业主体。您觉得监管机构的工作重心应该在哪个方面？

A：我的逻辑其实是两条线并行不悖：一方面要进行消费者权益保护，另一方面要维护公平竞争的市场环境。只有更好地维护了公平竞争的市场环境才能对消费者更好地保护。这里所说的消费者权益保护并不是说给其施以恩惠，其实维护了一个公平竞争的市场环境就是对消费者很好地保护。比如石油、石化、电信等行业，如果为市场提供一个公平竞争的环境，各种资本都可以进来公平竞争，整个市场价格可能就会下降，油品质量可能就会提高，网络质量可能就会提升，这个对消费者本身就是一种保护。

维护公平竞争的市场环境并不是让市场主体都满意，可能有一些主体满意，有一些主体不满意。一些享受超国民待遇的市场主体的权益被剥夺了，沦为和其他资本一样的竞争待遇，它会不满意。但是政府就是要维护公平：一方面是市场供给主体之间的公平，另一方面消费者权益保护也可以看作一种公平——确保保险市场供给方和需求方间的公平。另外，对于市场失灵的方面，需要政府去调节、矫正和弥补。

Q：我觉得监管目标多元会带来平衡的问题，或者偏废一方的问题。过于强调保护消费者，也可能让市场主体蒙受不公。例如，有时候消费者会出现一些没有道理的诉求，这种情况该怎么办？

A：这种情况其实已经超出了我所认为的消费者权益保护的范畴，是矫枉过正。例如，明确是保险除外的责任，就不应该赔付。有时出现群体性事件，我们为了维稳，一味地强调先理赔，这是不对的。出现这种情况，反过来我们要检讨的是，保险产品设计是否合理？消费者可能没道理，但也不排除产品设计本身有问题。

2013年监管机构召开了一次专家座谈会，我讲一个观点，下一步保险监管千头万绪，其中非常重要的基础工作，就是产品监管的问题。监管机构应当对市场上所有的保险产品做一个系统性的梳理，监督保险业完善产品设计。如果产品本身有问题，后续监管是管不过来的。

例如苹果手机，在销售过程中也会有瑕疵，但是消费者并没有太多的怨言，我认为很重要的原因就是产品本身大家相对比较认可。在产品本身认可的情况下，销售中即便有一些瑕疵，无大碍。反过来如果产品本身设计有问题，不进行销售误导又怎么卖得出去？所以我说根本问题就是产品的监管要管住。

我曾经表达过一个观点，就是赔付率过低的产品是"不道德"的产品。有一些意外险的赔付率不到20%，甚至不到10%。保险公司可能会辩解，这款产品的费用率很高，例如多少都给了中介机构，保险公司本身并没有拿很多。但这不是理由。保险产品的成本有两部分，赔付和费用。因为产品是保险公司设计的，费率结构也是保险公司定的，保险公司就应该考虑周全。所以我说，赔付率过低的产品是"不道德"的产品，费用率过高的产品是"资源浪费"的产品。用资源浪费的方式生产不道德的产品，整个就是扭曲，市场又怎么会认可？

类似产品监管，应当明确哪些在保障范围之内，哪些可以做责任免除。比如意外险，有一些责任免除，像对滑雪等活动。如果20年前它作为除外责任可以理解，因为那时候很少有人去从事这些高风险运动。但是到现在这些已经成为旅游项目中非常常见的东西。旅游时买意外险，这些都不保，那还保什么呢？

所以说行业应当有一些标准。类似前些年的重疾险风波，所谓的"保死不保生"等问题。后来定了标准，要叫重疾险，必须包括六项核心重大疾病；要叫意外险，基本责任要保。产品标准化是保险业发展的一大历史经验，行业要有一些共同的标准，在共同标准之上再去开发个性化的产品，各家保险公司可以附加。这其实对消费者来说，选择产品就相对更容易了。

Q：从整个金融业来看，老百姓对银行业的风险、保险业的风险、证券业的风险，承受力是不一样的。比如，买股票赔了，大家已经认了，闹事的少了；银行业刚刚开始，还没有破产的；对保险业的情况您是怎么看的？从行业监管者或从业者角度看，哪些风险是应该让消费者自己承担的，哪些是需要根除的行业痼疾？

A：三个行业比较而言，消费者对于股市风险意识更强，其次是保险。因为，保险业形象不佳，消费者已经有一定程度的提防或者说自我警示心理。我认为银行可能会是重灾区，老百姓基本没有风险意识，觉得交给银行的钱都是安全的。

关于第二个问题，这涉及现代保险监管的三大支柱之一——市场行为监管。即使是在美国，除了偿付能力监管，市场行为监管也是重要的内容。只要人的劣根性存在，市场行为监管就一定存在。

而对销售环节的监管就是市场行为监管的重要组成部分。保险消费者反映最强烈的两大问题：一是产品销售误导问题；二是理赔难问题。在这方面，监管已经做了很多工作。例如对于一些收益不确定的产品，消费者需要确认，要有风险测试，对于一定年龄以上的老年人有特殊的保护等。在中国这样一个初级市场，市场行为监管是十分重要的。上面谈及的产品监管就归于市场行为监管范畴。

现代保险监管的三大支柱——偿付能力监管主要针对市场主体；市场行为监管主要针对市场竞争行为；另外一个监管就是公司治理监管。公司治理监管包括董事会的建设；董事会、监事会、股东会三者之间的关系；董事会和高管层之间的关系；独董制度的安排和监管等。公司治理监管说白了，就是对"老板"的权力制衡，让他不能够"一言堂"，以避免公司发展风险失控。

Q：目前保监会在监管倡导"放开前端、管住后端"，就我理解，前端是不是就是市场行为，后端就是偿付能力？

A：可以这样理解。我很欣赏"放开前端、管住后端"的提法。在前端，很多市场层面的问题，比如产品定价、保险投资，都可以放开。管住后端，比如在对市场主体责任准备金进行评估时，监管机构是采用寿险业生命表和3.5%的利率来进行准备金评估。再比如，监管机构有一套偿付能力的监管规定。只要符合这个要求，政府对于前端监管可以放开。

对于投资，我也很欣赏近两年推出的大类比例监管，没有监管得太细节。因为监管总是滞后的，市场投资品总是不断推陈出新的，投资机会也是转瞬即逝。监管的关键是管住偿付能力充足率。我认为，近年来监管机构的思路完全符合国际主流趋势。

Q：从市场经济来说，政府管得少才能管得好。但在中国经济转轨过程中，政府的作用恐怕很难一下子退得很后。您怎么看？

A：就监管的定位而言，我觉得目前我们面临的最大矛盾不是处理消费者与市场主体的关系，而是处理监管与发展的关系。我觉得近些年，保险监管理念的变化还是很令人欣慰的。保险监管机构已经跳出"发展和监管"的怪圈，开始从"教练员"向"裁判员"转变。

例如，10年前曾有航空意外险暴利的争论，还有后来交强险暴利的争论。当消费者指责存在暴利的时候，监管机构第一时间进行反驳，完全是一个"教练员"的心态。但如果定位为"裁判员"，如果有人指责运动员有问题，裁判员不仅不会着急，还会感谢提供信息的人，然后去确认是否违规，再决定是要亮"黄牌"还是"红牌"。

监管机构明确了是"教练员"还是"裁判员",这是为中国保险业监管和发展奠定了一个良好的基础。

还有,从监管角度来说,如何处理好市场和政府的关系?保险业也可以探索负面清单管理,即只要法不禁止都可以去做。

此外,从更大层面看,保险业一般代表市场,财政代表政府,在大灾之后如何去救济,是靠财政还是保险补偿,在一定程度上判定经济体是计划经济还是市场经济的重要标准。

"十论现代保险服务业"系列访谈之六

魏迎宁：保险业市场化改革更需要监管

如果说党的十一届三中全会开启了改革开放的大幕，恢复了国内保险业务，那么党的十八届三中全会则充分肯定保险在市场化改革中的地位和作用。近年来，保险业在推进市场化改革方面取得了一些成效，但距离"市场在资源配置中起决定性作用"还有差距。如何认清保险业的市场化改革进展和努力方向？政府和市场的边界在哪里？哪些应该交给市场？哪些必须进行监管？商业保险产品与（准）公共服务产品的边界在哪里？针对这些问题，《中国保险报》编委张春辉采访了中国保监会原副主席魏迎宁。

Q：党的十八届三中全会作出了关于全面深化改革若干重大问题的决定，强调"使市场在资源配置中起决定性作用"。就保险业来讲，该如何正确理解市场化改革？

A：我国 30 多年的改革开放，取得了巨大的成果，发生了翻天覆地的变化。能有这么大的成果，主要原因之一是市场化的改革取向。党的十四大提出建立社会主义市场经济体制之后，方向就更明确了。市场经济提高了效率，创造了机会，生产者有了经营权，消费者有了选择权。

保险业要不要市场化？今天看起来这已不是问题，当然是要市场化了。《保险法》第二条就明确规定，本法所称保险，是指投保人根据合同约定，向保险人支付保险费，保险人对于合同约定的可能发生的事故因其发生所造成的财产损失承担赔偿保险金责任，或者当被保险人死亡、伤残、疾病或者达到合同约定的年龄、期限时承担给付保险金责任的商业保险行为。注意，这里提的就是"商业保险行为"。商业行为，就是交易，交易就要通过市场。

但在我国恢复办理国内保险业务之初，曾经有过很激烈的讨论。20世纪80年代中期，理论研究的氛围非常浓厚。当时已有社会保险的概念，可保险公司办的保险叫什么呢？有的人说叫"商业保险"，保险公司有些同志就不同意了，觉得"我们是国家的公司"。因为我们在20世纪50年代全面学习苏联的经验，苏联的保险公司办的保险就叫国家保险，当然，他们也有社会保险。针对这个问题，就产生了两种不同的观点：一种观点认为，保险是商品，保险公司是企业，保险公司经营的保险就应该是商业保险。商业保险应该盈利，应该允许多家主体办，进行竞争；另一种观点认为，保险不是商品，是国家政策办保险，保险公司也不是企业，不应当盈利。虽然保险公司有盈余，那是为了积累总准备金，应付更大的事故赔款。当然，那时候我国只有一家保险公司，是国务院直属机构，到底是企业还是事业单位，没说清楚，在管理上还是视同政府机关。但争论归争论，随着时间的推移，后来出现了越来越多的保险公司。早先的人保可以说自己不是企业，而平安、太平洋是股份公司，是股东出资设立的，股东出资是要求回报的，肯定是企业，是要盈利的，那么保险自然就是商业保险了。

Q：商业保险与社会保险具有互补性，即便到了今天，有关保险业具有商业属性还是社会属性，仍是一个颇具争议性的话题。对这个问题，您怎么看？保险业的哪些内容可以市场化？哪些不可以市场化？

A：历史的发展验证了保险的商业属性。商业经营活动本身，虽然目的是为了盈利，但这完全是正当的、合理的。在一个秩序良好、公平竞争的市场条件之下，商业机构只有满足了社会需求，才能获得盈利。当然，在商业活动中，不能损害消费者的利益，不能损害社会公共利益。那种以为保险业的出发点是为社会作贡献而不是为了赚钱才叫社会性，这种观点是错误的，那是慈善机构和公益组织，不是企业。市场经济是双赢的，不是说赚钱就没有社会性。保险公司也不用讳言盈利，正因为有盈利动力，才会不断扩大业务，满足社会需求，使经济得到发展，使消费者的需求得到满足，这对社会是有好处的。

既然保险是商业行为，能由市场解决的问题就要交给市场，首先是发挥市场在资源配置中的决定性作用。要让市场机制发挥作用就需要竞争。也就是说，要不要买保险，买何种保险，买哪一家公司的保险，由投保人决定；在哪里设营业机构，卖何种保险，由保险公司决定；以何种价格成交，由投保人与保险公司通过市场竞争决定。

但是，现代市场经济是有政府调控的市场经济，市场能解决很多问题，但市场并不是万能的，某些市场不能解决的问题，还是需要政府的干预和调控。比如，按照市场化原则，保险应当自愿，但为了保护社会公众利益，要规定必要的强制保险，如机动车交通事故责任强制保险、旅行社责任保险等。农业生产的比较收益低，农民缴纳保费的能力有限，财政对农业保险补贴保费。为了支持出口，财政对出口信用保险承担一定的风险责任。强制性保险和政府补贴、支持的政策性保险业务，就不是完全市场化的。

还有一个对保险业而言不是完全市场化的，就是保险公司法人机构的市场准入。《保险法》对此有明确规定。

《保险法》第六十七条规定，国务院保险监督管理机构审查保险公司的设立申请时，应当考虑保险业的发展和公平竞争的需要。这是说，虽然在资本金、高管人员资格等方面符合设立保险公司的法定条件，但保监会认为根据当前保险业发展的状况，暂时不需要增加法人机构，就可以不批准设立新公司的申请。也就是说，为了保险业的健康发展，对保险公司法人机构，在市场准入的节奏或者数量上要有所控制。

除了这些，就应该是市场化的。实行市场化的，也是需要政府监管的。因为政府监管的就是市场。例如对于保险产品，社会需要什么产品，保险公司就可以开发、销售什么产品。但对于保险产品，还是需要保监会审批或者备案。对于备案的保险产品，保险公司向监管机构备案后就可以销售了，但保监会还是要审查的，如果经保监会审查，认为备案的产品有问题，还是有权叫停的。

当前市场化最敏感的话题是保险费率的市场化。保险费率是保险产品的价格，费率市场化，就是由保险公司自主定价，即同样的保险产品，各保险公司的价格可以不同，可以竞争，价格最终通过竞争形成。

保险费率要不要放开，作为一个改革的方向，应该是市场化的。这是共识。但费率市场化是有条件的，比如寿险费率市场化。2013 年已经把传统普通型寿险的定价利率放开，走出一步了。那么财险呢？其实当前主要是车险费率没有市场化。财险中的其他险种，比如工程险等，费率已经市场化了。车险费率要不要市场化？作为一个方向，肯定是要市场化的。但车险业务量比较大，在财险公司的业务量中举足轻重，如果要市场化，需要一定的条件。对车险的定价，首先要运用精算方法，要有依据。人寿保险的定价，依据生命表；重大疾病保险的定价，依据重大疾病发生率表。车险有没有损失率表？如果没有损失率表，定价就没有科学根据。据我了解，这项工作已经着手进行。先要把相关数据收集、整理，编制车险的损失率表，就可以成为车险定价的依据和评估准备金的依据，在此基础上才可以市场化。所以，车险费率的市场化目前还需要一定条件。

保险费率市场化之后，是不是意味着对保险费率就不需要监管了？不是不需要，而是更需要监管了。市场化之后，对于保险产品的费率，要不要审批或备案？还是需要的。按照《保险法》的规定，也是需要的。保监会还是应当审查保险费率的科学性、合理性。如果保险公司制定的保险费率偏高，赔付率多年以来都非常低，就是损害投保人的利益。保险监管的目的就是保护投保人、被保险人的合法权益，如果保险公司为了占领市场，制定的保险费率偏低，低于成本，就会加大保险公司的风险，防范风险也是保监会的职责。

再一个重要的问题就是偿付能力监管。对准备金的评估，要有一个客观的、科学的标准。如果保险公司制定的保险费率偏低，但要提取的准备金并不能因此而减少。也就是说，准备金的评估要有行业的统一标准。

另外，对市场交易行为还是要监管。比如对于销售中的欺诈、误导，还是要查处。

Q：市场行为需要监管。您觉得，政府和市场的边界到底在哪里？

A：关于监管和市场的边界问题，市场经济是相对于计划经济而言，市场经济要发挥市场在资源配置中的决定性作用，与之对立的是政府通过制订计划配置资源。市场与监管并不矛盾，不是对立的。市场是需要监管的，对市场进行监管是政府的职责。所以，市场化的东西并非不要监管。当然，监管的方式可以进行调整、改进。监管的原则是，违法违规的要管，损害消费者合法权益的要管，可能引起系统性风险的要管。具体到管什么，以什么方式管，就需要进一步研究。比如对保险公司的高管人员，要不要审核任职资格？我看还是要的。因为保险公司有自己的经营规律，比如高管至少应该知道《保险法》吧。如果连基本的保险知识都不懂，保险公司怎么能交给他们去经营？

Q：从 2006 年国务院颁布《关于保险业改革发展的若干意见》至今已经过去了 8 年。现在，保监会从全局高度出发，提出建设"现代保险服务业"的行业发展思路，您如何理解现代保险服务业？

A：关于"现代保险服务业"的概念，我是这样理解的。首先是"服务业"的概念，比如搬家、理发、照相等都是服务业的范畴。其次是"现代服务业"的概念，要区别于传统服务业，比如物流快递、汽车 4S 店、投资理财咨询、移动通信、计算机软件开发、网站维护等。金融业也属于现代服务业，保险是金融的组成部分，所以保险业也属于"现代服务业"的一部分。

现代服务业与传统服务业的区别：一是某些服务内容、服务项目是以前没有的，比如移动通信；二是采用现代科学技术和新的服务方式，比如到银行存款、取款，很早以前就有，可以说是传统服务项目，但现在可以异地通存通兑，可以在自动取款机上用信用卡取现，甚至可以在网上办理存取款业务。现在，我坐飞机出差，都是在办公室就可以打印出登机牌，这就是运用现代科技的服务方式。

现代服务业可以为两方面提供服务，一个是为生活服务，另一个是为生产服务。过去我们理解的服务业，一般只是为生活服务。

我理解，建设现代保险服务业，是科技进步、经济社会发展对保险业提出的要求。为此，一方面，保险业要不断创新产品和服务方式，满足新的社会需求。从以往的经验看，也是如此。比如有了核电站之后，产生了核电站保险；有了海上钻井平台之后，产生了海上钻井平台保险；有了卫星发射之后，产生了卫星发射保险。现在，保险公司开发了网上购物保险、快递保险、信用卡盗取保险等，有的保险公司还进行养老社区建设，新的金融工具出现对保险公司的资金运用也提出了新的要求；另一方面，对于传统的保险业务，也需要运用现代科技、新的服务方式。比如对于车险的出险勘察，就可以运用无线通信影像传输，从而快速理赔。又如对于重大疾病保险，也要考虑适应新的检测手段、新的诊断标准、新的治疗方法。还有就是计算机和互联网技术，使保险公司可以对本公司系统的业务、财务数据进行集中管理。过去在没有计算机、没有互联网的时代，买保险要手工填保单，保单也无法集中，总公司不能实时了解全公司动态，只能看到上个月或者上个季度的保费收入、赔款支付，都是通过层层报表来汇总的。

对于整个保险行业而言，计算机和互联网可以积累大数据，这对于保险业运用大数法则科学定价、防范风险具有非常重要的意义。当然，这对监管也提出了新的要求。

（李忠献／整理）

"十论现代保险服务业"系列访谈之七
庹国柱：保险业不能做"第二社保"

　　作为保险业界的知名学者，庹国柱在保险领域潜心研究，特别是辛勤耕耘于农业保险这块沃土上。身为首都经济贸易大学教授，他坚持独立思考，屡屡对监管部门乃至保险业界谏言；他不拘泥于理论，始终融入保险业发展的广阔天地。近日，围绕现代保险服务业的内涵、农业保险的现状和未来等话题，《中国保险报》执行总编辑李俊岭专访了庹国柱。

　　Q：您如何理解"现代保险服务业"这一概念的内涵？现代保险业可以支持或进入的"服务"领域有哪些？

　　A：现代保险业就是服务于现代经济和现代社会的保险业。客观上，它的功能横跨风险管理、财富管理等领域，既是灾害风险管理的强大工具，也是金融经济管理和社会风险管理的重要工具。

　　传统的保险业只是一种狭窄领域里的风险互助。但现代经济和社会是高度的市场化、社会化以及细致的社会分工，其产业链联系更加紧密。保险所能发挥的作用已经不仅仅是一般的风险保障，其功能和作用扩展了。正如保监会主席项俊波所说，它可以在现代金融体系、社会保障体系、农业保障体系、灾害救助体系和社会管理体系中发挥其独特作用。简而言之，就是在整个经济和社会的风险管理体系中都会并且将会发挥重要作用。如果现代经济和社会没有这种有效的、专门的风险管理制度体系，那是非常危险的，对经济和社会都会是灾难性的。

为什么保险发达国家在重大灾难面前总是应对得比较好，在社会保障制度完善方面受到认可，就是有强大的、完备的保险业支撑。而发展中国家特别是比较贫穷的国家，在灾难和经济危机面前往往束手无策，虽然与其国力有很大关系，但最大区别之一就是没有发达的保险业，保险业还没有经历从传统向现代的变革或者进化。

Q：农业保险是现代保险服务业的重要组成部分。您如何评价农业保险近年来特别是 2007 年以来的发展状况？

A：农业保险获得了长足发展。从保费规模上来讲，7 年增长了 36 倍，从 2006 年的 8.46 亿元增长到 2013 年的 306.6 亿元，平均增长速度达到 67%。从保险覆盖面来说，也得到了很大拓展——2007 年只有 6 个省区试点，现在已经覆盖全国 31 个省、直辖市、自治区。就种植业来说，保险覆盖面已经超过 10 亿亩，约占播种面积的 40% 以上。更重要的是保险补偿日益增加，2013 年农业保险受惠农户 3177 万户，农户获赔 208.6 亿元，平均每个受灾农户 656 元，其数额相当于全国救灾总经费的 3 倍。部分省区的赔付率超过 150%。从参与保险供给的经营主体来说，最初是 6 家公司，目前已有 20 多家公司积极投入农业保险经营行列。

农业保险的成绩可归纳为六个方面：第一，在我国现代农业风险管理体系建设中迈出新的、最重要的一步。2007 年以后，政策性农业保险迅猛发展，表明了各级政府和广大农民对农业风险管理制度建设认识的升华，更反映了农业生产和农业经济使用保险这种现代风险管理工具的适应和渴求。这些为我国建立现代农业风险管理制度奠定了良好基础。第二，初步建立了以商业保险公司为主的供给体制。在不同国家，农业保险有不同的供给体制，我国则选择了以商业保险公司为主，以包括中国渔业互保等协会组织为辅助的供给组织，完成了农业保险供给体制的基本布局。这是我国农业保险实践发展合乎中国国情的一个自然成果。第三，保险的经济补偿作用得到有效发挥。前面其实已经说过了，补偿数额非常可观，对受灾地区迅速恢复农业生产起到了积极的保障作用。第四，充分体现了独特的保险再分配功能。农业保险提供的风险保障，有超过100倍的放大效应。从农民的角度来说，他们每支付1元的保险费可以得到150多元的风险保障。这是任何其他财政和金融手段不可能达到的。更重要的是，它所起到的生产和生活保障作用也比其他任何财政和金融手段都更加及时和有效，尽管现在的保障水平还不高，这种保险补偿还不是很充分。第五，农业保险成为各级政府"三农"工作的重要"抓手"。农业保险产品的开发和农业保险的发展，在很多领域和一定程度上解决了政府通过其他手段和措施难以解决的问题。第六，为深化农村金融体制改革作出贡献。一方面，农业保险使投保农户受灾后可以及时得到经济补偿，可以迅速恢复生产和生活，增强了抗风险能力，有效提高了农户的偿债能力，大大改善了农民的信贷地位；另一方面，农业保险与农村信贷的结合，改善了农村信用环境，进一步提高了农户的信贷地位，促进了农村信贷的发展，在一定程度上解决了农民借款难问题。

Q：刚才您谈了农业保险发展取得的成绩，还有哪些不足之处？

A：主要有以下几点不足：第一，法律制度有待完善，整个管理体制还没有理顺。比如，由各省决定本地的农业保险经营模式，但是有的省不太会设计农业保险制度，那里的农业保险发展就受到影响。再如，中央和有的省没有专门的管理协调机构，中央管理责任又分散在许多部门，协调成本很高。第二，政府的主导作用没有充分发挥，政府与市场的关系不好处理。我国选择了"政府市场合作模式"（国外叫PPP模式，即pubic-private-partnership），但是因为我国与采用同样模式的美国国情差异太大，我国政府特别是县级以下政府担负着特别责任。这个关系处理不好，不仅是农业保险做不起来，还会助长农业保险中的道德风险或者引发违法犯罪。这方面已经发现不少问题。第三，财政补贴政策还不到位，补贴结构还不尽合理。保费补贴大头应当让中央政府来出，特别是不能让产粮大县再出钱补贴，否则保险在这些地方不会得到很好发展。第四，保障水平太低，覆盖面还不够广。现在的农业保险保障是所谓"保成本"，实际上比成本要低。例如，在大多数地区，种植业保险一般一亩地保险金额也就两三百元，高的不过 400 多元，只有亩收入的 1/3 甚至更低。农民实际上没有多少兴趣投保，加之补贴政策及其结构不合理，一些地方积极性不高，覆盖率很低。第五，大灾风险分散制度迟迟建立不起来。农业保险大灾风险分散制度是农业保险制度的稳定器。要保证农业保险制度的可持续，必须要有大灾风险分散制度。中央"一号文件"已经连续讲了 7 年，可见其重要性以及建立的难度。第六，农业经营微观管理和运行机制需要下大功夫。展业、签单、查勘、定损和理赔，以及数据处理、费率精算、风险区划诸环节的操作和管理，在很多地方还比较粗放，甚至不那么规范，投保农户也有不少意见。

Q："政府补贴"是中国农业保险发展过程中重要的政策支撑。您如何评价"政府补贴"的效果？

A："政府补贴"是农业保险制度的重大政策，可以这样说，没有政府财政对于农业保险保费、管理费和再保险的补贴，农业保险不可能发展起来。因为农业保险是一种价格不菲、预期收益不高、投保人又缺乏有效需求的保险种类。要实行商业化的运作，没有保险公司能接受它的价格，也就不会有市场形成。所以我国吸收国外和国内的实践经验，从 2007 年开始，对主要粮、棉、油、糖作物和主要畜产品等共 19 种标的的生产风险保险给予保险费补贴，中央财政补贴规模从 2007 年的 22 亿元增加到 2013 年的 100 亿元以上。其效果是显著的，这种补贴的效果从参与率、覆盖率以及保费规模、赔偿规模，特别是因灾受损地区农民的满意度、当地政府的满意度等方面都能反映出来。黑龙江 2013 年遭受 50 年不遇的洪灾，使许多农地绝产，但是因为大多数农民参加了保险，获得的保障比较充分，全省农业保险赔款有 27 亿元之多，有十几户农民每户获得的赔款超过 100 万元。这不仅解决了受灾农户的基本生活问题，也保证了今年的生产不受影响。

Q：一个合理的政府补贴政策应该具有哪些特点？

A：一个合理的政府补贴政策，可以从几个方面来看：一是补贴数额要科学合理，即要调动投保农民的积极性，愿意投保。这一般都要进行研究（包括实证研究）。美国、加拿大、日本等发达国家，最初对于保险费的补贴力度较小，也就30%左右，农民的参与率很低，后来逐步提高到纯费率的60%，同时补贴差不多全部管理费，使保费的补贴比例达到80%左右，农民的参与率才升至80%以上。二是补贴结构要合理。美国是一级补贴制度，就是由联邦政府补贴；加拿大是联邦和省政府共同补贴；欧洲一些国家也是两级补贴结构。我国采取多级补贴结构，除了中央和省政府，地县政府也要出钱。实践表明，这就出现了一些问题——发达地区的地县政府还不要紧，欠发达地区的农业大县财政比较困难，就使补贴打了折扣，有的地区甚至弄虚作假。三是补贴标的品种的选择也要合理。因为是把农民收入稳定和农业生产稳定作为农业保险补贴的政策目标，那就要尽可能将主要以至所有农牧产品生产的保险都纳入补贴范围，才能达到政策目的，并保证使用公共财政的普惠性和公平性。一般情况下，发达国家主要是补贴农作物，所有农作物的保险都补贴，近些年也扩大到家畜生产的保险。在政府财力有限的情况下，对于农作物保险的补贴首先考虑的是关系国计民生的粮、棉、油、糖作物，财力允许时逐步扩大到所有作物。日本最初只对小麦、大麦、水稻、旱稻、养猪、养蚕、养马等种植养殖业标的的生产风险保险给予补贴，后来逐步扩大到所有农作物，包括大棚蔬菜、花卉生产的保险以及其他养殖畜禽。有的发展中国家只补贴主要粮棉作物保险。我国目前补贴的保险标的有19种。在可能的条件下，会继续扩大补贴品种的范围。

Q：如何改进现有的政府补贴政策？

A：对现有政策的改进，也要从三个方面着手。从补贴量上来说，现在的水平已经与其他国家相当，在没有其他依据条件下，不宜再提高补贴力度。例如，有的地方嫌一家一户收保费麻烦，政府也不缺钱，就把补贴提高到90%，甚至100%，这样做实际上不利于培养农民的风险和保险意识。补贴结构也需要调整。2014年中央"一号文件"提出要逐步减少或者取消种粮大县的补贴，我的意见是直接取消，有中央和省两级补贴就行了。在补贴品种的改进方面，农民的普遍呼声是应当在现在的基础上，进一步扩大补贴的保险标的种类，特别是蔬菜、水果生产以及家禽、水产养殖保险的保费补贴应当首先考虑。

Q：现在农业保险业务成为保险公司眼里的"香饽饽"。在保费收入和利润方面，农业保险贡献颇多。您如何评价目前这些保险公司开展农业保险业务能力以及风险管理水平？对这些公司有哪些建议？

A：这个问题很好，保险业内外对农业保险的补贴和利润有一些不全面的认识，有必要说说。从2007年以来，农业保险在政府的支持下特别是财政高比例补贴之下进展很快，保费收入已经成为财产保险公司中除车险以外的第二大险别。而且每年都有所谓超过财产保险平均利润水平的"超额承保利润"。这是一个事实，不用回避。前几年农险少有人问津，这两年，几十家保险公司都申请做农业保险。但是，要具体分析这种农业保险的成本结构：第一，这7年我国农业生产比较幸运，没有大范围的重大灾害损失发生，算是风调雨顺，所以有农业"九连增""十连增"，农业保险赔付率还能接受，为60%～70%，发生超赔的只是少数几个省，例如2013年的黑龙江省。全国平均的农业保险赔付率比车险50%～60%的赔付率，显然要高许多。第二，农业保险精算在起步阶段不一定准确。有的地方可能偏高，也有的地方偏低。这很好理解，正儿八经做农业保险就几年时间，还没有足够的数据积累。第三，因为农业保险的特殊体制，保险展业、定损、理赔等工作现在都通过乡、镇、村的"协保员"代理，相对保险公司直接展业，大大节省了操作成本，这部分成本目前大约为15%，和车险40%甚至50%的费用成本也形成鲜明对照。第四，农业保险的风险大约是普通财产保险经营风险的10倍，需要较多的风险准备金积累，从这个意义上说，每年的经营结余至少部分不能算是"超额承保利润"。

就我了解，目前保险公司开展农业保险的能力和风险管理水平普遍还是不错的，大多数公司在大部分地区的经营比较规范。当然也存在一些需要改进和完善的方面。比如，有的地方制度不完善，竞争秩序也不那么好，有寻租的问题。还有的公司经营不够规范，保监会的一些规章没有得到很好落实，服务网络不健全，也有侵害投保农民利益的问题，实际上有些问题已经超出了"能力"范围。但是这对保险公司的经营风险控制来说，问题就有点严重了。有的保险公司也不那么重视安排再保险，加之地方和中央的大灾风险分散制度没有建立起来，保险公司的经营就有点儿"赌"的意思了。

对这些保险公司来说，他们希望有一个良好的竞争环境和秩序，这方面主要靠政府和保监会建立必要的合理的规则。对公司而言，要想在农村扎根，把农业保险做长久，就要在基本建设上做足文章，建设好服务网络，建立完善的制度规则，经营也好、竞争也好，要有"底线"，不然的话，风险就不可控，迟早要出事的。

Q：您如何评价农业大灾风险分散机制的建设进展？未来努力的方向是什么？

A：农业保险大灾风险分散机制或者叫大灾风险管理制度，是农业保险能够应对异常的巨额赔付，从而使其经营可持续必不可少的制度安排。这种安排可以是一种融资预案，也可以是真金白银的大灾准备金。我们国家似乎比较偏好于建立大灾风险准备金，所以我和几位同人就提出了这种准备金建立的路径，也对这种中央一级的准备金规模做了测算。

但是这个制度的建设一直进展很慢，中央对这件事很重视也很着急，每年的"一号文件"都会重申，从 2008 年开始至今已经说了 7 次了。2013年 12 月出台了一个保险公司级别的《农业保险大灾风险准备金管理办法》（财金〔2013〕129 号），这个办法虽然是要求保险公司建立包括"保费准备金""利润准备金"在内的大灾风险准备金，但其实主要是为了调节保险公司经营农业险产生的"超额承保利润"（这个利润今后随着成本的上升会逐步减少）。保险公司的大灾风险在其可承受的范围内，本来是不用政府去管的，他们出于自身安全考虑，会自动安排再保险和留一定后备的。当然有这个办法也好，带有强制性积累准备金的味道，就更规范，承担赔偿责任也更有保证。

关键是省一级和中央一级的大灾风险分散制度建设。我不了解有关部门的想法，到底是准备学习美国、加拿大的经验，设计一种融资预案呢，还是想建立省级和中央两层大灾风险准备基金。美国的办法是通过法律确认，经营农业保险的公司，在发生准备金（包括当年提取的责任准备金和历年积累的准备金）不足支付当年赔款时，可以向农业部长申请到一家政策性金融机构"商品信贷公司"去借款。加拿大也是类似的制度，不过比美国要多一些层次，制度更丰富一些。

我们不必一定要建立省级和中央两层大灾风险准备金，现实筹资及后面需要的管理都很麻烦，资金池越多越容易出问题，要制定完备的管理制度不容易，成本很高。不如学习美国、加拿大的经验，尽量减少事先筹集资金和管理资金的麻烦，就是建立一套事后融资的路径和程序。比如，向某政策性银行借款，超过一定额度后就发行债券。这些借款和债券可以在保险公司后续经营中逐渐偿还，这种融资的成本可以由保险公司和政策性金融机构以及政府财政共同分担。不管事前融资还是事后融资，我们期望早点出台办法，不要等到真的出了大麻烦才手忙脚乱地到处找钱，要是找不齐钱，得不到赔款的投保农民就惨了。

当然，在这个制度建立之前，还有一个如何确定保险公司赔偿责任限额的问题。可能需要政府部门在协调之后，有一个统一的口径。至少目前，绝大部分地区还是没有明确的。

Q：在农业保险发展过程中，有哪些配套制度需要完善？

A：第一个是大灾风险分散制度，上面已经讲到。

第二个是财政税收支持制度。现在下面反映的问题很集中，迫切希望财政税收支持能够更加制度化、规范化，同时要不断拓展支持范围，提高支持力度，真正调动农户参保的积极性，达成政策性农业保险的政策目标。

第三个是精算定价制度。这是个基础性的重要制度，包括两个层面：第一个层面是制定农业风险区划，第二个层面是费率精算。在美国和加拿大两个国家，第一个层面的工作是由政府来做的，第二个层面先是由政府厘定，后来政府委托给相关保险行业协会，以保证其合理性和公平性。这个制度我们基本上还没有起步，现在基本上是一省一个费率，这种费率不那么科学，也经不起推敲，从而易引发农户和基层政府的抱怨，也因此产生逆选择问题。这都凸显建立精算定价制度的必要。

第四个是规范的市场竞争制度。一些地方经营农业保险的公司之间的竞争已经白热化，为抢地盘不择手段，引发许多矛盾，包括权力寻租和腐败。这些正在影响着农业保险的健康发展。如何通过建立一种竞争合作机制和制度，需要研究。不然的话，政府和农民都得为这种无序竞争的后果支付代价（包括可能的违法犯罪），为这种推高的成本埋单。

第五个是强有力的农业保险管理制度。曾经，我们设想应该在中央和各省建立集中统一的管理机构，加强对这种特殊的保险制度的管理，但决策层不打算在国家层面建立这种管理机构。原因可以理解，我国有 10 个部门涉及农业保险，没有一种规范的管理和协商制度，有些工作非常难做，协调效率不敢恭维。但是，我认为省一级很关键，有必要建立正规的、统一的省级管理协调机构。实践表明，凡是那些组织健全、工作协调的省、自治区和直辖市，农业保险工作就推行得顺利，发展也很快。

第六个是全面有效的监管制度。虽然《农业保险条例》中规定"国务院保险监督管理机构对农业保险业务实施监督管理"，同时授权财政部对于骗取保险费补贴的，"依照《财政违法行为处罚处分条例》的有关规定予以处理；构成犯罪的，依法追究刑事责任"。但是实践中发现仍然有监管真空存在。这就有必要完善监管制度，或者授权保监会可以延伸监管，对基层政府的违规违法行为进行监管和处罚。或者建立一种由保监会、财政部、农业部和检察机关多部门组成的联动监管制度，保证农业保险在法治轨道上前进和发展。

我认为这六种制度是保证农业保险有效运转的必要制度。尽管做起来有难度，但是要把农业保险一直做下去，这些配套制度就是必需的。

郑功成：缺失商业保险，多层次社保体系是空话

构建普惠全民的多层次社会保障体系，是我国社会保障改革与制度建设的重要目标。尽管法定的社会保障已经呈现"普惠性"特征，但由于商业保险发展滞后，多层次的目标并未实现。如何推动建立更加公平、可持续的社会保障制度？构建多层次社会保障体系将给商业保险发展带来哪些机会？政府应当在保险业发展中扮演何种角色？保险行业如何抓住机遇求得大发展？为此，《中国保险报》副总编辑赵晓强（时任，编者注）采访了长期从事社会保障与灾害保险研究的中国人民大学教授、全国人大常委会委员郑功成。

Q:《2013 年中国人权事业的进展》白皮书披露，我国已初步建立了世界上规模最大的、符合现阶段中国社会实际的社会保障体系。您如何评价我国的社会保障改革，有哪些突出成绩和有待解决的问题？

A：对我国社会保障改革有两个基本评价：一是属于人类社会保障史上空前绝后的伟大改革实践；二是已经初步实现了普惠全民的基本目标。

在人类社会保障发展史上，没有任何一个国家能够像中国这样将原有的一整套社保制度进行如此全面而深刻的制度变革，今后也不可能再现。中国社保制度改革的全面性，体现在将社会救助、社会保险、社会福利、军人保障等数十个具体保障项目均进行了改革。最后一个堡垒即机关事业

单位退休金制度也必定在这两年付诸改革。中国社保制度改革的深刻性，是将原有的以国家负责、单位（集体）包办、全面保障、板块结构、封闭运行为基本特征的一套社保制度，转化成政府主导、责任分担、社会化、多层次的新型社会保障体系，是具有颠覆性的制度变革。

我国的社保制度已从过去的残补型制度发展成为普惠型制度安排。计划经济时代的社会保障是一部分人的专利，但现在却是全民共享。例如，普遍性养老金制度的建立使全国 2 亿多老年人都能够按月领取一笔数额不等的养老金，基本医疗保险覆盖了全国 95% 左右的人口，社会救助制度的受益者也达到了全国总人口的 10% 左右，保障性住房建设也在近几年得到了大发展。

不过，我国的社会保障体系还有很多不足，制度建设仍处于改革试验性状态，离一个成熟、定型的制度安排还有相当长的距离。其中一个最关键的问题就是政府的责任边界不清晰，还没有充分有效地调动市场机制发挥作用。例如，我国的商业保险，无论是在补充养老保险、补充医疗保险还是在灾害损失补偿等方面，发挥的作用十分有限。如果商业保险缺失，构建多层次的社会保障体系就是一句空话。

Q：党的十八届三中全会《中共中央关于全面深化改革若干重大问题的决定》提出，要建立更加公平可持续的社会保障制度，为新阶段的社会保障制度改革指明了方向。《决定》同时指出，要加快发展企业年金、职业年金、商业保险，构建多层次社会保障体系。您刚才谈到市场机制的缺失导致多层次社会保障体系基本上是一句空话，为什么这么说？

A：之所以将构建多层次社保体系作为改革的重要目标，就是要充分利用市场机制、社会机制最大限度地调动各种资源，壮大国民福利的物质基础，同时使社会保障责任在主体各方得到更为合理的配置，并确保整个制度可持续发展。例如，在养老保险方面，法定的基本养老保险是第一层次，企业年金、职业年金构成第二层次，完全自愿成交的人寿保险则可以视为第三层次。在医疗保险方面，法定的基本医疗保险构成第一层次，商业健康保险构成第二层次，慈善性医疗可以视为第三层次。在灾害保障方面，政府救灾可以视为第一层次，商业性的财产保险等则可以视为第二层次。如果商业保险缺失，就意味着只有法定社会保障一个层次，这正是我国计划经济时代社会保障制度的重要特色。

从目前情况来看，企业年金参加者少，商业性健康保险只具象征意义，即便是业务量较大的商业人寿保险，其业务结构也异化成理财产品主导。在灾害补偿方面，我国是多灾之国，每年仅自然灾害造成的直接经济损失就数以千亿元计。在全世界自然灾害的损失补偿中，保险公司的赔偿要占到 36% 以上，在发达国家重大灾害损失的补偿中，保险赔款甚至达到 70% ~ 80%；而在我国，保险公司对灾害损失的补偿不到 5%，在重大灾害损失补偿中几乎可以忽略不计。因此，客观而论，我国社会保障体系建设中的一个最大问题就是对市场机制利用不够充分，"多层次性"作为社保改革追求的基本政策目标并没有实现。

Q：近几年，基本养老金替代率下降，更加重了对第二层次——企业年金的需求。但数据显示，截至 2013 年底，我国参加企业年金的职工占参保城镇职工基本养老保险职工的比例仅为 6.7%。如何让更多的中小企业职工享有企业年金？如何让个人愿意花钱买保险？

A：从全球养老保险改革的取向来看，是既要维护公共养老金的公共性，又要利用市场机制、构建多层次养老保险体系来进一步分散风险，确保养老保险制度可持续发展。法定养老保险必须强化公共性，通过互助共济给人们提供稳定的安全预期，这一点不应该有模糊认识。但在人口老龄化时代，不能单靠公共养老金来包办，因为人的寿命越来越长，而家庭保障功能与人口抚养比却在下降，代际养老负担的公平会因老龄化打破，进而导致利益失衡。因此，各国养老保险改革在继续维护公共养老金公共性的同时，也通过调低公共养老金替代率，让商业保险发挥作用。

法定养老金替代率在一些国家曾高达 90% 以上，现在更多的可能是 40% ~ 50%。很显然，如果退休之后拿的收入还不足在岗时的 50%，晚年生活肯定受到影响。所以，在人口老龄化与公共养老金替代率下降的情况下，处于第二层次、第三层次上的企业年金、商业寿险就要及时得到发展，我们可以将此理解为一种多方分担养老责任的合理调整。通过把基本养老保险的替代率降下来，政府承担的就是有限责任。第二层次的企业年金或职业年金，主要是劳资双方分责，第三层次的商业寿险完全是个人承担。如果没有商业保险的发展，就没有第二层次、第三层次的跟进，法定养老保险就将独木难支、不可持续，这是人口老龄化带来的大势。

目前，我国企业职工的养老保险因没有企业年金的配合，尽管法定养老金已连续十年每年增长10%，却未能赢得退休人员的满意；而机关事业单位养老保险制度改革，也是缺乏第二层次、第三层次养老金的同步配合。

因为，单一层次的制度变革意味着要大幅降低机关事业单位离退休人员的退休待遇，如果大多数人成为利益受损者与反对改革者，这种改革如何成功？因此，在尽快推进基本养老保险制度走向成熟、定型的条件下，国家宜将发展企业年金、职业年金摆到重要位置，同时通过政府减税、企业让利等措施让中小企业也能承受得起。只有让这种机制覆盖大多数劳动者，才能消除企业年金是垄断企业"福利腐败"的恶名，才能真正成为可以预期的养老保险体系的一个层次，而不是少数人的专利。

养老金替代率是指养老金收入与在职时工资收入的比率，是衡量退休后养老保障水平的重要指标，其意义在于保障职工不因退休而使生活水平下降。

Q：2014年保监会提出改革发展要在三大领域取得突破，其中之一是大力发展商业养老和健康保险，鼓励保险机构投资养老健康产业，调动国家、企业、个人等多方面力量，运用好政府和市场两种机制参与社会保障体系建设，提高国民幸福安全指数。您认为如何才能"运用好政府和市场两种机制"？

A：在商业保险的发展中，政府应当扮演好以下四个角色：

第一，做好保险业发展的有力支持者。首先是要提供有利于商业保险发展的制度环境，包括健全保险及相关法制、明确财税支持政策。比如，对职业年金、企业年金给予税收优惠，鼓励单位、个人参保，当然也不能将其变成少数人的特权或垄断性福利。其次是要为商业保险留出相应的发展空间。法定社会保障与商业保险是非竞争关系，但两者之间又确实具有此消彼长的关系，如果实行全民免费医疗则商业性的健康保险就无必要，如果法定养老金替代率过高便不会有企业年金的发展空间，如果都是政府包办救灾与灾后重建，则财产保险也不可能成为人们管理选项，因此，社会保障需要坚持只保基本。最后是要提高国民的保险和风险意识，包括宣传、教育、引导等，政府可以做更多、更好。此外，社会保障的改革，还要努力和商业保险的发展联动，如机关事业单位的养老保险改革，在法定基本养老保险外，要同时出台职业年金的推进方案，同步改革，协同推进。这些方面都是支持者的角色。

第二，做好保险市场的有效监管者。保险公司经营业务中蕴含着各种各样的风险，必须强化监管才能确保交易行为规范、市场运行有序、客户权益得到保障。保监会、税务财政相关部门、审计、银监会、证监会等相关部门需要依法履行监管职责，并平衡保险方和被保险方的权益。针对目前保险市场上的一些失范行为，通过强化监管来实现优胜劣汰，才是提升我国保险业整体素质并获得大发展的前提条件。在这方面，保监会更是责无旁贷，应当具有权威性。

第三，做好保险产品的示范消费者。政府要引领公众参加保险，首先自己要有风险与保险意识，最好能够成为保险产品的示范消费者。比如，政府为公职人员购买职业年金，为公共设施（如学校、医院、办公大楼）购买财产保险，为公共场所购买公众责任保险等。它能将基于不确定的灾害风险而无法预知的灾后救援支出变成可预算的保险费支出，从而避免遭灾时对财政造成巨大冲击，同时通过保险公司配置资源来应对灾害风险，也能在更大范围内、更长时间内分散灾害风险。因此，利用市场机制、通过保险公司来转嫁政府面临的自然灾害与各种公共风险，是值得各级政府考虑的风险管理手段，也应是政府治理能力现代化的合理取向。如果政府能够在这方面作出表率，不仅可以大幅度降低目前存在的灾害事故风险冲击，更有助于全民保险意识的培养与保险业的健康发展。

第四，应当成为保险公司的良好合作者。尤其是在一些政策性保险领域，如农业保险、农房保险、巨灾保险等，没有政府与保险界的良好合作，不可能取得预期的效果。现在有些地方推进农房保险，有的政府掏钱，农民参保也掏点钱，与保险公司签订协议，灾后由保险公司提供经济补偿，这就是合作者的角色，其作用是壮大了防范灾害风险的能力，能够提高损失补偿水平。合作者的角色还包括前面提到的法定社会保障要为商业保险留出空间。在整个民生保障、风险管理方面，政府与商业保险既要有分工，又要有合作。

简而言之，政府与商业保险的关系，从理念上讲，应该是共同应对灾害风险的合作者关系；从行动上讲，则是商业保险的支持者、监管者、消费者。

Q：政府职能的转变和市场化改革的深化，将对商业保险未来发展带来哪些影响？商业保险的未来发展前景如何？

A：毫无疑问，我国商业保险未来的发展空间巨大。除了城乡居民福利诉求持续高涨外，更重要的就是政府职能转换。政府职能的转换和市场配置资源的优势，给商业保险的发展带来很大的空间。我国未来改革发展有两个取向已经非常明朗——这就是党的十八届三中全会决定的市场化取向、2014年四中全会将重点讨论的法制化取向。政府简政放权以后，许多服务需要市场机制来承接。市场化的取向决定了市场在整个民生福利、资本配置方面会有越来越大的发展空间，法制化的取向意味着商业保险发展环境会日益趋好。

以保险业务来说，法定养老保险替代率下降，意味着商业人寿保险的发展空间扩大。医疗保险如果能坚持基本保障，商业性健康保险将伴随公众对健康诉求持续攀升而具有日益扩张的发展空间。市场化意味着市场风险的增加，意味着保险业为市场信用及相关风险提供保障的市场越来越广。比如存款保险，研究了这么多年，为什么没有动静，一个重要原因是金融体系还没有真正实现市场化。而金融体制一旦市场化，就会有优胜劣汰，银行就有可能破产，只有银行存在破产风险，存款保险才有存在的价值。

强调法制化就更不用讲了。在发达国家，责任险与财险是相提并论的，责任险是美国保险业的重要支柱，而在我国占比却很小，目前充当财险业主力的机动车第三者责任险还存在较多问题，其他如公众责任险、雇主责任险、产品责任险、职业责任险等因法制不健全还只是一个潜在市场。而责任险的缺失，导致要么受害一方得不到有效补偿，要么致害一方受到极大的冲击。比如目前比较紧张的医患关系、环境污染导致的群体性事件、食品安全与公共场所事故引起的不安与焦虑，都因缺乏有效的责任保险而被放大。因此，只有真正建设法治国家、法治政府、法治社会，这个巨大的潜在市场才会转变成现实市场。

再如救灾方面，现在是政府买单，在灾害发生后往往不计成本。如果灾民能够从政府获得充分救济与灾后重建费用补贴，为什么还要买商业保险呢？然而，这种重救灾、轻保险的格局将伴随着财政增收的减缓、预算约束的刚性等而逐渐改变，救灾改革的重要目标就是要将政府的责任控制在灾后紧急救援阶段，承担的应主要是有限的灾民生活救济责任，对于灾后重建等应当通过商业保险来配置资源，这是正确的改革方向。

总之，我国商业保险尽管在过去10多年得到了很大发展，但是它的发展空间还远没有得到发掘。我们完全可以指望市场化改革、法制化建设通过更加科学的顶层设计走向成熟、定型，社会保障改革的深化应当且一定会为商业保险发展释放出巨大空间，这一制度成熟之时，应该也是商业保险发展真正意义上的黄金时期到来之时。

Q：目前我国已建立起全民医疗保险体系，保障水平不断提升。参加城镇职工医疗保险、城镇居民医疗保险和新型农村合作医疗的人数超过13

亿人，参保率超过 90%。城乡居民大病保险试点进展顺利，截至 2013 年底，全国已有 28 个省份启动实施了大病保险试点，8 个省已经全面推开。您如何看待评价保险业在推进全民医疗服务中的作用？

A：我坚持认为，如果法定的社会保障制度不定型，商业保险的空间就不明确。如我国职工基本养老保险仍然处于地方统筹状态，老工业基地的单位缴费已达 20% 甚至更高，哪有余钱参加企业年金？在深圳、东莞等新兴工业化地区，单位缴费率较低，发展企业年金应当是有空间的，但也在观望，因为担心全国统筹后费率会提升，这种现象表明法定保障必须尽快明确定型。因为法定保障制度的不确定性恰恰影响了保险市场的有效开拓。目前，我国基本医疗保险还未最终定型，部分单位还在享受公费医疗，有些地方在追求新的免费医疗，如果都 100% 报销，商业性的健康保险哪里还有一点发展空间？因此，现在需要把握的是，一定要坚持政府主导的是适合国情的基本医疗保险。

在医疗保险领域，我其实不主张保险公司介入社会医疗保险，而是需要在推动国家坚持基本保障的前提下努力做好商业性健康保险产品的设计与开发，真正形成有别于社会医疗保险的市场。在这方面，高收入群体应当是保险公司发展商业健康保险的目标群体，基本医疗保险不负担的费用、不负担的药品与服务以及人们超过基本医疗保险水平的需求，才是商业保险的业务空间。如果只以社会医疗保险为目标，则保险公司承担着全民医保的责任，扮演的只是代理人角色，不仅可能造成法定医疗保险制度的紊乱，而且将直接影响到真正意义上的商业健康保险市场的开拓。在这方面，我国 20 世纪 80 年代由保险公司经办集体企业养老保险、后又介入民政部门在农村推进的救灾保险改革，以及一些地方承保计划生育主管部门推进的计划生育保险等，最终都是两败俱伤，这些深刻教训特别值得今天的人们吸取。

人们都很关心基本养老保险、基本医疗保险深化改革方案何时出台？我估计也就最近两年的事情。因为养老保险的顶层设计已经有了基本方案；医疗保险主要是整合管理体制与经办机制，一旦管理体制整合了，制度就很容易整合了。相较于养老、医疗保险改革，救灾改革可能更困难些。但是现在，我们可以看到在做加法。比如农业保险，过去一直没有发展起来，但近几年由于中央财政投入在加大，农业保险业务也在不断上升。

2013年我带队到安徽调查农房保险，那里是政府拿钱为农民农房参加保险，尽管政府买单并非真正意义上的商业保险，但它至少有几大好处：一是培养了农民的保险意识。因为农民要投保、要签订保险合同。二是增加了农民的市场意识和诚信意识。过去遭灾是找政府，虚报灾情几乎是惯常做法；现在遭灾后要找保险公司，保险公司在核保、查灾、定损、理赔方面有一整套成熟的规程，严格按保险合同办事，这就增加了农民的市场意识和诚信意识。三是壮大了灾害补偿的能力。过去救灾都指望中央，现在地方政府在农房保险上有所投入，并有商业保险参加，农民受损后获赔额度比以前得到了提高。这可以视同为一种救灾改革，体现改革给保险公司提供了市场和空间。当然，农业保险、农房保险等具有政策性色彩的业务还有完善的必要。

Q：社会多层次保障体系建设为商业保险带来巨大的机会，您认为保险行业如何才能抓住机遇，发挥自身优势，将多层次社会保障体系建立释放的潜在市场变成一种现实，实现黄金发展？

A：保险行业必须苦练内功，才能抓住机遇。如果内功不足，缺乏好的产品与服务来吸引保险客户，即使是社会保障改革留出了足够的空间，那也只是一个潜在的空间，或者现在留出了但因商业保险填不上也会收回去。

我认为，保险行业要从几个方面下功夫：

首先是要把握好自己的战略定位，以开发能够赢得客户的品牌业务为立足点。比如健康保险，我到一些地方调查，发现一些保险公司其实在做低效甚至是亏本买卖，只是扮演法定医疗保险或合作医疗的代理人角色，它既非一种新的筹资机制，也非一种新的保险产品，而是从地方医疗保险或合作医疗基金中切一块让保险公司搞大病保险，保险公司并没有开发能立得起来的健康保险产品，这样下去必定迷失自我。商业保险还是应该将精力集中在法定的基本保险以外的市场空间。比如商业健康保险产品设计，可以不管13亿人的事情，只要满足10%高收入人群的需求就行了，解决好10%的人的需求，就相当于一个日本市场。因此，商业保险要争的不是基本医疗保险，在推动医改时一定要维护社会医疗保险的"基本"两字，否则，国民健康市场最终将与保险公司无关。

其次要优化保险业务结构。我们不能将寿险公司异化成理财公司，不能将财险公司异化成全部是机动车辆保险公司，这种扭曲的业务结构是我国商业保险不成熟的表现。只有让企业年金、职业年金、寿险、意外险等业务齐头并进，让企业财险、家庭财产保险、货物险、责任险、信用险等同时得到大发展，真正让保险公司回归风险保障功能，才能真正确立我国保险业的地位。

再次要重塑形象。现在保险业的整体形象差强人意，需要引起整个行业的注意。我记得20世纪80年代到各地人保公司调研时，发现都是展业承保、理赔、防灾防损三者并重，而现在还有哪家保险公司真正关注防灾防损呢？国际上大的保险公司都有防灾防损职能部门，为保险客户甚至全社会提供不可替代的防灾防损技术服务。减少了风险发生的概率也就减少了损失，减少了保险赔款，才能够真正赢得保险客户的尊重。

总之，社会保障和商业保险，实际上都是人类应对自然灾害与人为事故的风险管理机制，它们无法相互替代，应当在分工明确的前提下实现合作共赢。而当务之急是要厘清政府与市场的责任边界，尽快推进社会保障制度走向成熟和定型，让商业保险利用市场机制在自己足够大的空间得到快速发展。

"十论现代保险服务业"系列访谈之九
别涛：高风险企业强制投保是不变的目标

2015 年以来，从《环保法》修订到《食品安全法》修订，"环责险""食责险"是否立法强制投保的问题引起各方尤其是保险界的高度关注。对于借助立法强制进入相关公共风险管理领域，保险企业有着强烈的期待。类似涉及公众利益的责任保险，是采用"强制"还是"鼓励"，作为相关领域的政府管理部门怎么看？《中国保险报》副总编辑杜亮专访了环保部政策法规司副司长别涛，就环责险的起源、现状、存在的问题及未来作了充分讨论。

Q：2007 年，原国家环保总局、中国保监会联合发布《关于环境污染责任保险工作的指导意见》，首次从政府层面开始了"环境污染责任保险"的推动工作。请您总结一下，到目前为止，环境污染责任保险的开展取得了哪些成绩？还存在哪些问题？

A：环境污染责任保险在中国真正的起源是 2005 年，一场松花江特大污染事件令全社会感到震惊和痛心，也给全国环保系统带来巨大冲击，由此推动我们思考重大公共危险污染损害的救济机制。所以有了 2007 年两部门《指导意见》的出台。目前，环境污染责任保险试点范围和覆盖领域不断扩大。开展试点的省（区、市）达到 28 个，行业已拓展至重金属、石化、危险化学品、危险废物处置、电力、医药、印染等多个领域，国内各主要财产保险公司都加入了试点工作。2013 年，环境污染责任保险为 9000 余家（次）企业单位提供保险保障近130亿元。

试点取得的成效表现在：

一是环境污染责任保险作为防范环境风险的重要市场机制，引起了包括企业、政府部门和媒体、社会公众的广泛关注、讨论。通过引进市场力量，能够逐步建立和完善环境社会风险"多元共治"的治理体系，而不是过分依靠环保部门的行政监管。这是针对"环境问题社会化"局面作出的较好回应。

二是通过地方环保部门、保险监管部门、保险公司等方面的共同努力，对企业进行环境风险评估和环境隐患的排查，即"环保体检"，在一些地区取得较好的效果，切实有利于提高企业环境风险管理水平，减少环境事故发生。

三是一些理赔案例表明，环境污染责任保险在保障污染受害者权益方面的作用比较突出，有利于减少因环境问题引发的社会矛盾，促进社会和谐。

目前存在的最主要问题还是对于企业造成的环境事故，责任追究还不到位，包括行政的、刑事的处罚，特别是民事赔偿责任总体还是偏低，也就是"违法成本低"的问题。这种情况下，企业没有向市场分担环境风险的动力。如果通过立法推进对高环境风险企业实施强制性保险，则可以基本解决这一动力问题。

Q：推广环境污染责任保险，对环保部来讲，只是环保工作的一部分，或者说，还不是一个核心的部分。环保部门是如何看待"环境风险管理"的？现在我们国家提倡全过程的环境应急管理，主要从"事前、事中、事后"3个环节推进。在这个链条中，环责险居于怎样的地位？

A：国家推行环境污染责任保险等环境经济政策，主要目的是通过市场手段强化环境管理，当然也包括环境风险管理。但这并不是环境经济政策的全部意义。例如，降低环境风险是环保部门的努力方向，但是环境事件完全不发生只能是一种理想。一旦发生事故后，污染受害者应该及时得到补偿，这是环境公平正义的必然要求；同时，企业因为一次事故、没有及时赔偿等各种原因被行政下令关停的情况不时出现，这其实也是社会资源的很大浪费，会引起如就业等方面的社会问题。环境污染责任保险有助于解决这两方面问题。所以说，环境污染责任保险的重点是通过保险机制，指导、帮助、督促企业降低环境风险，同时还有补偿污染受害者合法权益等方面的社会性作用。

至于环境污染责任保险与环境应急管理之间的关系，应该是逐步实现各个环节的紧密结合。其实，环境应急管理"事前"预防的主要内容就是我们常态的环境保护、管理。现在环保部门需要更多引入环境风险管理的概念和手段、借助市场力量、多方联动开展环保工作。

Q：此次《环保法》修订，首次在立法中提出"国家鼓励投保环境污染责任保险"，从保险业角度，既欣慰，也失望。失望的是，环境污染责任保险没有列入强制范围。关于选择鼓励还是强制的问题，您是怎么看的？最后没有列为强制，是出于怎样的考虑？

A：第一，基于环境事故高发的严峻形势，环保部门、保监部门都希望写上"强制"。第二，我国对强制保险制度一直是十分谨慎的，一般只针对人身的直接伤害，如交强险，还有煤炭法、建筑法规定的职工人身的意外伤害保险等。第三，在《环保法》修改过程中，有些方面的意见认为，目前不宜建立强制保险制度。

当前中国的工业化远没有完成，而重化工业高速发展的过程就是高环境风险凸显的阶段。所以在环境污染责任保险问题上，立法鼓励与实际期待有差距——企业投保率太低，环境事件民事赔偿严重不足。美国墨西哥湾原油泄漏污染事件，英国石油赔偿超过 400 亿美元，在中国很难想象。如果中国的企业污染能作出数百亿元人民币的赔付，那对企业的触动是大不相同的。

Q：您认为，"鼓励"之后，政府应该用什么样的措施来保证环境污染责任保险的实施？在一些"强制环责险"试点地区，会否出现法律与政策、上位法与下位法矛盾的情况？企业能否认为"强制"试点是一种行政违法？

A：新《环保法》第五十二条的立法本意，应该是通过鼓励企业投保环境污染责任保险，利用市场分担企业的环境风险，一旦发生事故后能够给予污染受害者及时的补偿。一些地区基于当地环境风险管理的需要，要求涉重金属等高环境风险企业投保，也符合立法本意。据了解，目前推进"强制"保险试点的地方，并没有对应投保、未投保企业采取法律法规允许之外的惩罚措施，只是在环境管理中依法适当从严；目前尚未发现违法行政的问题，也不能说有法律与政策、上位法与下位法矛盾的问题。下一步，环保部将会继续支持、指导地方环保部门推进试点，将企业投保情况与其他环境管理措施更加有效地融合，共同促进企业提高环境风险管理水平。

Q：发展中国家或者发达国家在与中国相似的发展阶段，政府在环境污染责任保险的推行方面采用了怎样的做法？是鼓励，强制，还是有其他的综合措施？

A：环境污染责任保险在各国的发展历程不尽相同，与该国的环境风险形势、环境管理实践等都紧密相关。许多发达国家，如美国、德国等在一些重点行业、领域采取强制保险或者财务担保的形式，其他情况则由企业自愿投保。在发展中国家，印度规定企业生产、使用、储存、销售有毒有害等高环境风险物质达到一定数量后，必须投保环境污染责任保险或者提供财务担保等。这样的一些国际经验，对我们有一定的启示和借鉴作用。

Q：对于一个市场经济国家，"强制"是与"市场"相矛盾的。例如，交强险在实施初期，就引发了很大的争议。再比如，《食品安全法》修订，"食品安责险"一度写入"强制"内容，但最近在征求意见稿中又变回到"鼓励"。跳出环保领域范畴，对比那些已经实施强制保险的领域和可能实施强制保险的领域，您认为，"强制责任保险"适用的最基本条件应该是什么？

A：我认为，实施强制责任保险最关键的条件是，企业发生事故对第三方受害者的生命健康、财产造成比较直接的、严重的，甚至是持久的影响，并可能造成恶劣的社会影响。如一些涉重金属企业一旦发生事故，就可能造成这样的后果，受害者如果不能及时得到补偿，不利于社会和谐稳定。在食品安全等领域，我觉得也是如此。通过强制保险，我们希望持续督促这种类型的企业降低环境风险，减少事故的发生，给社会多一层保障。

Q：如果我们分析一下"环境污染强制责任保险"的相关利益主体，从保险公司角度，可以增加它们的保费，增加它们的收入，当然乐见其成；而对于公司而言，是否增加了它们"不必要"的经营成本：既要按照环保部门的基本要求进行环保投入，还要缴纳保费。您认为，对投保公司而言，是否不划算？

A：公司经营中的环境成本，如果不通过内部治理，其环境污染必然排向外部环境，由公共环境和社会公众承担。这就是环境成本"外部化"，也是目前一个广泛存在的问题，必须通过适当的制度设计予以矫正。环境污染责任保险就是这种制度之一。但由于缺乏相应强制性法规依据，部分公司将环境污染责任保险费用视为额外成本。这种观念是不对的。

我们认为，公司的环境风险防范投入，包括投保环境污染责任保险的保费，是环境成本的必然组成部分，而不是给公司增加"不必要"的经营成本。从国内外的经验教训看，与保费相比，公司靠自身来应对环境风险以及发生事故后的赔偿责任，所必须付出的代价更高。有些公司因为一次事故而倒闭，留下各种问题由政府甚至全社会买单，是对社会资源的更大浪费。

Q：根据深圳方面对"环责险"试点工作的总结，从2009年起，投保企业至今尚未发生一起理赔案件，导致企业续保意愿降低。从政府部门来讲，如何面对这样一个尴尬的局面？

A：这是试点过程中可能出现的各种问题之一，也是正常的。理赔并不是环境污染责任保险的全部意义，如果能够促进全社会环境风险的降低，保险的意义更为重大。政府部门应该全面、系统、深入分析造成这种状况的各种原因，再提出有针对性的对策。

Q：从环境污染责任保险实施的初衷来讲，是为了降低环境危害事件的公共风险，降低企业因环境危害事件发生导致的重大经营风险。就第一个目标而言，环保部本身一直在做大量的工作。既然保险公司加入了，它们应该起到什么作用？是仅仅出现公害事件的理赔吗？

A：保险公司在风险防范方面的作用和责任是清晰的，从环保部门角度，就是应该引进更多市场力量，对企业环境风险管理进行监督、指导、帮助，并依法将相关信息向政府部门甚至社会公开，切实发挥市场自我监管和调节的作用。江苏等地开展"环保体检"等实践表明，保险公司具有这方面的潜力，也正在做一些努力和探索。当然，保险公司可能面临机构、人员和经费不足，参与环境风险管理的专业性有待提高等问题，可以通过各方的共同努力，逐步解决。

Q：可否预测一下，环境污染责任保险在立法中上升为"强制"层面，还需要经过怎样一个过程？

A：当前最重要的问题，还是全社会对环境风险意识的提高，对保险机制在防范企业环境风险作用中的认识深化。这的确需要一定过程。我们欣喜地看到，这个过程正在加快。国务院 2014 年 7 月 9 日审议通过的《关于加快发展现代保险服务业的若干意见》明确要求：以与公众利益密切相关的环境污染等为重点，开展强制责任保险试点。《国务院关于促进市场公平竞争维护市场正常秩序的若干意见》更是明确要求：试行扩大生态环境等领域的责任保险，形成风险分担的社会救济机制和专业组织评估、监控风险的市场监督机制。因此我们认为，推动环境风险较高、可能影响公共环境安全的企业开展环境污染责任强制保险，不仅符合《环保法》的立法精神，也是落实国务院要求的具体措施。环保部门和保监部门将在推动试点实践的基础上，及时总结经验，健全相关机制和技术规范，推动环境污染责任强制保险制度的进一步完善。我们将借助这样的政策机遇，积极推动、配合立法部门，争取早日将环境污染强制责任保险"入法"。

过去《环保法》25 年不修改是明显反常的。因为中国是一个世情国情、环境快速变化的国家。我觉得如果发现立法有问题，应该可以实时修改，加快修改。所以对环境污染责任保险，如果现行机制仍然不适应，我们可以推动实时修改，哪怕改部分条文也是可能的。

《环保法》刚刚修改，再次修改肯定需要有一个过程。但这不影响我们继续推进相关工作。我们认为，环保部与保监会发过的两个指导性意见，也可以进一步上升为部门规章，或者制定行政法规性文件，为进一步立法打下基础。《大气污染防治法》正在研究修订，2015 年 12 月底前全国人大常委会要初次审议；《水污染防治法》也在修订，"土壤污染防治法"也在制定，环保部政研中心、政策法规司，几乎不放过任何一个机会宣讲"高风险企业要投环境污染责任保险"。我们将与保监会、中国保险学会共同努力，不断实践，深入总结，进一步推动立法，推动环境污染责任保险机制更加健全，使环境污染风险得到更有效的控制。到那一天，我们的经济发展质量一定会更健康，环境质量也会得到有效改善。

"十论现代保险服务业"系列访谈之十

王和：科技将颠覆传统保险业

布赖恩·伯勒的《门口的野蛮人》一书是 20 世纪最具影响力的商业读本之一。它描述了私募股权投资大鳄 KKR 如何与一家著名食品公司的管理层博弈，进而取得公司控制权的故事。随着这本书在商界的流传，"门口的野蛮人"成为那些似乎不怀好意的业外颠覆者的代称。在互联网时代，特别是进入移动互联时代，"屌丝逆袭传统行业"已经形成一股声势浩大的潮流。从中，我们隐约可以看到"门口野蛮人"的影子。面对逆袭者，传统保险业是坐以待毙？还是进行脱胎换骨的变革以应时局？带着这个关乎保险业未来的根本性问题，《中国保险报》总编辑于华专访了人保财险执行副总裁王和。王和作为一个学者型的企业管理者，不仅对于互联网与传统产业的融合发展有着很深的理解，而且对于整个科技进步给保险业带来的颠覆性影响有着透彻的观察。传统保险业如何"脱胎换骨"？请看他给出的解答。

Q：马云有一句经典的话，"银行不改变，我们就改变银行"。这是他 2008 年底说的。现在回看起来，他确实也是这么做的，而且做到了。以"余额宝"为代表的各种网络理财产品大有颠覆传统银行业生存根基的势头。对于保险业来讲，您认为，颠覆的力量来自何方？

A：我认为，未来以科技创新为核心的时代浪潮，将从根本上改变我们的生产和生活，乃至整个人类社会。许多经济和商业领域的变化将是颠覆性的，特别对一些传统产业，包括金融保险业也将或已经面临着挑战。

对此，需要引起全行业，特别是管理者的高度重视。就保险业而言，我的观点是未来属于基于新技术创新应用的商业模式创新。与此同时，保险业需要高度关注四大领域：大数据、平台化、行为科学和基因工程。此外，互联网、移动互联网、物联网、车联网、人工智能、数字医疗、社交媒体、定位技术、生物识别、遥感技术等也将深入地影响保险行业。这些都是改变，甚至是颠覆传统行业的力量。

Q：您能否具体谈谈这些技术将是如何颠覆保险行业的？

A：我们还是从问题出发，即问问保险的立业之本是什么？通常认为保险经营的关键有三个：一是预测；二是大数；三是专业。此外，从金融行业的角度看，还有一个是信用。我的观点是：保险的立业之本都将面临来自科技，特别是互联网和大数据技术的根本性挑战。

首先，我们看"预测"的前世今生。自古以来，预测就是人类社会关注的一个重点。预测的历史可以追溯到远古时代的占卜，后来又有了以《易经》为代表的各种各样古老和传统的预测方法。我把这称为预测的第一阶段。

随着社会经济和科学的发展，人们开始把数学应用到预测领域，于是，就有了统计分析和计量经济学，体现在保险领域就是我们非常熟悉的保险精算，这属于第二阶段。这个阶段的特点是利用统计技术，对数据进行建模分析，寻求发展的规律，辅之以主观假设与判断，以此对未来，尤其是经济变化进行预测。但我们知道，传统的统计分析均是建立在历史数据和抽样调查的基础上，其缺陷和不足是显而易见的。在大数据时代，人们不仅可以获得"全量数据"，而且，还可以获得维度更丰富的数据，甚至是实时数据，这一数据环境条件的变化，将从根本上改变传统的理论与技术。《易经》里有一句话："极其数，遂定天下之象。"或许是对大数据在预测领域应用的最早和最好的解读。从保险的角度看，以往我们是通过行业和公司的历史赔付数据去做精算和定价，未来我们可以获得全社会和多维度的数据，通过这些数据，就可以更加科学地预测风险，并开展定价和产品开发。更重要的是它改变了人们传统的"因果思维"模式，从回答为什么，转向回答是什么。为此，多维定律可能替代大数法则。这些由科技带来的变化，可能从根本上改变行业的经营基础和环境。

未来，预测将进入第三阶段，这个阶段的特点是在充分感知和连接一切的时代，科技将从根本上改变预测科学的基础，从一种相对静态的预测走向一种相对动态的判断。最典型的案例是2008年谷歌公司推出的"流感趋势预测"系统，它利用每天数十亿条搜索指令，建立运行了4.5亿个数字模型，通过"流鼻涕""打喷嚏"这些关键词搜索量的统计分析，就可以判断某个地方已经出现流感。这种预测的准确度与官方的实际数据吻合度达到97%，而时间却大大提前，它从根本上改变了传统的流行病管理基础，势必也会对健康保险的经营产生深远影响。另一个案例是在美国和日本的地震灾害中，人们发现一个"秘密"：电磁波比地震波跑得快。人们开始利用即时通信技术，向异地的亲人和朋友发布地震消息，结果使另一个城市的人赢得了"黄金十秒"，在地震波到达之前，采取应急措施，快速撤离，大大降低了人身伤亡和财产损失。

其次，我们看"大数"，即集合的可能与效率。保险经营的重要基础是大数法则，而传统的大数集合更多的是通过物理的方式，通过网点、产品和时间这三大要素实现。一是需要投入大量的资金，建设经营网点；二是需要开发保险产品，并以保单方式进行销售，同时，还需要后台运行支持系统；三是需要保险公司的工作人员和客户的时间投入，保险公司往往需要经营相当长的时间，才能够形成一定的业务规模。但在互联网时代，数的集合已经变得轻而易举，人们可以在很短的时间内，几乎是零成本，集合起难以置信的大数。如网络"大V"们，动辄就可以拥有数以千万计的粉丝，利用"粉丝经济"，他们可以"坐收渔翁之利"。同时，一些门户网站拥有数以亿计的客户，这些客户的"流量"成为它们最大的资本，也是盈利模式的重要基础。互联网带来"大数集合"的可能与效率的变化，无疑将从根本上改变保险业。"余额宝"就是一个经典的案例，而保险行业的典型案例就是"退货运费险"，按照传统的模式，无论是业务操作，还是成本核算，这种业务均是不可能进行的，但在互联网环境下，集合的可能与效率被彻底改写，于是就打造出了颠覆性的全新模式。

再次，我们看"专业"问题。传统意义上的专业，一是靠信息不对称，二是靠个体智慧。"专业"这两个基础，在互联网时代均面临巨大挑战，尤其是对信息不对称来讲。互联网时代，特别是搜索引擎技术，最大的贡献是信息的平等。无论什么事情，只要上网搜一下，就什么都知道了。此外，以往的"专业"更多是以个体的专家为载体，但在维基技术和互联网社会化的环境下，专业更多的是体现为一种社会互动与共享。从保险专业看，传统的风险管理专业能力也面临来自科技时代的挑战，如我们前面提到的流行病预测问题。

最后，还有一个与预测相关的问题，就是基因工程。随着"人类基因组计划"项目的完成，全基因组测序技术的商业应用已呈现价格直线下降的趋势，并迅速平民化。美国的"23andMe"公司提出"一口唾液+99美元"就能够解读你的前世今生的推广模式，承诺能够为客户提供254种因子的相关信息，从疾病携带状态、药物反应的可能性到祖先起源。保险业面对一个严峻的问题：如果生命和健康是已知的，我们将如何存在？

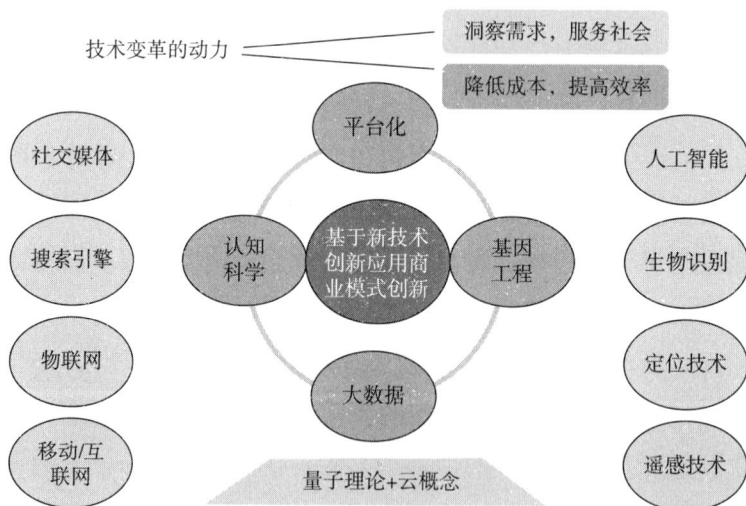

改变行业的十大科技

数据来源：PICC。制图：王梓

Q: 要是一切都变成确定的话, 保险公司也不愿意卖给您保险吧?

A: 道理似乎是这样, 但实际上还不行。随着基因技术的普及应用, 2008 年美国出台了《反基因歧视法》, 明确规定: 保险公司和雇主不得以"某种疾病的易感基因"而歧视任何人。其背后的逻辑是人无法选择自己的基因, 因此, 以基因为由惩罚任何人均是不公平的。但一个不争的事实是: 在基因测序技术的背景下, 可能出现的情况是投保人基于信息不对称的逆选择。美国的一项调查表明: 当人们通过基因测序技术了解了自己的情况之后, 改变长期医疗保险计划的可能性是原来的 6 倍。这意味着基因测序技术, 在反基因歧视的背景下, 将对传统保险业, 特别是健康保险业产生颠覆性的影响。另外, 基因技术还将带来医疗技术领域的革命性变化, 如通过基因干预进行治疗, 再如人体器官的产品化, 也将从根本上改变寿险经营环境。

此外, 还有一个问题需要高度关注, 就是基于车联网的永不碰撞和无人驾驶技术的出现。乐观估计, 这种技术的商业应用将出现在 2020 年, 如果所有的车辆都永不碰撞, 或者车辆碰撞事故大幅度减少, 无疑将从根本上改变以碰撞为主要承保风险的车辆保险, 同样, 车辆保险业也面临着"如何存在"的问题。目前我国车辆保险在财产保险行业的业务占比超过 70%, 因此, 这不仅是车辆保险的问题, 也是财产保险行业的问题。

所以, 我经常问: 当现代科技将从根本上改变预测科学的时候, 保险业终将面临"措手不及"的尴尬和"防不胜防"的无奈。这时候, 保险业存在的依据是什么? 保险业未来该怎么办?

Q: 您有答案吗?

A: 种种颠覆性技术的出现, 对保险业来讲, 看似无解, 但我认为其实是有解的。这些年, 我一直讲一个观点: 把握根本, 把握未来。在一个急剧变化的时代, 我们更需要不断地回望根本, 回望出发。只有牢牢地把握根本, 我们才能够很好地把握未来。只有不断地回望出发, 我们才能够看清前面的路。古人讲: 君子务本, 本立道生。

从"预测"的角度看，保险业需要与时俱进，在大数据和互联网的背景下，重新思考并改变传统的经营技术和管理模式。顺着"把握根本"的思路，我们需要问：预测的目的是什么？从保险经营的角度看，预测的目的是定价。如果预测的问题解决不了，不妨从定价的层面寻求解决。保险的根本是互助，保险制度是实现个体损失在群体进行分摊。现代保险的特点是将这种分摊，以基于预测的精算技术进行事前分摊，并体现为保费。在预测科学面临挑战时，这种"定价在前，成本在后"的模式也面临挑战。解决之道，则可以回到根本再出发，采用"前定价+后定价"的动态定价模式，就能够有效对冲预测风险，同时，也符合保险经营的根本。

从"集合"的角度看，保险业需要从根本出发，对"平台化"问题有一个深刻的认识和理解，并实现商业模式的创新。保险从某种意义上讲就是一个实现互助的平台，一个数的集合平台。传统保险更多的是基于制度的实现平台，而未来保险将逐步走向基于技术的实现平台。同时，"平台化"将推动集合方式的进化，实现一种"和而不同"的新模式，即人们可以根据各自的风险偏好，形成一种相对个性的互助组合，同时，不同组合之间还可以在一个更大范围实现互助和平衡。更重要的是，它赋予了个体更多的主动选择的可能性，以及对组合风险的知情权。保险业更多是扮演提供互助组合的管理服务商的角色，而互联网平台给了各种自由组合的想象空间和实现可能。

从"专业"的角度看，科技时代"专业"的存在形式将从以个体、机构和静态形式走向以环境、聚合和动态形式，为此，保险业需要以互联网思维，构建全新的专业能力，人工智能将成为重要构成。建立新专业能力的重要指导思想是从传统的风险等量管理向风险减量管理过渡，特别是利用互联网技术破解信息不对称难题，通过动态和自主的"点对点"匹配与对冲，实现社会总体风险暴露的降低，继而为社会创造福祉。风险心理学将成为保险专业能力的重要内涵。通过对风险专业认知和管理技术的导入，辅之以损失的分散和对冲，将从根本上改变全社会风险管理水平，最大限度地化解不确定性约束，推动社会进步。

Q：刚才您谈到的科技是一个很大的概念。目前大家谈论的颠覆创新更多是聚焦在互联网、物联网上，聚焦其带来的商业模式创新上。

A：是的，我一直在用"科技"这个概念，而不仅仅是互联网、物联网和大数据这些具象概念。因为，我认为，未来改变社会的力量远不止这些，尤其是对保险业而言，它还包括了我们谈到的基因工程和行为科学，还有纳米技术和量子理论等。在此，阐述下我一直在讲的一个重要观点：未来属于基于新技术创新应用的商业模式创新。其中有三个"新"，即新技术、创新应用和新的商业模式。而其背后的驱动因素有两个：一是洞察需求、服务社会，促进行业发展；二是降低成本、提高效率，提升行业竞争力。不久前，我接受了《中国保险报》的专访，专访的话题是：车联网将引发"车险革命"，目的就是想从车险和车联网的视角，去观察和分析科技将对行业带来的影响。因为，车联网保险这个话题有点"墙内开花墙外香"的味道，行业外对车联网保险的话题讨论得热火朝天，而行业内却是关心重视得不够，我希望通过这种形式，能够引起行业的重视。

Q：能否具体说明一下"新技术""创新应用""新的商业模式"三者的关系？

A：就车联网保险而言，车联网本身是个新技术，创新应用就是 UBI 模式，即基于使用的保险模式，新的商业模式就是"车险 2.0 时代"。具体讲，传统的保险定价是基于保额和车型的定价，这种定价模式更多采用相对静态的风险因子，如传统的定价因子中，从人的因素更多的是性别、年龄、职业、婚姻状态等，而这些因子与车辆的实际风险，特别是驾驶风险并没有太大的相关性，因为，即使是这些因子均相同的人，其驾驶行为可能存在巨大的差别。过去没有车联网技术，就无法对人的实际驾驶行为习惯进行观察，但在车联网的技术支持下，我们不仅可以动态地观察记录驾驶员的行为，还可以了解车辆的使用状况，包括使用的里程、区域和时间，并将这些因素纳入定价。我说的"车险 2.0 时代"是更加关注并突出客户体验，其内涵有三：一是科学定价，为客户提供更为合理和廉价的车险产品；

二是个性化服务，给客户更好的个体体验；三是发挥正外部性，即对社会管理发挥积极作用，如促进和谐交通和绿色交通，提高人们文明驾驶的意识等。

与车联网保险非常相似的还有一个话题，就是数字人生和数字医疗背景下的健康保险变革问题，当各种穿戴式和植入式的感应系统、物联网和人工智能技术在健康和医疗领域被广泛应用，将彻底改变我们对健康管理和医疗技术的理解，同时，也将彻底改变健康保险，甚至是人寿保险的经营基础，继而催生出全新的商业模式。关于这个话题，我曾经写过一篇文章《物联网时代的健康管理与保险》。

Q：这就是互联网思维和传统思维的区别？

A：是的。我认为，面向未来，保险业面临的最大挑战是"脱胎换骨"的转变观念。"脱胎换骨"并非易事，因为，它需要我们彻底摒弃传统的思维定式，放下架子，用一种开放、尊重和拥抱的心态去面对新事物，而不是嗤之以鼻和不屑一顾。如果不能实现这种根本性的转变，就可能被时代淘汰。我认为，解决观念问题的关键有三个：一是把握根本；二是与时俱进；三是互联网思维，尤其是互联网思维。现在许多人不要说擅长互联网思维，甚至连什么是互联网思维还不太清楚。互联网思维的内涵没有统一的标准，但经济平等和信息民主是其基本特质，开放、平等、透明、参与、分享、协作、共生和高效是其主要特征。

Q：当年汽车颠覆了马车，电灯颠覆了蜡烛，这些革命性技术直接改变了一个产业。对于保险这么一个古老的服务业，新技术不可能让它作为一个产业消失，对于它的颠覆最终体现在商业模式的变化上。目前在保险业，有哪些商业模式可以称之为颠覆性的？比如抗癌公社是不是一种颠覆模式，或者还有哪些颠覆性的模式？

A：这两年，我一直在讲一个观点"代际理论"，这里"代"的内涵不是人口学和社会学意义的，而是科学技术的突破性进步，引发社会、商业和生活方式的变革，形成了一种"更新换代"式的变化。代际变化的特点是革命性，甚至是颠覆性的，并引发商业模式，乃至行业的重构。我们一定要认识到：我们正处于一个快速并根本性变化的时代，其最重要特点是时过境迁、今非昔比和物是人非。在这个时代，规模与经验也许不再是优势，大小和新老公司都处于同一起跑线，因此，每一个行业，每一家企业均要把"与时俱进"作为一种思维常态，否则，就可能成为明日黄花。同时，洞察力、结构力和行动力将成为适应快速变化的三大关键能力。

关于您提到的抗癌公社，它是一个值得高度关注的社会实验样本，是互联网时代社会风险管理模式的有益探索和积极实践。它集中体现了我们谈到的许多话题，如回望根本，回望出发；如互联网和平台化对集合产生的影响；再如"后定价"模式。我们知道，保险的出发是互助，最初的互助是基于单纯人际关系，而后来逐步演化为基于合同关系的互助，就有了保险公司。我有一个预测："互助"的元素将会回归，而且，它不仅是以一种组织的形式回归，更是以经营理念、模式和技术的形式回归。互助的回归，就像事物发展的规律一样，不是简单意义上的历史重复，将呈现一种螺旋式上升的态势，是基于科技创新，特别是基于互联网和平台化的升华。用互联网的语言，就称为"众保"模式，即一种全新的集合方式。"抗癌公社"现象的出现，对于保险业最大的启示是：效率是推动社会进步的重要力量。保险业要反思并追问自身的效率问题，特别是在科技创新的背景下。这种效率包括两个方面：一是外部集合效率，当以手机为代表的移动终端已经成为"人体器官"时，给了集合的可能与效率以巨大的想象空间，从某种意义上讲可以实现零成本集合；二是内部运营效率，科技时代同样给了我们巨大的想象空间，如人保财险将遥感技术应用在农业保险领域，提出了"按图承保，按图理赔"的模式，实现经营效率的根本性提升。同时，平台化社会也给了消费者参与生产以可能，因此，让投保人参与保险经营，包括产品开发和理赔处理，均是提高效率的重要思路。

Q：抗癌公社的运作是点对点的，不能有资金池。

A：我们看到抗癌公社做了许多制度安排，也包括了这种"点对点"的安排，就是平台"不过钱"模式。这些制度安排的目的是要解决两个问题，对于内部成员而言，要解决信任问题。记得一开始我就谈到"信用"问题，这是现代社会经济活动，特别是金融活动的命脉。对于外部社会而言，要解决风险问题。这也是监管部门和社会最关注的问题，也是传统金融企业最容易拿来说事的问题。

先说风险问题。经常看到一些传统金融企业的人士在批评互联网金融时，总离不开风险的话题。我想就互联网金融风险问题谈几个观点：其一，风险不是互联网的"专利"，传统金融企业同样也有风险，不然就没有金融危机；其二，互联网金融的风险与传统金融的风险是一回事，又不是一回事，不要简单地用传统金融的风险观去看互联网金融的风险；其三，要更多地用互联网的思维和技术去管理互联网金融风险。

再说信用问题，这是一个难题。现实社会的信用问题我们还没有解决好，虚拟社会的信用问题就更难解决。我认为，解决这些问题，我们仍然要回到互联网思维上，信用问题从某种意义上讲是信息不对称问题，而互联网技术给了我们解决信息不对称以各种可能性，比如淘宝店的卖家评价制度，就给了我们很好的启示。

Q：最后，请您对科技时代保险业的未来做一个展望。

A：谈不上展望，我只是有一点建议：面对未来，我们每一个人都要有很强的敬畏心和好奇心。敬畏心是对经营管理的根本心存敬畏，对创新变革的力量心存敬畏。好奇心是对科技的发展，特别是新技术带来的无限想象力和创造力永远保持一种好奇，并不断学习，与时俱进。

回声

　　"十论现代保险服务业"系列文章发表后，陆续有专家、企业家针对文中的观点反馈，或抑或扬，辑录于此。

汤敏：国企更应是社会企业

——赞同王和"要像对待股东一样去对待客户"的观点

中国人保财险执行副总裁王和提出了一个很有启发性的观点。他说，与绝大部分一手交钱、一手发货的交易模式不同，保险公司尤其是人寿保险公司中的绝大部分资产都是被保险人的。从这个意义上说，被保险人就是保险公司的股东。因此，保险公司不能像其他行业一样，简单追求股东价值最大化。必须首先考虑客户价值问题，要像对待股东的态度一样去对待客户（详见 2014 年 5 月 26 日《中国保险报》1 版《王和：保险业是"天然的公众公司"》）。

作者很同意王先生的意见。实际上岂止是保险业，凡是拿别人的钱去玩的金融行业，都应该是"天然的公众公司"，应该追求客户的利益。而现实恰恰相反，金融业追求的更多的是少数持股股东利益最大化，甚至是管理人与员工利益最大化。他们利用准入获得的垄断地位，造成了百业低利，甚至赔钱，唯独银行业赚大钱的局面。银行靠的是利率不放开，给他们的"准股东"的存款利息远低于应有的利息率，让少数的股东得到了最大的利润。如果他们也能像对待股东一样对待存款客户，情况可能就很不一样。

在这里，作者想提出一个延伸的命题：国有企业更应该是一个社会企业。

根据英国社会企业联盟的简单定义：社会企业是运用商业手段，实现社会目的的企业。英国贸工部在 2002 年首先提出社会企业的较严格的官方定义："社会企业是具有某些社会目标的企业，按照组织的社会目标，盈利再投放到业务本身或所在社区，而不是为了股东和所有者赚取最大利润。"

可见，社会企业首先是企业。但是，社会企业运营目的与一般企业不同：它有利润，但不追求利润最大化，而是追求社会绩效最大化。这里的社会指的是全社会，即我们所说的"全民"。需要指出的是，社会企业的社会目标不同于企业的社会责任目标。企业的社会责任，是对所有企业的最基本要求。

为什么国有企业应该是社会企业呢？反过来看，如果说国有企业都像一般企业一样，以利润最大化为运营目的，那么，它们就很容易运用手中可能拥有的垄断权力，或借助垄断地位来获取高利润，以至超额利润。这样反而会损害了整个社会的利益。

对国有企业绩效的评价，应该跟对社会企业一样，有两方面的指标：一是经济指标，企业运营至少不赔钱，最好能增值，为扩大生产做准备；二是社会绩效，国有企业的存在和国有企业的运作，对它成立时所设定的社会目标的影响如何？这些目标的实现程度对老百姓的生活品质提高产生什么样影响，等等。

现在国资委对国有企业的绩效评估，过多地强调国有企业的保值增值，特别是增值。这就很容易鼓励他们运用政府的行政或者国家机器的力量来与民争利。因为在我国，国有企业中的全民所有制实际上是虚置的，最后很容易演变成企业经理人从中获利。

因此，国有企业改革应该朝着社会企业的方向改。一定不能仅从经济的角度出发，也不能仅从政治的角度出发，而要强调其社会企业的属性。不同的国有企业可以有不同的社会目标。在建立时国家就要跟国企经理人签约。在对其进行绩效评估时，一定要有严格的社会绩效评估。这样，在党的十八届三中全会决定强调"市场在资源配置中发挥决定性作用"时，国有企业才有存在的意义，以及应有的定位和运作的空间。

（本文作者系友成企业家扶贫基金会常务副理事长、中国经济 50 人论坛成员，2014 年 6 月 30 日《中国保险报》·中保网）

魏迎宁：历史的发展验证了保险的商业属性

——为社会作贡献而不是为了赚钱才叫社会性，这种观点是错误的

商业经营活动本身，虽然目的是为了盈利，但这完全是正当的、合理的。在一个秩序良好、公平竞争的市场条件之下，商业机构只有满足了社会需求，才能获得盈利。当然，在商业活动中，不能损害消费者的利益，不能损害社会公共利益。那种以为保险业的出发点是为社会作贡献而不是为了赚钱才叫社会性，这种观点是错误的，那是慈善机构和公益组织，不是企业。市场经济是双赢的，不是说赚钱就没有社会性。保险公司也不用讳言盈利，正因为有盈利动力，才会不断扩大业务，满足社会需求，使经济得到发展，使消费者的需求得到满足，这对社会是有好处的。

既然保险是商业行为，能由市场解决的问题就要交给市场，首先是发挥市场在资源配置中的决定性作用。要让市场机制发挥作用就需要竞争。也就是说，要不要买保险，买何种保险，买哪一家公司的保险，由投保人决定；在哪里设营业机构，卖何种保险，由保险公司决定；以何种价格成交，由投保人与保险公司通过市场竞争决定。

但是，现代市场经济是有政府调控的市场经济，市场能解决很多问题，但市场并不是万能的，某些市场不能解决的问题，还是需要政府的干预和调控。比如，按照市场化原则，保险应当自愿，但为了保护社会公众

利益，要规定必要的强制保险，如机动车交通事故责任强制保险、旅行社责任保险等。农业生产的比较收益低，农民缴纳保费的能力有限，财政对农业保险补贴保费。为了支持出口，财政对出口信用保险承担一定的风险责任。强制性保险和政府补贴、支持的政策性保险业务，就不是完全市场化的。

（本文作者系中国保监会原副主席，2014年6月19日《中国保险报》·中保网）

毕闯：负债管理而非投资才是保险公司的本业

笔者一直认为，保险与保险公司是要重新界定的。保险就是保险，至于保险公司能够干什么，这个从监管上可以清晰定义，如果简单定位为从事人身保险、财产保险，自然会造成保险公司的困惑。作者的意见是，对保险保障产品必须单独监管；而对于非保险的金融产品，保险公司能否销售，作者认为是可以的。但需要非常严肃地告知客户，亏本也是正常的。我们让银行销售保障类产品必须占到20%，为什么不对保险公司作类似安排呢？一言以蔽之，负债分类监管才是硬道理！

作了负债分类，自然保障类产品就必须是共济与互助的；而所谓金融理财产品，与银行完全一样，也存在资产缩水的风险。应该比较苛刻地、清晰地禁止混合保险责任和理财功能！当然，允许保险公司经营理财产品，扩大金融经营范围，需要对《保险法》进行一些修改。

各家保险公司看上去生存和发展的问题必须是集团化、多元化和上市，但最核心的问题是，负债管理才是保险公司的本业，投资并非本业。保险企业如果不计代价地扩大负债，不但不能起到保险的作用，还有可能累积大的社会风险。

王和在《保险业是"天然的公众公司"》一文中提出保险公司是"准社会企业"的观点，我非常赞同。实际上企业本身就是社会的一部分，不仅仅是保险企业，正如彼得·德鲁克所言，企业就是社会组织，企业个体就是组织人，首先要承担社会责任，才有其他。

回到保险的本源，实际互助保险最大的特性是对风险负债的管理有着严苛的法律制度，互助保险人无权任意抽取管理费，这需要在互助保险形成初期就确定，实际就是锁定了保险人的管理方向：保险费池的结余只能用来增加保额、扩大保险责任。

说到底，如果所谓商业保险多被当成追求金钱、追求股东利益最大化，那么保险业的社会地位不高，就是补充性的。

（本文作者系天安人寿保险股份有限公司原副总裁，2014年6月5日
《中国保险报》·中保网）

跋

应出版社同志之邀，将我在《中国保险报》上发表的评论和随笔结集出版，现在想来，还是蛮有意义的一件事。回顾当初，从受命开设评论版、每期一篇《吴家场论语》到后来的随性而写、不拘于时，一开始自己对出书并没有什么规划，只是后来越积越多，慢慢地也够了一本书的体量；恰逢出版社的友人向我约稿，于是就有了合集出书的想法。出这本书，是对这几年我所主要从事的评论工作的一个阶段性交代；更是对过去五年保险业宏观和微观发展状态的一个侧面的总结和观察。用庹老师的话说，是一种"有意义的记载方式"。这个"意义"怎么体现？读者自有判断。

严格来讲，2013 年入行的我，还是保险业的一枚新兵。即便到如今，对于保险业的许多理论问题和现实问题仍处在一知半解、似懂非懂的状态；越深入，越觉得自己无知。但是我以为，这就是保险传媒人的一种状态，用王和先生的话讲，就是"旁观者清"的状态。"旁观者清"，对媒体人来讲，其实是一个很高的要求。做一个"旁观者"容易，要做到"清"很难。所谓"清"，第一个层面的要求就是要有独立判断，和当事任何一方都保持一定距离。第二个层面的要求就是你的判断要符合大的趋势，要经得起历史的考验，不讲错话，不讲胡话。这个其实是最难的，特别是在时间跨度五年，又经历了政策环境从松到紧的情况下。从这点来说，通读书稿，我还有点小庆幸，自己还没讲什么错话、胡话。对于一个评论者而言，这应该是很高的奖赏了。

正如《保险这五年》的名字那样，本书的目录也是按照年份来划分的。

这样划分比较容易，更主要的是让读者能够循序渐进，看清这五年的一个发展脉络。我也曾想过按照文章的内容，与保险业相关不相关来划分。但是那样就打破了年份的次序，给读者阅读带来些许的不适感。其实这本书里也有少部分内容是和保险业搭不上边的，比如早期的一些作品，因为我对保险业来说还是个门外汉，就写了一些泛金融和大宏观的评论。当然，其中也有"跳出保险看保险"的文章，严格说是"站在门外看保险"，这种感觉其实是很多业内人士念兹在兹的。中国保险深度和密度这么低，要提高这两个指标，靠什么？主要不是看已经购买保险的人追加了多少保险，而是看有多少从来不了解保险的人开始了解保险，主动地购买保险；不是看保费赚了多少，而是看保额有多大。这个思维，不是一般的业内人士所能转过弯的。刚刚在香港上市的众安保险说，"我们是最大的保险公司"，最大源于过去 3 年多的时间里，其保障的用户数量达到 5.43 亿户，一共卖出 82 亿张保单（截至 2017 年第一季度末）。它这里用了保障用户的数量来说明保险存在的意义，对于一个初创公司而言，拥有如此巨大的用户数量，不是可喜可贺的事吗？

也许正是由于我这个"门外汉"的身份，对于很多保险行业的问题能站在更高、更宽的角度来审视，使得我所得出的结论更具普遍的说服力。所以，随着后期我对保险业了解得越来越多，评论更多触及行业本身，但我始终坚守的两点就是"保持车距""跨界思维"，这从后期的一些作品里可以清晰地看出端倪。

这就是这本书的主体思想和大体脉络。当然，这本评论集能够出版，首先应该感谢的就是我的领导，中国保险报业股份有限公司董事长赵健。他"爱才惜才""知人善任"，我从入社之初创办评论版到后来转任评论主笔，主持报社评论工作，都离不开他一以贯之的指导和鼓励。其次还要感谢很多同事，这里无法一一列举。但我要特别感谢一下杜向杰，是他不厌其烦地将我的评论文章上传到中保网，使我在选书的时候节约了不少的精力。当然，还要感谢王和总，他在 2014 年的时候和我的一次晤谈，启发了我"十论现代保险服务业"的策划。他对行业高屋建瓴的把握，令我折服；

他的笔耕不辍，令人佩服。还有我的几个编委同事，他们对策划的贡献让我铭记于心。还要感谢这几年来接触的所有保险业内与业外人士给予的观点启发，才有了这一篇篇作品。再次感谢你们！

"保持饥饿，保持愚蠢。"这是乔布斯描述的创业的一种状态。我想也可以作为媒体人的一种状态，与大家共勉！

杜亮

于 2017 年 12 月 8 日